FinTech and Legal Evolution

Credit, Currency and AI

金融科技与法律变革

信用、货币和人工智能

沈 伟 吴世学◎ 主编

内容摘要

以数字为基础的新技术革命和数字经济正在改变我们的生活。人工智能、量子计算等高科技正在深度嵌入社会生活，从金融市场到海上船舶，从司法实践到智慧城市建设，速度之快、规模之广和介入之深都令人有日新月异、叹为观止之感。技术与金融相互结合的金融科技改变了货币、商业银行、保险服务、信用体系、证券交易等许多传统领域的法律面向，对监管提出了更新的要求。本书从监管视角探讨金融科技、技术治理和科技法治的新问题、新视角和新挑战，揭示技术浪潮对国家治理和法律制度的深刻影响。

图书在版编目(CIP)数据

金融科技与法律变革 : 信用、货币和人工智能 / 沈伟，吴世学主编. -- 上海 : 上海交通大学出版社，2025. 3. -- (涉外法治论丛). -- ISBN 978-7-313-32156-5

Ⅰ. D996. 2-53

中国国家版本馆 CIP 数据核字第 2025AH2044 号

金融科技与法律变革：信用、货币和人工智能

JINRONG KEJI YU FALÜ BIANGE：XINYONG、HUOBI HE RENGONG ZHINENG

主　　编：沈　伟　吴世学

出版发行：上海交通大学出版社

地　　址：上海市番禺路 951 号

邮政编码：200030

电　　话：021-64071208

印　　制：苏州市古得堡数码印刷有限公司

经　　销：全国新华书店

开　　本：710 mm×1000 mm　1/16

印　　张：16.25

字　　数：269 千字

版　　次：2025 年 3 月第 1 版

印　　次：2025 年 3 月第 1 次印刷

书　　号：ISBN 978-7-313-32156-5

定　　价：69.00 元

写在前面：人工智能伦理与监管的重点问题

21世纪以来，新一代人工智能得到了广泛应用，人工智能技术迅速在图像和语音识别、机器翻译、自动驾驶等复杂的现实场景中得到了飞速发展，已经不断嵌入社会各领域，深刻改变了人类的生活、生产方式、组织形式和社会结构。但与此同时，人工智能作为一种新兴技术也对人类的生存、发展造成了严峻的挑战。艾萨克·阿西莫夫(Isaac Asimov)提出了著名的“机器人学三定律”既是规范新技术的重要准则，也为人工智能技术发展提供了基本思路。一种简单的想法是，将伦理和法律简化为几个基本原则，并以人工智能可理解的方式编码输入到人工智能系统中，以实现对人工智能的伦理控制。但在现实中，人工智能的伦理与法律问题实际上复杂得多，需要形成从原则到规则的具体方案。

技术发展中的“科林格里奇困境”同样反映在人工智能的伦理问题中，即新技术的社会后果难以在技术生命的早期被有效预测，在其能够被预测时往往技术已成为整个经济和社会结构的一部分，难以进行控制。对此，科林格里奇提出了两种应对模式：一是预测和避免损害；二是确保相关决策的灵活性或可逆性，具体包括预防原则和精明无为两种方式。

目前，国际组织、国家以及社会各界普遍关注人工智能伦理问题，并形成了一系列的伦理框架与原则共识，具体包括可控性、透明度、安全、负责任、非歧视和隐私保护等六大方面，这主要反映了应对科林格里奇困境的第一种方案。由于人工智能的威胁还尚不直接，且各国之间存在着激烈的人工智能技术竞争，全面禁止人工智能研究是不现实的，故暂时只能提出模糊的原则防止人工智能带来的威胁。在具体的监管落实方案上，欧盟、美国与中国作为当前全球人工智能发展中的“主导性数字力量”，给出了区别答案。欧盟《人工智能法》以人权和个人信息保护为立法主题，提供了基于风险的人工智能监管框架，以减少人工智能技术的生产者与消费者之间的信息不对称问题，并防止人工智能可能造成的损害，为欧盟的人工智能监管提供了必要性。美国则采用了市场化的进路，拒绝对人工智能进行广泛的监管，在监管对策上较为宽松，以防止人工智能监管限制创新或对市场造成扭曲。中国则更加关注政府在支持人工智能发展中的重要作用，将人工智能确立为政府的重要发展目标，人权和市场均不是中国人工智能规则的关注核心。上述差异反映了人工智能伦理规则和监管方案上的共识还有待达成。

以下是未来人工智能伦理规则发展的重要关注方向。

首先，多元化的人工智能监管目标需要得到关注。人工智能监管不仅包括促进市场发展的目标，而且包括实现国家和社会政策、促进创新、保护公民权利、增强国际竞争力、保障国家安全等多重目的，反映为技术、市场和道德等多重考量。虽然各国在人工智能监管上的具体方案不同，但是共识是人工智能监管以继续发展人工智能技术为前提，这意味着监管需要统筹发展与安全，使赋能与规制并重。

其次，预防原则和精明无为可以构成人工智能监管新的方案。预防原则主要反映在环境法领域，但对于人工智能也同样适用，即在某些严重的风险成为现实或可量化之前，应当采取预防措施，禁止或严格限制人工智能的发展，这为人工智能技术划定了伦理红线。精明无为构成人工智能监管的另一种策略，尽管精明无为也是一种不作为，但不同于被动地任由人工智能技术发展，精明无为意味着政府需要积极地监测和参与新兴市场及其参与者，并“静观其变”。除形成一系列伦理原则外，鼓励行业协会等非政府主体进行治理和发挥司法的主观能动性可以作为精明无为的另一种具体方案，以适应人工智能实践的发展。

最后，负责任构成人工智能伦理监管的核心要求。人工智能监管不仅需要从结果上防范人工智能带来的具体风险和决策准确性问题，而且需要保障人工智能决策的责任由人类承担，这是对人工智能监管的伦理要求。人工智能的负责任监管要求至少具有一定程度的透明度和可控性，并且对人工智能应用于公共决策提出了更严格的要求。

人工智能治理与监管已呈现条约化、义务化和硬法化的趋势。例如，澳大利亚和新加坡签署的《数字经济协定》规定，缔约双方关于“人工智能”的相关共识，包括双方应通过相关的区域和国际论坛，合作并促进框架的开发和接受，以支持可信、安全和负责任地使用人工智能技术，在制定此类人工智能治理框架时，考虑国际公认的原则或指导方针。与此相类似的还有智利、新西兰、新加坡和中国签署的《数字经济伙伴关系协定》，以及欧洲委员会开放签署的《人工智能与人权、民主和法治框架公约》等国际条约。人工智能相关国际条约的出现既有助于缓解国内法的冲突、协调各国人工智能监管需求，也为人工智能的全球治理提供了法律依据，代表着人工智能监管的发展方向。

沈伟* 陈徐安黎**

2025 年 1 月 25 日

* 沈伟，上海交通大学凯原法学院教授。

** 陈徐安黎，上海交通大学凯原法学院博士研究生。

目录

CONTENTS

科技创新法制建设
——理论基础与制度安排

张占录*

摘　要：科学技术是第一生产力，科技创新已成为推动社会经济高效增长的源泉，科技创新体系建设是实现国家创新发展、支撑国家创新体系建设的重要组成部分。加强科技法制建设、依法保障和推动科技创新体系建设是我国实施依法治国战略的重要任务之一。随着科学教育领域的改革开放，科技创新法律制度不断发展。自20世纪90年代以来，我国科技事业进入发展快车道，科技创新成为促进社会经济发展的核心驱动力，并已初步建立了科技创新法制体系。然而，科技创新法制建设仍存在法律体系不完整、理论基础供给不足、法律规范操作性不强、法律规范滞后于科技发展、法律规范覆盖不够全面、科技创新成果保护力度不够、法律研究和从业专门人才短缺等问题。因此，必须深入研究科技创新法治建设的理论基础与基本原则，为构建科技创新法律体系、法律原则、法律规范提供支撑。

关键词：科技创新；法律体系；制度安排

一、科技创新体系

（一）科技创新体系构成

科学技术是第一生产力，科技创新已成为推动社会经济高效增长的源泉，而科技创新体系建设是实现国家创新发展战略、支撑国家创新体系建设的重要组成部分。科技创新是指在科学和技术领域中，通过采用新思想、新理论、新方法、新工艺，或应用现有技术的新组合，创造出新产品、新服务、新流程或提高现有产品和服务的效能和质量的过程。科技创新包括以新概念、新思想、新理论、新发

---

*　张占录，中国人民大学公共管理学院教授。

现和新假设为内容的科学（知识）创新和以新方法、新工艺为内容的技术创新。科技创新体系由知识创新体系、技术创新体系、现代科技引领的管理创新（制度创新）体系三部分构成。科学（知识）创新是通过科学研究，达到产生新的思想观念和公理体系的结果，其直接结果是新的概念范畴和理论学说的产生或发现，从而为人类认识世界和改造世界提供新的世界观和方法论；技术创新是新方法、新工艺的发明和创造，其直接结果是推动科学技术进步与应用创新的良性互动，提高社会生产力的发展水平；管理创新既包括宏观管理层面上的创新——社会政治、经济和管理等方面的制度创新，也包括微观管理层面上的创新，其核心内容是科技引领的管理变革，直接结果是激发人们的创造性和积极性，促使社会资源实现合理配置，最终推动社会的进步。

（二）科技创新的内容

科技创新的内容包括以下方面：第一，基础理论创新，即创建和发现新概念、新思想、新规律、新原理、新发现和新假设的过程，是一切创新的源泉。第二，技术与工艺创新，即利用基础科学理论，开发新的应用技术、创新或改造新工艺，并将其应用到实际生产、制造、实验等活动中，属于应用型的创新，直接影响社会生产效率。第三，产品和服务创新，即创造新产品或服务，或者通过改进现有产品和服务，满足人类社会不断增长的生产和生活消费需求，属于终极科技创新成果，是人类整体价值提升的表现形式。第四，生产流程创新，即重新设计供应、生产、检验、交付等流程，以提高各环节的效率、降低成本或减少资源使用，属于科学组织产品或服务方面的创新，对提产增效具有重要作用。第五，管理与制度创新，即采取科技手段，特别是当今的数字技术、人工智能、大数据等科技手段，创造数字化解决方案，加强信息处理和决策能力，提升管理水平。此外，为了提升并适应科技创新成果的创造与应用，制定相应的制度，保证科技创新的有效性。

（三）科技创新的特点

科技创新是社会生产力不断提高的根本动力，不同于人类社会一般扩大再生产过程，其要素投入与生产过程具有其特殊性。

一是科技创新以发现和创造新的理论、技术与工艺、产品或服务、生产流程、管理与制度，包括对现有科学知识和技术的创造性整合为目的。

二是科技创新过程与结果伴随多种不确定性。这些不确定性来自创新的试错过程或外部环境，主要包括创新目标结果不确定性、技术不确定性、市场的不确定性、法律与政策不确定性、资金投入不确定性、科技竞争的不确定性、快速迭代的不确定性，以及人才投入的不确定性。科技创新需要大量财力、人力投入，而创新目标的达成存在不确定性，此时不确定性又进一步转化为风险。

三是科技创新需要大量人、财、物、智的投入，单靠个人或单一组织、单一专业很难满足基础理论和社会应用的创新需求，跨学科合作和企业间合作对科技创新至关重要，这是因为合作能够汇聚不同领域的专业知识，促进创新的跨界融合。

四是科技创新通常是一个逐步积累知识和经验的过程。前期的研究和发现为后续的创新提供基础，形成科技创新的连续性和持续性。

五是创新过程和结果往往不遵循传统或预先设定的标准或规范。一方面，科技创新通常需要灵活性和创造性，创新者需要超越传统的标准方法，通过引入全新的思维和技术，打破传统产业模式和规范；另一方面，科技创新需要满足个性化需求，而非符合通用标准，个性化和定制化的创新能够更好地满足不同用户的独特需求。创新者合作与多学科融合能够超越企业内部的边界，跨越多个学科领域，形成非标准化合作与融合。

六是科技创新成果具有私有产品和公共产品的双重产权属性。科技创新成果作为知识产权，既是一种激励创新的工具，也可能对市场竞争产生一定的限制。知识产权作为一种激励创新的工具，为鼓励科技单位或人员投入更多资源和努力进行研究和开发，授予创新者对其独特发现或创作的私有产品专有权，从而形成私有产品，但科技成果在特定区域、特定时间又具有公共产品的特性，创新者一旦拥有该创新产品垄断的私有产权，就会阻碍全社会共享具有公共产品性质的科技成果。此外，科技创新成果往往包含社会科技积累的正外部性价值，这部分价值也决定了科技创新成果必须具有公共产品属性。

二、科技创新法制建设现状

（一）科技创新立法过程

实际上，我国社会经济制度的改革开放是以科学教育领域为开端的，科技创新法律制度是随着科学教育领域的改革开放不断发展起来的。早在 1982 年 8 月，第五届全国人民代表大会常务委员会就通过了《中华人民共和国商标法》（简称《商标法》），该法旨在加强商标管理，保护商标专用权，促使生产、经营者保证商品和服务质量，维护商标信誉，促进社会主义市场经济的发展。1984 年 3 月，第六届全国人大常委会第四次会议通过了《中华人民共和国专利法》（简称《专利法》），该法旨在保护发明创造专利权，鼓励发明创造，有利于发明创造的推广应用，促进科学技术的发展。《专利法》的出台为科技创新注入了强劲的活力，在经济发展中对实现“科学技术是第一生产力”起到了推动作用。1990 年 9 月，第七届全国人民代表大会常务委员会通过《中华人民共和国著作权法》（简称《著作权法》），该法旨在保护文学、艺术和科学作品作者的著作权，以及与著作权有关的权益，促进社会主义文化和科学事业的发展与繁荣。《商标法》《专利法》《著作权法》三部法律的颁布，标志着我国知识产权法律体系的基本形成。1987 年 6 月第六届全国人大常委会通过的《中华人民共和国技术合同法》对推动技术商品化、技术贸易和技术服务发展、维护技术市场秩序也发挥了重要作用。

20 世纪 90 年代，我国科技事业进入发展快车道，科技创新成为促进社会经济发展的核心动力，但是仅有的三部知识产权法和《技术合同法》已不能满足高新技术企业、科创企业和科学技术研究机构、对外科技交流等科技创新事业迅猛发展的法治需求，一大批有关科技创新领域的法律、法规政策密集出台。1993 年 7 月，第八届全国人大常委会通过的《中华人民共和国科学技术进步法》，规定了国家推进科技进步的方针、基本制度和保障措施，首次以法律形式确立了科学技术在社会主义现代化建设中的重要地位。《科学技术进步法》是我国科技创新领域具有基本法性质的法律，它的颁布标志着我国科技事业全面进入了法治轨道。同年，我国又先后颁布了《中华人民共和国农业技术推广法》和《中华人民共和国反不正当竞争法》。随后，1996 年 5 月，第八届全国人大常委会通过了《中华人民共和国促进科技成果转化法》，有力推动了科技成果转化为现实生产力。2002 年 6 月，第九届全国人大常委会通过《中华人民共和国科学技术普及法》，以促进科学技术普及工作更好适应现代化建设的需要。2020 年 5 月 28 日，第十三届全国人大第三次会议表决通过《中华人民共和国民法典》，并将知识产权保护采取“引领式条款”的方式写入《民法典》，大大提高了知识产权保护的法律地位。《民法典》的出台，进一步完善了市场机制在科技创新资源配置中发挥决定性作用的制度规则，激发全社会科技创新活力，通过更严格的知识产权保护构建有利于科技创新的法治生态环境，为科技创新法律制度现代化提供坚实的法治基础。

这些法律法规的出台，从根本上改变了许多重要领域无法可依的局面，促进了我国科技进步法治化、科技普法深入化、科技司法规范化。

（二）现行科技创新法律体系

我国科技法律体系初步建立，形成了科技创新综合法律、专门法律和相关部门法律构成的“1+3+N”有机体系。“以《科学技术进步法》《科学技术普及法》《促进科技成果转化法》《农业技术推广法》为主干的科技专门立法群，通过‘1+3’模式，形成了当前科技法制发展的重要支柱。其中‘1’，即《科学技术进步法》，其地位处于科学技术基本法；‘3’分别是指《科学技术普及法》《促进科技成果转化法》和《农业技术推广法》。这些立法成果坚持点面结合，集中反映了国家对科技事业发展和科技进步的总体任务部署，对科技在现代化经济体系、生态环境保护以及中国式现代化中的作用方式等作出了各类综合制度供给安排。再次，‘N’所指代的其他法律所涉范围甚广，散布于民商法、经济法、社会法、刑法等不同法律部门之中。以《民法典》《专利法》等为代表的权利保护性民商事立法，针对科技成果的权利归属、权利性质、权利行使、权利流转、权利救济等问题作出了体系性规定”。[①]

（三）科技创新法治建设存在的问题

1. 科技创新法律体系不完善

法律体系的建立及完善是我国科技创新立法的基础。经过几十年的理论与实践探索，目前我国已初步形成了宪法中的科技法律原则性规范、科技基本法、基本法以外的科技法律、国务院的科技行政法规、国务院部委的科技部门规章、地方性科技法规和自治地区单行科技条例等，涉及行政法、民商法、刑法等多个部门法领域构成的科技创新法律体系。但在法理和法律实践上，科技创新法律体系还很不成熟，存在科技创新调整对象、价值取向定位不明，相对于其他重要法律领域法律层级低、相关法律法规公法与私法界定不清、法律规范杂乱无章等问题。

2. 科技创新法律理论基础供给不足

科技创新的目的是提高生产力和效率、改善生活质量、提供更便利和高效的生活方式、创造就业机会和解决医疗、环境、能源、教育等领域社会问题，以推动社会朝着更加可持续和环保的方向发展。科技创新的目的决定了推动人类社会和经济发展要求的科技创新法制建设的价值取向。然而当今的科技创新法治建设对于社会经济发展的价值取向理论研究不足，科技创新法治建设缺乏理论体系的支撑。由于缺乏理论支撑，科技创新法治建设往往偏离人类发展的整体需求或创新主体的利益保护，也无法应对科技创新中遇到的利益分配问题、公平与公正问题、社会道德问题、伦理问题、心理问题等。

---

① 何亮：《完善科技创新法律制度，为高水平科技的自强提供法治保障》，《科技日报》2022年6月24日，第5版。

3. 科技创新法律规范操作性不强

相比较其他领域或部门，我国科技创新领域的立法，特别是科技创新行政立法通常以概括性、原则性、纲领性的法律规范形式表达。鉴于科技创新涉及社会生产、生活领域广泛，创新活动较为复杂多样，创新过程不确定，《科学技术进步法》对科技创新活动只能使用“促进”“鼓励”“支持”“引导”“加强”“扶持”“促使”“保障”等原则性用语，而不能作出具有一定可操作性的法律规定，加之科技创新涵盖了国民经济和社会事业众多部门，涉及基础研究、应用研究不同学科和专业方向，其他相关法律和国务院职能部门规章、地方法律法规就较难作出具有明确、量化、可操作的法律规范。这些概括性、原则性、纲领性的法律法规带来了法律适用、行政执法、司法审判的障碍，不仅对科技创新活动不能起到促进作用，而且在很大程度上阻碍了科技创新。

4. 科技创新法律规范滞后于科技发展

科技创新法律规范不仅存在操作性不强、规范混乱问题，而且存在法律规范滞后于科技发展的问题。科技创新以发现和创造新的理论、技术与工艺、产品或服务、生产流程、管理与制度为目的，创新过程与结果伴随多种不确定性，涉及不同领域的专业知识，因此，科技创新相关的法律规范有不能适应科技领域创新要求的问题。此外，造成滞后的原因还有科技创新法治建设投入不足、重视程度不够、专业人才缺乏等问题。法律规范的滞后带来科技创新中各种问题难以依法解决的实践困境，严重影响了科技创新的进程。

5. 科技创新法律规范覆盖不全面

“与上述科技立法的体系性问题相关联，目前的科技立法还存在着全面性的问题。完整的科技法体系应当能够全面覆盖科技创新领域所有涉及当事人权利义务关系的事项。因此，科技立法应当紧紧围绕科技创新的过程，针对该过程中的各个要素和各个环节进行立法，最终形成具有全面性、体系性的科技法体系。但是，目前的科技立法并没有全面覆盖科技创新过程中的所有要素和环节”。[①] 科技创新法律规范覆盖不够全面是指现有法规在科技创新领域的覆盖面相对狭窄，无法充分应对新兴科技和创新模式所带来的法律挑战。科技创新既涉及行政法和刑法等公法问题，也涉及民商法等私法问题；既涉及科技问题，也涉及社会经济和自然环境问题；既涉及科技领域，也涉及国民经济与社会其他领域。一些法规只关注科技研发行政管理，而忽视了成果产权的市场交易保护问题；主要

① 汪利红：《创新驱动发展战略背景下科技立法的完善》，《法治论坛》2018 年第 3 期。

关注科技本身，而较少考虑科技创新的社会影响，例如隐私、伦理等问题，导致法规对全面的创新影响的覆盖不足；过于专注某个领域，而无法适应多学科融合的新型创新，导致跨领域科技创新中的法律空白。另外，随着新兴技术的迅猛发展，相关法规往往滞后于技术的实际发展和应用，导致在新兴领域的法规范覆盖不够全面。

6. 科技创新成果保护力度不够

科技创新成果保护力度不足的问题涉及知识产权保护、法律执行、市场监管等方面。知识产权保护问题在我国历来被社会所关注，侵犯知识产权的行为发生概率较高，严重影响了科技创新主体的主动性和积极性。我国的科技法律对知识产权的保护力度较弱，且许多科技创新成果没有纳入知识产权保护范围，从而得不到保护，现行知识产权法律法规对于侵犯知识产权的惩罚力度明显不够。创新成果投入市场后，甚至还没有进入到市场前，就已经被他人使用、仿造。一些创新者还可能面临诉讼成本高昂、诉讼周期长、判决难以执行等问题，严重削弱了创新者通过法律手段保护合法权益的动力。由于知识产权被侵权后，惩罚性措施力度较小，使得创新主体得不到合理的赔偿，致使企业即使采取司法途径维权，但维权收益仍无法弥补诉讼过程中花费的大量维权成本。此外，我国知识产权市场监管力度较小，人力、物力、财力投入均不足。

7. 科技创新法律研究和从业专门人才短缺

科技创新法律研究和从业专门人才短缺问题是当前科技发展日新月异的时代所要面对的严重挑战，其根本原因是科技创新涉及法律、科学、技术、市场、行政管理、社会伦理等多个领域，其中的法律问题常常复杂且涉及广泛。处理这些问题需要深厚的法学基础，同时对相关科技领域知识也要有较深的掌握，这使得科技创新法律研究和实践人员需具备跨学科知识的综合能力。根据目前我国的现实情况，大部分法律研究和从业人员不具备这样的综合能力。另外，科技创新领域的知识更新较快，科技创新不仅涉及市场风险、技术风险、财务风险、社会和环境风险、迭代风险、法律政策风险、侵权风险等，而且面临多个国家和地区的不同法律法规和国际合作的复杂性的挑战，只有少数具备综合能力的人员能够胜任如此复杂的法律工作。

三、科技创新法制建设的理论基础与基本原则

科技创新的目的决定了推动人类社会和经济发展要求的科技创新法治建设的价值取向。当今的科技创新法治建设对于社会经济发展的理论研究不足，导

致科技创新法治建设缺乏理论体系的支撑。因此，应当深入研究科技创新法治建设的理论基础，为构建科技创新法律体系、法律原则、法律规范提供理论支撑。

（一）科技创新法制建设的外部性理论

外部性是制度经济学中的一个原理，主要是指在一个既定的市场里，一个市场主体的行为对其他市场主体产生了影响，但这种影响并不通过市场交易的价格反映出来，也就是说，市场主体并没有为此承担相应的成本或获得相应的收益。这可以理解为一个市场主体行为自己获益了，成本却由他人承担，或是这种行为自己付出了成本，但他人获益了，这种对外部的影响统称为外部性，前者称为负外部性、后者称为正外部性。外部性因为市场价格未能反映经济活动对社会的整体影响从而会引起市场失灵。市场主体可能无需承担或无法获得由外部性引起的相关成本或收益；外部性原理关注市场效率和公平的平衡，如果外部性被忽视，市场可能导致资源配置的失效，以及产生社会福利的不公平分配，所以，政府和市场主体会干预、减少或消除外部性的存在。由于外部性一般会导致市场无法自我调整，通常需要政府通过制定相应财政、税收、补贴、奖励、缴纳补偿费、赋予知识产权或其他手段来纠正外部性，以促使市场更加有效和公平。

科技创新已成为市场经济条件下市场主体重要的经济行为，科技创新既会产生正外部性，也会产生负外部性。为解决科技创新存在的外部性问题，科技创新需要一套减少或消除外部性的激励、补偿、惩罚、保护法律制度安排。立法的基本原则应坚持根据外部性原理，通过政府干预实现外部性内在化来解决市场失灵问题，最终达到市场效率与公平的平衡。

（二）科技创新法制建设的风险理论

风险通常被定义为事件发生的概率与其可能造成的损失的乘积。简而言之，风险是一个事件的概率与影响的综合体现。风险理论关注在未来发生的事件中可能导致损失或不确定性的情况。这些事件可能是自然灾害、经济波动、技术故障等，对其进行理论分析旨在为决策者提供更好的信息，以便更好地应对风险。

高风险是科技创新的基本特性，不确定性是科技创新风险的表现形式。这些不确定性来自创新的试错过程或外部环境，主要包括技术不确定性、市场的不确定性、法律与政策不确定性、资金投入不确定性、科技竞争的不确定性、快速迭代的不确定以及人才投入的不确定性等。这些不确定性最终会导致创新目标结果的不确定性。科技创新需要大量财力、人力投入，而创新目标的达成存在很强的不确定性，此时不确定性则转化为风险。根据科技创新的不确定性的性质，科技创新风险主要来自市场风险、技术风险、财务风险、社会和环境风险、迭代风险、政策风险、侵权风险等。市场风险要求在科技创新中考虑产品或服务在市场上的接受度、需求、竞争情况等因素，若未能准确预测市场需求则可能导致项目失败；技术风险要求涉及新技术的研发和应用要有一定的技术基础，并具有一定的可行性，技术积累不足、可行性不强往往导致创新难以成功；财务风险涉及资金投入、投资回报、财务可行性等方面的风险，资金不足、不当的财务规划会威胁科技创新的可持续性；科技创新的实施可能对社会和环境产生积极或负面影响，而带来社会伦理道德和生态环境破坏的风险。科技创新领域竞争激烈，可能面临其他创新者的竞争，技术被超越或替代将导致失去市场份额，形成迭代风险；科技创新通常会与现行法律、法规、政策的规定性不符，或无法找到合规合法依据，面临被政策法律法规禁止的风险；法律纠纷、知识产权侵权等问题也可能对科技创新产生不利影响，形成科技创新诉讼和被侵权的风险。科技创新存在的各种风险对科技进步产生巨大的阻碍作用，不利于社会经济的发展，因此，加强科技创新风险防范的法治建设，必须坚持投资者利益保护、风险共担、政府托底、财政税收支持、创新项目风险评估、政策宽容、加大侵权惩罚性赔偿的基本原则。

（三）科技创新法制建设的公共产品理论

公共产品理论是指具有非竞争性和非排他性的产品或服务，这一理论主要由经济学家保罗·萨缪尔森在 20 世纪中期提出。公共产品的核心特征就是非竞争性和非排他性。非竞争性是指公共产品难以排除任何一个体或群体的使用，即使一个人付费使用了该产品，其他人也可以在几乎没有额外成本的情况下使用相同的产品或服务。非排他性是指公共产品的任何一次使用都不会减少其他人使用同一产品的可能性，一个人的使用不会妨碍其他人使用。此外，公共产品通常具有对整个社会或群体产生积极外部性的集体效应特点，即一个人的使用会为整个社会带来好处，而不只是使用者本人；政府或个人一旦提供了公共产品，就无法剥夺个体或群体的使用，无法通过排他手段来限制其他人使用该公共产品，也就出现了无法排除非付费者通过“搭便车”方式享受公共产品而不为其付费的“自由魁北克问题”。基于上述特性，通过市场机制难以通过收费和排除非付费者来有效提供公共产品，因此，公共产品只能由政府通过购买或资助的方式提供，典型的公共产品例如国防、公共安全、天气预报、广播电视信号、道路照明等。这些产品或服务对整个社会的福祉产生了积极影响，且难以通过市场机制充分供给。全面考虑非排他性和非竞争性特征是制定更有效的法律法规和政策、保障公共产品充分供给的基本依据。

科学研究是社会经济发展的特殊领域，科技创新既具有私人物品，又具有公共产品的特性，特别是基础科学研究公共产品的特性更为突出。基于公共产品理论科技创新法治建设的基本原则涉及如何理解和应对科技创新中的非竞争性、非排他性、集体效应等特性问题。科技创新法治建设应以政府支持和引导、知识产权“公私”平衡、研究活动和数据开放、产学研合作与协同、公共研究设施和资源共享为导向，引导创新活动朝着满足社会需求和解决公共问题的方向发展，以便更好地适应科技创新的公共产品特性，促进知识的共享、集体效应的最大化，推动社会的可持续发展。

(四) 科技创新法治建设的生态保护理论

虽然科技创新推动了社会经济高速发展，为人类创造了巨大的物质和精神财富，但是科技进步也带来了破坏生态环境的风险。可持续发展强调资源的合理利用，避免资源过度开发和浪费，以维持资源的可持续性。生态环境保护已成为人类可持续发展和保障地球生态系统健康发展的责任。

可持续发展原则要求研发和应用生态环境友好型科技创新技术，充分评估科技创新对环境的影响和潜在的生态风险，减少或消除对生态环境的破坏，确保科技创新与生态环境保护取得良好的平衡。因此，把生态环境保护的理论融入科技创新的全过程、制定和完善法律法规和政策、明确科技创新活动中的生态保护责任、确保人类社会可持续发展成为科技创新法治化的必然要求。科技创新生态保护法治化的基本原则就是要确保科技创新与生态环境保护取得良好的平衡，并达成生态保护要求的资源在全球、区域范围内公平分配，实现可持续发展强调的社会公平和公正，确保发展的红利能够充分共享，避免剥夺落后地区、弱势群体的发展权。

(五) 科技创新法治建设的伦理学理论

伦理学的核心命题涉及对道德原则、价值观和人类行为的研究和思考。它探讨什么是善、什么是恶，以及人们在道德决策和行为中应该如何行事。伦理学包括个体道德行为、社会和文化中的道德规范、道德判断的基础等。伦理学的基本问题是道德，涉及善与恶的本质、义务和责任、公平与正义、自由意志与决定、人性的本质、价值相对性与普遍性、美德和品德等。对这些问题持有的不同认识和不同理解，决定了一个社会、全体和个人的道德原则、价值观和行为准则。

科技伦理涉及科技发展和应用中的诸多道德问题，随着科学技术的发展，科技伦理问题已超出了传统伦理学中的道德、价值和行为规范。传统的公序良俗伦理规范已不能解决科技创新带来的社会关系、利益分配、婚姻家庭、个人意志问题。科技伦理法制建设不仅涉及传统道德问题，而且涉及社会公序良俗的重大改变。“万物互联”“大数据”“人工职能”“基因与克隆技术”“脑机植入”“器官移植”等科技伦理治理问题日益突出，信息保护、分配公平、决策公正等议题不断引发关注。2021 年修订颁布的《科学技术进步法》规定了“国家建立科技伦理委员会，完善科技伦理制度规范，加强科技伦理教育和研究，健全审查、评估、监管体系”，“科学技术研究开发机构、高等学校、企业事业单位等应当履行科技伦理管理主体责任，按照国家有关规定建立健全科技伦理审查机制，对科学技术活动开展科技伦理审查”等内容，将科技伦理的道德规范上升到了法律规范的高度，明确了科技伦理法治建设的基本原则是科技的人本主义。人本主义强调科技是为了改善人类的生活，而不是取代或损害人类。科技进步应该服务于人类的福祉，而不是纯粹为了技术本身而发展。

四、科技创新法律体系构建与制度安排

(一) 科技创新法律体系构建

我国已建立起以《科学技术进步法》《科学技术普及法》《促进科技成果转化法》《农业技术推广法》为主干的科技创新法律体系。“通过‘1＋3’模式，形成了当前科技法制发展的重要支柱。分别承担着科技创新、科技普及、科技成果转化以及农业技术推广方面的保护与促进功能，促进各类创新主体紧密合作、创新要素有序流动、创新成果有效转化”。[①] 事实上，这一法律体系结构还远不能满足科技创新管理和司法实践的需求，在法理和法律实践上，科技创新法律体系还很不成熟，存在着科技创新价值取向定位、调整对象不明、系统与整体性不强、法律要素缺失、公法私法界定不清、法律规范杂乱无章等问题。重构和完善科技创新法律体系，使科技创新法律制度成为一个体系完整、内容完备的有机整体仍然是目前我国立法工作的重要任务。

1. 重构和完善科技创新法律体系的基本框架

目前，我国科技创新法律体系基本框架已初步形成。横向法律制度已形成综合性法律、专门性法律、相关性法律构成的科技创新法律体系。综合性法律是

---

① 席月民：《筑牢科技强国的法治根基》，《经济》2023 年第 21 期。

科技创新领域的基本法律，现已颁布《科技进步法》；专门性法律是依据基本法律针对科技创新领域的重要内容颁布的法律，现已颁布《促进科技成果转化法》《科学技术普及法》《农业技术推广法》《专利法》等；相关性法律是融入政治、经济、文化、社会、生态文明建设等各领域，反映在民商法、行政法、刑法、经济法、社会法、诉讼法等的相关法律制度，涉及领域较为广泛。横向科技创新法体系重构和完善路径应从科技创新法律制度的内涵和层级方面考虑，形成综合性法律、专门性法律、相关性法律定位准确、内容全面、边界清晰、效力差异的结构。为了贯彻“科技是第一生产力”的强国思想，国家需出台科学技术基本法——《中华人民共和国科学技术法》。科技创新具有特定的含义及其对应的法律规范边界，科技创新仅是科学技术领域的重要组成部分，其指的是人类创造新的科学理论和新技术、新方法、新模式的过程。理论上，现行《科技进步法》无法涵盖科技领域中所有需要规范的行为，客观上需要一部作为科技领域基本法的“科技大法”。《科技进步法》可成为依据《科学技术法》制定的专门性法律，全面、详细规范“科技创新”领域创新活动的纵向行政关系，为促进科技创新活动提供法律保障。

目前我国法律制度已形成国家法律、行政法规、部门规章和地方性法规及地方政府规章构成的科技创新法律体系。国家法律由全国人大及其常委会制定，可以分为基本法律和专业性法律、相关性法律；国家行政法规由国务院制定；国家部门规章由国家行政部门制定；地方性法规由地方人大及其常委会制定；地方性部门规章则由地方政府及部门制定。纵向体系的重构和完善主要从法律规范部门协调、上下位的衔接方面考虑，形成了法律法规层次分明、权政协调、上下衔接的结构。为了强化科技创新法律的地位和作用，需将《科技进步法》上升为国家基本法，科技创新重要因素和环节都需制定相应的专业性法律，以增强国家及地方法规的实操性。为了弥补科技创新法律与快速发展的脱节问题，可就特定创新区域、创新领域、创新重大工程，依据国家基本法的精神和原则，出台特别《条例》或《法规》。

2. 厘清科技创新公法和私法体系

我国科技立法公法体系尚未完全建立，部分应属于公法领域的科技立法目前属于私法，现行科技立法没有对各方主体的权利、义务、责任进行界分和规制，致使某些主体权责不明，责任难以落实。[①] 这一公私法混同、法律关系不明的问题给行政执法和司法实践带来了困扰。因此，需建立公私法律制度分明的科技

① 张丽丽：《科技创新综合型立法体系构建研究》，《科技进步与对策》2013年第9期。

创新法律体系。将国家科技创新行政管理、国家鼓励政策、科技基础研究、国家投资实施的科技创新行为纳入公法体系；市场主体包括组织和个人自主实施的科技创新行为纳入私法体系。科技创新知识产权依法界定后，市场主体之间的产权交易和保护也应纳入私法体系。

3. 借鉴案例法体系使司法解释案例化

大陆法系国家一般不承认判例可成为法律渊源，而英美等普通法系国家一直以判例法为主，在这些国家，国际私法规范主要以判例形式而存在。虽然中国不承认判例可以作为法的渊源，但在司法实践中，针对具体案件，我国最高人民法院的司法解释与普通法系国家的判例有类似的作用，案例指导制度就是这一作用的体现。由于我国的科技创新法律制度原则性较强、公私法存在交叉性、大量法律规范分散在不同法律领域和法律部门，故在司法实践中经常会出现无法可依、有法不依的问题。

（二）科技创新法律制度安排

进一步建立和完善科技创新法律制度是我国科技创新法制建设的核心内容。虽然我国已建立众多科技创新法律制度，但仍不能满足科技领域迅猛发展的需求。已有科技创新法律制度不仅面临不适应科技创新发展要求的问题，而且还存在科技创新众多法律空白的问题。从促进科技创新和依法保护科技创新成果、知识产权的角度来看，针对当前面临的主要科技创新体制问题，围绕科技创新的要素和环节完善和建立法律制度是目前科技创新法治建设的现实选择。

在科技创新激励方面，需建立和完善财政资金直接支持和补贴制度、研究基金设立与使用制度、科技创新税收减免和优惠制度、科技创新政策性金融扶植制度、科技创新成果政府采购制度、科技创新用地空间资源（例如空间科技园区建设、孵化器）与科研设备和材料支持制度、科技创新资源共用共享制度、科技创新奖励制度、科研人员职称和荣誉称号评定制度等。

在科技创新行政管理方面，需建立和完善科技创新规划计划制度、科技创新研究机构管理制度、科技创新项目管理制度、科技创新经费管理制度、科技创新产权认定制度、科技创新成果转化制度、科技创新收益分配制度、科技创新人才引进和职业发展制度、科技创新伦理审查制度、科技创新生态保护审查制度、科技创新行为规范制度、科技创新数据安全制度、科技创新产学研合作制度、科技创新国际合作制度、科技创新审查评估监管制度等。

在科技创新市场建设与保护方面，需建立和完善知识产权保护制度、科技创新技术市场管理制度、科技创新中介服务市场制度、科技创新风险投资制度、民营科技创新型中小企业支持制度、民间科技创新支持制度等。

在科技创新司法方面，需建立科技专家陪审制度、科技专家咨询制度、科技专家论证制度等。

人工智能与监管

吴世学*

摘　要：人工智能的发展日新月异，已广泛应用于多个领域和场景，并逐步进入实际应用阶段。人工智能运用在带来技术变革的同时，也引发了潜在风险。本文主要讨论人工智能的监管问题。这种监管首先是技术层面的监管，旨在克服人工智能技术的风险；其次，是运用场景的监管，旨在减少在一些领域中运用人工智能所带来的可能伤害。对监管者而言，人工智能监管是新的挑战，既有监管层面的挑战，也有技术层面的挑战。这些挑战要求监管者有新的监管理念和监管技术。
关键词：人工智能；风险；监管；监管技术；算法监管

在过去的二十年间，人工智能(AI)的开发与应用取得了显著进步。AI 不仅与我们的日常生活紧密相连，而且在企业的运营、辅助决策和合规管理中也发挥着关键作用。从遵守劳动法、公司法、金融法及上市法规，到协助企业管理、资产评估和财务报表，乃至塑造企业经营模式，AI 的影响无处不在。即使是在高等教育领域，也无法忽视 ChatGPT 等 AI 技术带来的深远影响。

一、简介：了解人工智能[1]

首先让我们来了解一下什么是人工智能(AI)。在技术发展的早期，研究人员和科学家对创造一部能够自动执行单调操作和复杂计算的机器比较感兴趣，然而随着技术的发展，他们开始思索，即构建可以从数据和模式识别中学习并得出自己的结论的机器人，后来，他们开发了能够进行语音识别、图像分类和自然语言处理的人工智能系统。能够执行对人类来说风险太大或具有挑战性的工作

---

*　吴世学，香港大学法律学院教授。

[1] Alan Dignam. Artificial Intelligence, Tech Corporate Governance and the Public Interest Regulatory Response. *Cambridge Journal of Regions, Economy and Society*, Vol.13, No.1, 2020, pp.37 - 54.

（例如太空探索或复杂的手术）的计算机，是创造人工智能背后的主要动力之一。

人工智能还被视为是提高各个行业效率和生产力和遵循法规的一种方法，从制造业到金融（SAS）等。最近还出现了人工智能聊天机器人和语音生成器，例如 ChatGPT 和 Speechelo（Ortiz）。ChatGPT 是一种人工智能聊天机器人，用于进行类似人类的对话，通常用于帮助回答问题，而 Speechelo 则用作语音生成器，用于生成文本到语音的音频，还可以将文本转换为选定名人的声音（"如何通过 TTS 生成器生成名人人工智能语音"）。人们渴望创造能够执行智能任务并独立做出决策的机器，而不需要持续的人工干预，这种渴望最终导致了人工智能的诞生。上市公司必须遵守法规，包括与财务报告和公开披露信息有关的规定。尽管人工智能仍处于发展阶段，但它已经对企业的全球运营方式产生了影响，特别是在企业合规方面。

二、现阶段 AI 的能力

工业界和学术界传统上将人工智能（AI）分为两类：一是通用的或强的人工智能，即有感知的人类意识型人工智能；二是狭义的或弱的人工智能，即拥有对海量数据进行统计分析和计算能力的人工智能。前者是最终的科幻目标，但实际并不存在。[①] 现有的 AI 是弱的人工智能，弱的人工智能模仿一些人类智能例如语音或面部识别，它的某些计算能力超出了人类的能力，然而，它还未达到人类智力的级别。[②] 现在企业合规所应用的人工智能基本上都属于这类，市场上描述和出售的人工智能的统计模型其实并不是智能。[③]

我们最好的人工智能决策程序其实只是统计模型（statistical model），通常存在人为的问题，即不完善的统计分析设计、数据或数据解释。人工智能的功能被严重夸大，而公司也经常将产品误认为是人工智能产品。例如，2019 年，欧洲 2/5 的人工智能初创公司被发现在其产品中没有使用可识别的人工智能技术。[④] 受科幻小说启发，科技未来也有一种强烈的信念，就是技术和它的发展本质上不受法律和监管的约束：新的技术的开发受数学计算的支配，过时的现有法律不能阻

---

① Yampolskiy R. and Fox. Artificial intelligence and the human mental model. in A. Eden, J. Moor, J. Soraker and E. Steinhart eds. *In the Singularity Hypothesis: A Scientific and Philosophical Assessment*. Berlin: Springer, 2013, pp.129 - 145.

② Russell S. and Norvig P. *Artificial Intelligence: A Modern Approach*. NJ: Prentice Hall, 2003.

③ Broussard M. *Artificial Unintelligence*. Cambridge. MA: MIT Press, 2018, pp.1 - 39.

④ Ram, A. Europe's AI start-ups often do not use AI. *Financial Times*, 5 March. https://www.ft.com/content/21b19010-3e9f-11e9-b896-fe36ec32aece.

止新的技术发展。这些主张体现了技术决定论(technological determinism)。[①] 1996年,约翰·佩里·巴洛(John Perry Barlow)在《网络空间独立宣言》(*A Declaration of the Independence of Cyberspace*)[②]中拒绝了政府对网络空间的支配,这成为著名的Facebook的"快速行动,打破常规"哲学的根源。[③] 有人认为,我们正在从通过公正的法律进行治理,转向通过数字进行治理。[④] 这种趋势也与美国科技自由主义(tech libertarianism)融合在一起,后者具有特定的以商业为中心的风格。在美国自由主义政治哲学(libertarian political philosophy)的整体中,这最接近于独裁自由主义学派(autarchist libertarian school),其核心区别在于脱离国家的经济自由,[⑤]例如,特斯拉的埃隆·马斯克(Elon Musk)和亚马逊的杰夫·贝佐斯(Jeff Bezos)等科技亿万富翁对太空探索的推动,承载着公司能够在真正的无法律区运营的独裁自由主义承诺。[⑥] 这种自由主义已经产生了影响,因为各国政府特别是英国和美国政府,正在推动放松管制的自由主义技术决定论(deregulated libertarian tech-determinist)。

将人工智能当成是真正的智能造成了这些监管的放松,"神经网络""机器学习"和"人工智能"等人工智能术语,把人工智能描绘成一个具有高级智能的通用人工智能世界,而不是有限的人工智能,然而现实是,现有的AI大多是标准的弱人工智能统计模型,这些模型的新颖之处仅在于:其利用计算能力,隐藏了人工智能主要由弱的统计模型组成的现实,隐藏了它不是新技术或有技术性的事实,因此,在逻辑上不是决定论。在其有限的范围内,正确设计弱的人工智能统计模型仍然是一项需要高技能的工作,要做得正确,既昂贵又耗时。大规模计算能力虽然允许我们做更大的统计规模,但在基本统计完整性方面根本没有任何改变,完全还要靠人类的判断。技术含量较高的人工设计、操作和监督仍然至关重要。目前被称为人工智能的统计模型,如果使用得当,它们还是可以成为社会进步的有用工具。毕竟这就是人工智能的吸引力。其可以将人类从危险或劳动密集型

---

① Bimber B. Karl Marx and the Three Faces of Technological Determinism. *Social Studies of Science*, Vol.20, 1990, pp.333 - 351.

② Barlow J. A Declaration of the Independence of Cyberspace. Electronic Frontier Foundation. https://www.eff.org/cyberspaceindependence.

③ Taplin J. *Move Fast and Break Things*. New York: Little Brown, 2017.

④ Mirowski P. *Machine Dreams*. Cambridge, UK: CUP, 2002; Supiot A. *La Gouvernance par les Nombres*. Paris: Fayard, 2015.

⑤ LeFevre R. Autarchy vs anarchy. *Rampart Journal of Individualist Thought*, Vol.1, 1965, pp.30 - 49.

⑥ Graham C. Factories in space, *The Telegraph*, June 2. https://www.telegraph.co.uk/technology/2016/06/01/factories-in-spaceamazon-founder-jeff-bezos-unveils-vision-for/.

任务中解放出来，改善人类健康并增强人类分析世界的能力，这是一个积极的目标。精心设计的弱人工智能可以以人类根本无法做到的方式分析巨大的数据库，并且可以产生人类无法自行发现的、违反直觉的数据分析结果。

然而，人工智能如果使用不当，其有可能将无辜者送进监狱、歧视妇女和少数族群、不公平地将人们排除在金融体系和公共服务之外……我们必须认识到技术本身不是一种预先注定不能改变的决定性力量，而是由人类决策产生的社会建构，并了解这些是在公共利益最大化的同时又最小化人工智能带来的危险的关键。①

三、人工智能的挑战

（一）低质量的人工智能

高质量的弱人工智能统计机器学习模型的流程如下所示：首先，设计者确定模型将做什么，让对人工智能和合法政策有详细了解的人参与。设计者应通过评估可用数据的范围和质量来决定使用哪些数据。如果质量太低，则应该结束项目，直到获得更好的数据。在大多数情况下，数据可能不完整或有问题。某些版本的统计中值填充函数可用于填补空白并完成有问题的数据库。这是正常现象，但可能会影响结果，因为数据库的一部分必然是不正确的。之后，应该运行标准统计机器学习软件，或者在涉及图像或语言的更复杂的情况下，运行诸如人工神经网络之类的软件。根据行业规范，当根据已知决策结果“训练”或校准人工智能的过程达到至少 90％的准确度时，就存在一个可行的人工智能模型。来自不同背景的人们应该批判性地评估测试结果，而且这些结果应该是可以解释的。如果融入了定制编码元素，则可能需要对程序进行调试。② 当人工智能投入使用时，应该定期对它进行审核，以在处理新情况时重新校准它，并看它是否按照组织和法律制定的政策路线执行。

上述步骤在商业技术人工智能开发中并不常见，因为生成高质量人工智能模型的成本极其昂贵。2012 年，在美国爱达荷州，尽管人们知道数据的高度不正确和测试结果存在巨大问题，但政府官员还是投入了弱的人工智能决策算法，导致医疗补助削减至 4 000 名残障人士。除了质量低下之外，人工智能在应用

① Pinch T. and Bijker W. The Social Construction of Facts and Artefacts: or How the Sociology of Science and the Sociology of Technology might Benefit Each Other. *Social Studies of Science*, Vol. 14, 1984, pp.399 - 441.

② Broussard M. *Artificial Unintelligence*. Cambridge, MA: MIT Press, 2018, pp.1 - 39.

中还广泛存在偏见。

(二) 人工智能偏见

如果设计该项目的人不代表社会，具有明确或无意识的世界观，这可能会对结果产生强烈偏差。在人工智能公司工作的大多是具有特定数学或工程背景和思维模式的男士。[①] 此外，从科技公司披露的有限的公开数据来看，这些男士大多是白人，第二大群体是亚洲男士，[②]黑人女性是一个代表性不足的群体。[③] 在对人工智能发展至关重要的关键技术角色中，男性的比重更高、更普遍。性别和种族偏见影响了主要由白人设计的人工智能系统。

例如，不假思索地用白人男性的主导图像进行校准(训练)的人工智能图像识别，在从医疗保健到警务等一系列领域使用时，会对大部分人口产生显著的负面影响。[④] 同样，借助计算机理解书面语言或口语所必需的单词嵌入技术，男性和女性被赋予了传统的性别角色，因为男性嵌入了与性别相关的单词。[⑤] 例如，使用搜索引擎寻找工作的男性会比女性获得更高薪的工作。[⑥] 谷歌针对男性设计和测试的语音识别系统在识别女性声音方面存在问题。[⑦]

还有其他形式的偏见，例如苹果的虚拟人工智能助手 Siri 最初拒绝提供有关堕胎服务的信息。[⑧] 加利福尼亚州用于评估再犯罪风险的刑事司法 COMPAS AI 算法被发现存在种族偏见。[⑨] 2018 年 8 月，亚马逊发现其人工智能招聘计划将女性排除在考虑范围之外后，放弃了该计划。根据十年前的招聘数据，该计划

---

① Broussard M. *Artificial Unintelligence*. Cambridge, MA: MIT Press, 2018, pp.1 - 39.

② Garcia M. Racist in the Machine: the Disturbing Implications of Algorithmic Bias. *World Policy Journal*, Vol.33, 2016, pp.111 - 117.

③ Twine F. Technology's Invisible Women: Black Geek Girls in Silicon Valley and the Failure of Diversity Initiatives. *International Journal of Critical Diversity Studies*, Vol.1, 2018, pp.58 - 79.

④ Buolamwini J. and Gebru T. Gender shades: Intersectional Accuracy Disparities in Commercial Gender Classification. *Proceedings of Machine Learning Research*, Vol.81, 2018, pp.1 - 15.

⑤ Bolukbasi T., Chang K., Zou, J., Saligrama, V. and Kalai A. Man is to Computer Programmer as Woman is to Homemaker? in D. Lee, M. Sugiyama, U. Luxburg, I. Guyon and R. Garnett eds. *Advances in Neural Information Processing Systems*, Vol. 29, 2016, pp.4349 - 4357.

⑥ Garcia M. Racist in the Machine: the Disturbing Implications of Algorithmic Bias. *World Policy Journal*, Vol.33, 2016, pp.111 - 117.

⑦ Tatman R. Google's Speech Recognition has a Gender Bias. Making Noise and Hearing Things, 12 July. https://makingnoiseandhearingthings. com/2016/07/12/googles-speech-recognition-has-a-gender-bias/.

⑧ Rushe D. Siri's Abortion Bias Embarrasses Apple. *The Guardian*, 1 December. https://www.theguardian.com/technology/2011/dec/01/siri-abortion-appleuninteneional-omissions.

⑨ Broussard M. *Artificial Unintelligence*. Cambridge, MA: MIT Press, 2018, pp. 1 - 39; Chouldechova A. Fair Prediction with Disparate Impact: A Study of Bias in Recidivism Prediction Instruments. *Big Data*, Vol.5, 2017, pp.153 - 163.

排除了女性，有时甚至雇用了不合格的工人。新申请人简历中的词语若表明申请者是“女性”俱乐部成员或女子大学的毕业生将被淘汰或降级，而人工智能则青睐使用“执行”或“捕获”等男性工程师类型动词的申请人。在男性主导的科技行业，人工智能只是反映了以前的员工大部分是男性。① 亚马逊已放弃了其人工智能招聘系统，但联合利华和微软的 LinkedIn 等其他大公司还在使用或寻求使用类似的系统。②

其他具有类似问题的亚马逊人工智能决策系统也在英国和美国的警务和准司法系统的公共部门中使用，这些系统的决策结果也同样表现出偏见，特别是种族偏见。③ 科技行业内人工智能发展的控制通过人工智能决策以特洛伊木马形式将行业内的性别、种族和技术偏见输出到科技领域之外。客户购买的不只是一个人工智能决策系统，而是一个直接反映其有价值观缺陷的技术设计师设计的人工智能决策系统。这不仅对于维持公正的社会，而且对于我们对正义的看法都存在严重问题，因为在许多情况下，我们根本不知道人工智能决策的基础是什么，④所以如果应用在企业合规的人工智能程序带有偏见，某类型的企业、公司或董事可能被执法部门特别针对。

（三）黑盒作业

并非所有人工智能都只用基本的机器学习。某些任务，例如图像识别和语音识别或翻译，包含普通机器学习无法捕获的细微差别和微妙之处。需要更复杂的深度学习人工智能模型（例如人工神经网络），通过将各种统计算法组合到一个框架中来运行，模仿人脑中的神经网络的运行方式。⑤ 这种深度学习的 AI

---

① Dastin J. Amazon Scraps Secret AI Recruiting Tool. *Reuters*, October 10, 2018, https://www.reuters. com/article/us-amazon-com-jobs-automation-insight/amazonscraps-secret-ai-recruiting-tool-that-showed-biasagainst-women-idUSKCN1MK08G.

② Burn-Murdoch J. The problem with algorithms: magnifying misbehaviour. *The Guardian*, 14 August, 2013, https://www. theguardian. com/news/datablog/2013/aug/14/problem-with-algorithms-magnifyingmisbehaviour; Marr B. The Amazing Ways Unilever Uses Artificial Intelligence. *Forbes*, 12 December, 2018, https://www.forbes.com/sites/bernardmarr/2018/12/14/the-amazing-ways-howunilever-uses-artifici al-intelligence-to-recruittrain-thousands-of-employees/#3e7b38436274.

③ Angwin J., Larson, J., Mattu, S. and Kirchner, L. Machine Bias. *ProPublica*, 23 May, 2016, https://www. propublica. org/article/machine-bias-risk-assessments-in-criminalsentencing; Burgess, M. UK Police are Using AI to Inform Custodial Decisions. *Wired*, 1 March, 2018, https://www.wired.co. uk/article/policeai-uk-durham-hart-checkpoint-algorithm-edit; New Statesman/IBM. AI in the Public Sector: Understanding the Barriers and Benefits. *New Statesman*. https://www.newstatesman.com/sites/default/files/ns_ibm_supplement_june_2018_1_.pdf.

④ Frischmann B. and Selinger E. *Re-engineering Humanity*. Cambridge, UK: CUP, 2018.

⑤ Sarle W. Neural Networks and Statistical Models, in *Proceedings of the Nineteenth Annual SAS Users Group International Conference*. 1994, pp.1538 - 1550.

已经开发出来。从标记的马图像示例中，人工神经网络最终可以处理新的未标记图像，并有望以 90%以上的准确度识别一匹马，甚至可能是一匹特定的马。然而，这种复杂的系统可能会带来一个重大缺陷——很难解释该项目决策的基础，这是黑盒作业的根源。① 黑盒作业是人工智能内部非常复杂的决策，甚至不可能知道为什么会出现特定的结果。然而，这并不是因为人工智能黑匣子内部有一个高深莫测的深思熟虑者，而是因为人工智能在半成品时就已投入使用，它缺少一个可以解释结果的关键诊断组件。这些系统的部署是因为设计者并不关心人工智能决策的基础，而是关心其操作的"美感"，即使他们不知道它是如何操作的：一种数学或工程思维偏见正在运作。②

对于计算机科学家和工程师来说，关键的可能是人工智能产生看似高比例的结果，但对于律师、医务人员、受其结果影响的公民来说，以及最终这些系统能否合法和有用的运行，其关键是这些运营决策的基础是什么。不幸的是，直到最近，可解释性才成为设计职责的一部分。③ 这种缺乏可解释性的现象引发了深度学习人工智能黑匣子系统在任何领域应用的危险法律信号。虽然公民可对有缺陷的决策向法院求助，但是否成功取决于了解决策的原因。同样，了解医疗诊断的原因或为何自动驾驶的汽车(飞机)会失事是至关重要的。在健康领域，谷歌和 IBM 一直在开发人工智能的健康应用。IBM 的 Watson for Oncology 揭示了某些关键问题。

首先，在癌症护理等复杂领域，它使用的是美国中产阶级环境中的一家医院的癌症诊断数据库，未将该数据库应用到世界各地的治疗，因为世界各地的医疗和营养情况与它截然不同。其次，那些使用 Watson 的人发现很难理解为什么 Watson 会推荐特定的治疗方案，而且这些方案是违反直觉的或可能是错误的。虽然 Watson 可以提供相关的文献供阅读，但无法解释推荐的原因。2018 年 3 月，一辆自动驾驶 Uber 汽车在测试过程中撞上一名推着自行车过马路的女子，最终导致该女子死亡。她的死亡是汽车的维修问题以及车内后备驾驶员的失误和汽车的人工智能决策导致的。④ 特斯拉在 2016 年也发生过与其人工智能自

---

① Voosen P. How AI Detectives are Cracking Open the Black Box of Deep Learning. *Science*, 6 July. https://www.sciencemag.org/news/2017/07/how-ai-detectives-are-crackingopen-black-box-deep-learning.

② Hossenfelder S. *Lost in Math: How Beauty Leads Physics Astray*. New York: Basic Books, 2018.

③ Zerilli J., Knott, A., Maclaurin, J. and Gavaghan, C. Transparency in Algorithmic and Human Decision-Making: Is there a Double Standard? *Philosophy & Technology*, Vol.32, 2018, pp.661 - 683.

④ National Transportation Safety Board. *Preliminary Report HWY18MH010*. Washington, DC: NTSB, 2018.

动驾驶系统故障有关的死亡事件。调查人员发现很难确定人工智能的决策。[①]了解发生了什么对于从道路(航空安全)到医疗和金融等一系列监管机构来说是至关重要的。制造商向监管机构提出的主张是，只要涉及人工智能，它就是一个智能黑匣子，而不是公司过早设计和实施的统计或概率模型的问题。如果人工智能自主做出决定，那么，这个结果似乎也不是Uber、特斯拉、IBM或谷歌的错。在人工智能设计范围的另一端的问题是人工智能设计师确实知道他们想要达到的结果。

一些人工智能设计师明白，由于人工智能是人类设计的产物，因此人工智能有可能在新的人工智能环境中根据私人目的塑造世界，这进一步的引起了公共利益的担忧。人工智能文献中出现了这样的担忧：当意外发生时，自动驾驶汽车的人工智能将拯救车内的乘客而不是车外的人。[②] 事实上，奔驰高管似乎已证实了这一点，奔驰人工智能系统的设计目的是保护驾驶员和乘客，而不是车外的人，[③]这里出现了重要的法律问题。虽然人工智能确实能在人类能力范围之外做出更好的决策，但前提是人工智能设计的决策在公共利益方面要得到认可。自动驾驶汽车可以做出更好的决策，因为它的传感器和人工智能决策可能比人类反应更快。如果将人工智能编写为优先考虑车内人员和其他道路使用者的生命，而不是突然飞到汽车前面的塑料袋，那么，人工智能可能会做出更好的选择。可是，当需要在拯救驾驶员和乘客或是行人之间做出选择时，人工智能已经做出了有利于驾驶员和乘客的选择。毕竟按照行业的逻辑，驾驶员为产品付费，所以应该选择拯救驾驶员。同样，Facebook的人工智能算法被故意用来塑造人们对事件的看法，并可能助长歧视行为。[④] 2010年，第一资本银行利用它对算法偏差的理解，故意将少数种族客户引导至办理利率更高的信用卡，暴露了金融领域的设计偏差。[⑤] 包

---

① Stilgoe J. and Winfield A. Self-Driving Car Companies Should not be Allowed to Investigate Their Own Crashes. *The Guardian*, 13 April. 2018, https://www.theguardian.com/science/political-science/2018/apr/13/self-driving-carcompanies-should-not-be-allowed-to-investigatetheir-own-crashes.

② Bryan C. Amoral Machines Or How Roboticists Can Learn to Stop Worrying and Love the Law. *Northwestern University Law Review*, Vol.11, 2017, pp.231 - 250.

③ Taylor M. Self driving Mercedes will Prioritise Occupant Safety over Pedestrians. *Car and Driver*, 7 October 2016, https://www.caranddriver.com/news/a15344706/selfdriving-mercedes-will-prioritize-occupant-safetyover-pedestrians/.

④ Knight W. Forget Killer Robots: Bias is the Real AI Danger. *MIT Technology Review*, 3 October, 2017, https://www.technologyreview.com/s/608986/forget-killerrobotsbias-is-the-real-ai-danger/; Madrigal A. What Facebook did to America. *The Atlantic*, 12 October, 2017, https://www.theatlantic.com/technology/archive/2017/10/what-facebook-did/542502/.

⑤ Garcia M. Racist in the Machine: the Disturbing Implications of Algorithmic Bias. *World Policy Journal*, Vol.33, 2016, pp.111 - 117.

括亚马逊在内的在线零售商使用以算法偏差的程序进行差异定价，[①]这可以解释为什么你线上买机票或酒店价格一直在变。2010 年和 2015 年全球金融市场的闪崩被归咎于交易算法的失误，其实并非算法有缺陷，而是算法是交易者故意设计的，旨在操纵市场并导致崩盘。[②] 像这样新颖的“设计”人工智能决策具有重要的公共利益监管意义。

金融市场价格、利率、商品价格、投票给谁、谁生谁死等大是大非的问题不应该由人工智能设计者来决定。公共利益监管需要认识到人工智能本身既不是一个自主决策者，也不是一个因它的智慧或复杂性而可以受到尊重的系统，它是人性设计的结果。这些设计的人也可能是有问题的人工智能用户。

（四）AI 复杂性（优势萎缩）

导致人工智能潜在危害的另一个加剧因素是人们普遍误解人工智能比人类拥有更高的智能。因此，即使人工智能的结果明显存在问题，人类也可能会遵从它。在医学界，在复杂的诊断情况（例如放射剂量）中，尊重计算机结果有着悠久的历史，经验丰富的专业人员只是简单地接受计算机产生的明显错误的剂量。[③]

2018—2019 年，几个月内发生了两起涉及波音新型 737 Max 8 准自动电传操纵系统的坠机事件，引发了所谓的“复杂性萎缩”问题。经过多年的电传自主飞行的飞行员可能无法应对必须在困难的情况下驾驶飞机，或者无法一直在努力纠正人工智能计算机系统做出的但并非飞行员能够理解的电传飞行决策。[④] 当非专家使用人工智能时，例如在就业或公共部门情况下，这些复杂性（优势）组合可能会产生更大的扭曲影响。这种情况已经在美国广泛发生。[⑤]

（五）低成本人工智能与人类的比较

即使是最高质量的人工智能决策模型也会给用户和决策对象带来挑战。相

---

① Heffernan V. Amazon's Prime Suspect. *The New York Times*, 6 August, 2010, https://www.nytimes.com/2010/08/08/magazine/08FOB-medium-t.html.

② Brush S., Schoenberg, T. and Ring S. How a Mystery Trader with an Algorithm May Have Caused the Flash Crash. *Bloomberg News*. https://www.bloomberg.com/news/articles/2015-04-22/mystery-traderarmedwith-algorithms-rewrites-flash-crash-story.

③ Bogdanich W. Radiation Offers New Cures, and Ways to do Harm. *The New York Times*, 23 January, 2018, https://www.nytimes.com/2010/01/24/health/24radiation.html.

④ Topham G. Ethiopian Flight 302: Second New Boeing 737 to Crash in Four Months. *The Guardian*, 10 March, 2019, https://www.theguardian.com/world/2019/mar/10/ethiopian-flight-302-second-new-boeing-737-max8-to-crash-in-four-months.

⑤ Stanley J. Pitfalls of Artificial Intelligence Decision Making Highlighted in Idaho ACLU case. https://www.aclu.org/blog/privacy-technology/pitfalls-artificial-intelligencedecisionmaking-highlighted-idaho-aclu-case.

对于经过训练的人类决策，人工智能决策并不是完全准确的。真正高质量的系统可能会达到 97%，但大多数系统的使用准确率要低得多。训练过程中 90%以上的准确度也并非表面上看起来的那样，因为大多数大型人工智能数据库都是不完整的，并且已经经过统计增强(加工处理过)以允许它们运行，因此它们在应用中的准确度可能远低于 90%。如果人工智能决策是关于图像是狗还是猫，或预测文本结果，那么，就算准确度低于 90%还是可以接受的，但在其他情况下，90%或更低的准确度就不太可以接受了。设计不当的软件和软件中的错误以及硬件问题也会影响人工智能的准确性。

事实上，英国大都会警察局和南威尔士警察局部署的大规模人脸识别人工智能系统的准确率仅为 10%或更低，并产生了数千个误报犯罪识别。① 即使司法刑事人工智能流程达到了 97%的高质量准确率，它仍然会将 3%的无辜公民送进监狱。在就业方面，准确率达到 90%的系统将导致在人工决策过程中本应被聘用的 100 名申请人中，有 10 人未被聘用，这 10 名申请人可能是统计异常值。潜在的组织创新者将被排除在外，从而损害组织。不符合训练环境的不确定环境也会产生问题。例如，英国货币交易人工智能已被暂停，因为围绕英国脱欧的非历史事件造成的波动不可预测，而这些事件并未出现在它的训练数据中。同样，在人工智能司法决策模型中，随着新变量的出现，偏离训练数据，人工智能会变得更加不可靠。对于人工智能决策系统来说，只有已知的过去才是未来的指南，如果不加以控制，可能会完全根据过去来决定未来。然而，人工智能发展的一个巨大驱动力是成本。

与人类决策相比，人工智能节省的成本是巨大的。联合利华估计，使用 HR AI 系统代替人工面试和评估候选人可节省 70 000 工时。② 虽然考虑到组织在候选人性别、种族、民族和教育背景方面需要有长期的多样性和创新性，最终平衡各因素的结果往往倾向于节省成本。事实上，即使一个组织重视多样性和创新，在人工智能实施的成本评估中，人工智能对多元化创新者的排斥所产生的机会成本也可能是无法量化的。2019 年，MMC Ventures 发布了一份关于人工智能现状的报告，并指出人工智能有可能助长住房、就业、教育、社会福利、保险、金

---

① Sharman J. Metropolitan Police's Facial Recognition Technology 98% Inaccurate. *The Independent*, 13 May, 2018, https://www.independent.co.uk/news/uk/home-news/met-police-facial-recognition-success-southwales-trial-home-office-false-positive-a8345036.html.

② Marr B. The Amazing Ways Unilever uses Artificial Intelligence. *Forbes*, 12 December, 2018, https://www.forbes.com/sites/bernardmarr/2018/12/14/the-amazing-ways-howunilever-uses-artificial-intelligence-to-recruittrain-thousands-of-employees/#3e7b38436274.

融、消费者定价、自由、隐私和尊严的非法实践和歧视以及破坏民主制度。① 这是一个相当大的清单。人工智能作为不平等的设计和不加思考的驱动因素的现实已经存在。同样令人担忧的是人工智能开发的控制权集中在极少数人手中。

(六) 人工智能治理：少数内部人控制

8 年前，全球人工智能的主要参与者是英国和美国公司，此后，领先的英国公司被美国公司收购，②而中国政府已成为人工智能发展的重要力量。③ 领先的私营人工智能开发商，例如 Uber、亚马逊、Facebook、微软、谷歌、苹果、IBM 和特斯拉几乎都拥有不寻常的治理结构，其总体设计目的是将控制权交给一小群互有紧密联系和有非常相似的背景和兴趣的内部人士。这些领先的人工智能公司的治理比较专制且缺乏问责制。直到最近，Uber 还是一家私营公司，很少承受公共责任，2019 年 5 月，它成为上市公司，其有两个关键控制人，创始人特拉维斯・卡兰尼克(Travis Kalanick)是董事会成员，并有权任命三名董事会成员。2017 年，他因被指控长期存在性骚扰以及面临大股东发起的欺诈诉讼而辞去首席执行官(CEO)的职务。卡兰尼克还开发并实施了一项名为 Greyball 的计划，以逃避执法部门对 Uber 全球活动的调查。④ 软银(softbank)是 Uber 的大股东，有权任命两名董事会成员。⑤ 软银和卡兰尼克合计持有 Uber 22%的股份。软银是一家日本上市公司，由孙正义直接控制其 25.5%的股份，孙正义还是该公司的总裁、董事长兼首席执行官。⑥

软银对 Uber 的投资是通过软银 1 000 亿美元的愿景基金，它尝试将人工智能方向塑造为孙正义个人未来议程的一部分。孙正义被描述为硅谷最有权势的人。⑦

---

① MMC Ventures. The State of AI Divergence, Chapter 8. *MMC Ventures*. https://www.stateofai2019.com/.

② Gibbs S. Google Buys Two more UK Artificial Intelligence Startups. *The Guardian*, 23 October, 2014, https://www.theguardian. com/technology/2014/oct/23/google-uk-artificialintelligence-startups-machine-learning-darkblue-labs-vision-factory.

③ Slaughter A. M. What will Really Determine the Winner of the U.S.-China Rivalry Over A.I.? *Slate*, 12 March, 2019, https://slate. com/technology/2019/03/united-states-chinarivalry-artificial-intelligence.html.

④ Isaac M. How Uber Deceives the Authorities Worldwide. *The New York Times*, 3 March, 2017, https://www.nytimes. com/2017/03/03/technology/uber-greyballprogram-evade-authorities.html.

⑤ Molla R. and Schliefer T. Here's who Controls Uber. *Recode*, 8 January, 2018, https://www.recode.net/2018/1/8/16865598/uber-softbank-control-board-power-stocks benchmark-travis-kalanick-dara-khosrowshahi.

⑥ Marketscreener. Masayoshi Biography. https://www. marketscreener. com/business-leaders/Masayoshi-Son-264/biography/.

⑦ Brooker K. The Most Powerful Person in Silicon Valley. *Fast Company*, 14 January, 2019, https://www. fastcompany. com/90285552/the-most-powerful-person-in-silicon-valley; Inagaki, K., Lewis, L. and Massoudi, A. Masayoshi Son: the unrepentant visionary. *The Financial Times*, 22 July, 2016, https://www.ft.com/content/7b2da318-4f2d-11e6- 8172-e39ecd3b86fc.

其他领先的人工智能公司已经上市一段时间了，因此现在都受到一系列强化的问责规范约束。虽然旨在保护公众的刑法和特定市场导向的监管在美国证券交易委员会(SEC)的监督下运作，但是金融市场治理有意地回避任何形式的高层问责程序。英国和美国董事会的法律职责主要是关注股东利益，而且其法律责任普遍较弱。[①] 此外，这些上市公司遵守的公司治理准则旨在强调某些具有高风险的代理成本问题，以确保代表股东进行监督。当应用于这些人工智能科技公司时，它存在三个问题：① 法律义务薄弱且不包含任何公共利益要素；② 行为标准根据所适用的公司治理准则而存在显著差异，并且在任何情况下，准则的遵循都不是强制的；③ 这些公司存在控制人，机构股东服务(ISS)根据私营合规规范为上市公司编制治理风险评分。

1 分表示公司风险较低，10 分表示风险极高。苹果和微软的总分是 1，IBM 和亚马逊的总分是 7，Facebook、Alphabet(谷歌母公司)和特斯拉的总分是 10。不过，大多数的公司也因为股权集中而成为上市公司中的异类，它们甚至颠覆了薄弱的对股东负责的问责流程。对于大多数人工智能科技公司来说，这些控制人作为控股股东只对自己负责和担任全部或大部分内部强制责任的角色，即使总分很低也可能掩盖责任差距。虽然苹果的得分为 1，但它的一些关键高管和董事会成员是它最大的个人股东。微软已基本上不再是创始人领导的公司，但仍拥有一些重要的内部人士持股。IBM 的治理和问责制普遍较差，正如它的 ISS 得分所表明的那样，因为除其他事情外，Rometty 还同时担任董事会中的所有关键问责角色。亚马逊的治理也较差，并且创始人杰夫·贝索斯(Jeff Bezos)通过 16.1%的股权实现了行政控制，使他能够担任董事长、总裁和首席执行官。特斯拉、Facebook 和 Alphabet 通常由创始人通过持股或操纵股东投票权来控制。最大的全球机构投资者(养老保险和投资基金)或寻求在上市公司董事会占一席位的基金投资者的股权也不过是拥有该公司 7%—8%的股份。埃隆·马斯克(Elon Musk)持有特斯拉近 1/3 的股份。在 2018 和 2019 年，埃隆·马斯克的缺乏责任感以及对美国证券法和 SEC 的公开蔑视，导致对他的欺诈控诉以及与 SEC 在治理问题上的和解。[②] Facebook 由马克·扎克伯格通过双重投票结构拥有和控制，该结构使他可以直接控制 53.3%的投票权，并且与第二大股东达成的附加协议也可使他控制该股东的投票权。

这种规模的投票控制、高管职位和董事会角色，使扎克伯格能够控制公司的

---

① Armour J., Black B., Cheffins B. and Nolan R. Private Enforcement of Corporate law. *Journal of Empirical Legal Studies*, Vol.6, 2009, pp.687 - 722.

② Cao S. Tesla has Lost Over 40 Execs in a Year. *The Observer*, 20 February, 2019, https://observer.com/2019/02/elon-muskdane-butswinkas-tesla-general-counsel-resigns/.

每一项问责机制，并消除任何形式的问责。即使在拥有双重股权的公司中，扎克伯格的控制程度也是极不寻常的。谷歌也采用类似的双层投票结构，谷歌是2004年第一家上市的科技公司，其采用双层股权结构，旨在确保创始人对上市公司的控制权。在此之前，这种结构只存在于《纽约时报》和《华尔街日报》等家族媒体公司中，并且以保护编辑独立为理由。除此之外，这种结构通常被认为对股东来说是不适合且危险的，因为它们已被证明会加剧问责问题并鼓励控制人做出有问题的决策。[①] 谷歌将双重股权结构解释为防止收购并容许长期关注创新，同时明确表示对该公司的投资就是对拉里·佩奇和谢尔盖·布林的投资。[②] 上市时，佩奇和布林控制了公司50%以上的投票权。直到2019年12月，佩奇和布林还担任谷歌母公司 Alphabet 的首席执行官和总裁。与 Facebook 一样，谷歌一直在全球范围内卷入有关数据收集的争议和滥用，而最近其员工举行罢工，抗议它将人工智能用于军事用途，以及对性别歧视和骚扰指控的处理。[③] 2018年，谷歌的一名高级人工智能研究人员辞职，因为谷歌在协助中国提供人工智能审查和数据收集工具时违反了人工智能原则。[④] 2018年，谷歌还将它的核心行为准则的道德要求——“不作恶”的座右铭删除了。[⑤] 另一个重要的治理问题是技术所有者和关键人工智能公司的相互联系程度。

除了 IBM 和软银之外，这些公司都位于硅谷西雅图，其中几位公司的参与者因参与另一家公司 Paypal 的经营而相互关联。据报道，他们彼此都是朋友和公司的股东，并共同经营企业。[⑥] 更明确地说，微软、IBM、亚马逊、Facebook 和

---

① Masulis R., Wang C. and Xie F. Agency Problems at Dual-Class Companies. *Journal of Finance*. https://ssrn.com/abstract=1080361.

② Google. Letter from the founders. https://www.nytimes.com/2004/04/29/business/letter-from-the-founders.html.

③ Shane S. and Wakabayashi D. The Business of War. *The New York Times*, 4 April, 2018, https://www.nytimes.com/2018/04/04/technology/google-letter-ceo-pentagon-project.html; Wakabayashi D. and Benner K. How Google protected Andy Rubin, the "Father of Android". *The New York Times*, 25 October, 2018, https://www.nytimes.com/2018/10/25/technology/google-sexual-harassment-andy-rubin.html.

④ Poulson J. Letter to Senate Commerce Committee. 24 September, 2018, https://int.nyt.com/data/documenthelper/328-jack-poulson-dragonfly/87933ffa89dfa78d9007/optimized/full.pdf#page=1.

⑤ Conger K. Google Removes "Don't Be Evil" Clause from its Code of Conduct. *Gizmodo*, 18 May, 2018, https://gizmodo.com/googleremoves-nearly-all-mentions-of-dont-be-evilfrom-1826153393.

⑥ Koebler J. Elon Musk and Larry Page have the World's Weirdest Friendship. *Motherboard*, 25 May, 2015, https://motherboard.vice.com/en_us/article/bmj4zz/elon-musk-andlarry-page-have-the-worlds-weirdest-friendship; Marinova P. Uber CEO Travis Kalanick and Mark Zuckerberg Celebrate Friend's Birthday at "Babes and Balls" Party. *Fortune*, 10 March, 2017, http://fortune.com/2017/03/10/uber-ceo-travis-kalanick-babes-balls/.

谷歌建立了人工智能合作伙伴关系，旨在塑造行业技术标准和公众对人工智能技术的看法。[①] 总之，科技公司背后有一小群特定的人，他们塑造着人工智能的议程。几乎所有人都在自己的公司中实行独裁治理模式。除非违反刑法，否则，他们几乎不需承担任何责任。如前所述，科技界还拥有一种美国独裁自由主义者[②]的放松管制世界观。例如，彼得·泰尔（Peter Thiel）是一位将亚马逊、Facebook、特斯拉、优步和软银联系在一起的投资者，他是科技界的主要自由主义者，而其他人要么是唐纳德·特朗普总统的支持者，要么在他的政府内工作。[③] 佩奇（Page）经常对政府干预谷歌创建技术自由主义乌托邦的尝试表示遗憾。[④] 贝佐斯（Bezos）资助了理性基金会（Reason Foundation），这是一个自由主义智库。[⑤] 科技亿万富翁通常对艾因·兰德（Ayn Rand）的个人自由主义作品怀有钦佩。[⑥] 这些公司还进行了大量的游说活动，以制定或废除法律，以适应这些公司控制人的世界观。谷歌是游说欧盟机构的所有行业中第二活跃的公司，微软排名第8，Facebook排名第12，IBM排名第16。在美国，谷歌、亚马逊、Facebook、苹果和微软是2018年游说支出最大的五个公司。除了核心决定论技术问题外，他们的游说还集中在税法改革上，这已成为他们在全球范围内独裁活动的一个特点，不仅利用激进的多司法管辖区公司法策略来减少纳税，而且还打击可能影响税收的法律变更或改变法律，以减少纳税。[⑦] 2017年，据欧盟估计，国际科技企业缴纳的税款

---

① Hern A. Partnership on AI Formed by Google, Facebook, Amazon, IBM and Microsoft. *The Guardian*, https://www. theguardian. com/technology/2016/sep/28/googlefacebook-amazon-ibm-microsoft-partnership-onai-tech-firms.

② Boorsook P. *Cyberselfish: a Critical Romp through the Terribly Libertarian Culture of High-Tech*. New York: Public Affairs, 2000.

③ Broussard M. *Artificial Unintelligence*. Cambridge, MA: MIT Press, 2018, pp.1－39; Newcomb A. Tim Cook, Ginni Rometty Join Trump's Panel on AI and Workforce Automation, *Fortune*, 14 February, 2019, http://fortune. com/2019/02/13/tim-cook-ginni-romettyjoin-president-trumps-panel-on-workforceautomation/; Yamazaki M. SoftBank CEO Masayoshi Son: Trump's Promised Deregulation is Going to be Good for Business. *Business Insider*, 8 February, 2017, https://www. businessinsider. com/r-softbanks-son-says-trumps-promisedderegulation-will-help-his-business-20 17-2? r=US&IR=T.

④ Gallagher S. Larry Page Wants you to Stop Worrying and Let him Fix the World. *Ars Technica*, 20 May, 2013. https://arstechnica. com/information-technology/2013/05/larry-pagewants-you-to-stop-worrying-and-let-him-fix-theworld/.

⑤ Welch M. Amazon's Jeff Bezos Buys the Washington Post for $250 Million. 5 August, 2013, https://reason.com/blog/2013/08/05/amazons-jeff-bezosbuys-the-washington-p.

⑥ Streeter T. The Deep Romantic Chasm: Libertarianism, Neoliberalism and the Computer Culture, in J. Lewis and T. Miller eds. *Critical Cultural Policy Studies*, Malden: Basil Blackwell, 2003, pp.161－171.

⑦ Yeomans E. Tech Giants Build Army of Lobbyists to Fight off Tougher Regulations. *The Sunday Times*, 23 October, 2018, https://www. thetimes. co. uk/edition/news/tech-giantsbuild-army-of-lobbyists-to-fight-off-tougherregulations-2qq39v0vj.

不到传统企业的一半。[①] 正如已经指出的，科技公司与法律有着不寻常的关系，这反映了科技决定论的自由主义精神。

其中一个关键因素是互联网的出现，它使传统和新兴企业能够以全新的方式提供产品和服务，并保护技术决定论的自由主义观点，也就是说，这些都是新事物，因此现有法律不适用，这就是1996年《网络空间独立宣言》的要点。特斯拉（Tesla）坚称，它不是一家受正常安全考虑的普通汽车公司。[②] Facebook、苹果和谷歌不是出版商或广播公司，因此，一系列保护儿童或向艺术家付费的法律都不应适用。亚马逊和特斯拉在工作条件方面将雇主的概念推向了极限。[③] Uber声称自己不是一家受雇用法或出租车法规约束的出租车公司。[④] 自由决定论作为科技行为的基本标准，已经开始将数千年来基于社会正义的法律降级为技术独裁者的道德选择。

四、结论

最大的挑战不在人工智能及其控制人的问题，而在于如何应对它的公共治理。在技术变革方面，政府历来都持谨慎态度。伊丽莎白一世拒绝了针织机专利的授予，因为她担心这会剥夺她贫穷国民的就业机会。[⑤] 我们的目标应该是最大限度地减少人工智能对人类的伤害，并最大化人类的收益，而我们的公共治理系统的反应对于实现这一个目标至关重要。然而，在英国和美国放松管制和自我监管已成为民族主义人工智能战略的关键部分。在过去的几年里，作为脱欧后民族主义技术友好战略的一部分，英国一直在悄悄放松管制，以促进人工智

① European Commission. A fair and Efficient Tax System in the European Union for the Digital Single Market, 2017, https://ec.europa.eu/taxation_customs/sites/taxation/files/1_en_act_part1_v10_en.pdf.

② Simonite T. Tesla's Dubious Claims about Autopilot's Safety Record. *MIT Technology Review*, 6 July, 2016, https://www. technologyreview. com/s/601849/teslas-dubiousclaims-about-autopilots-safety-record/.

③ Hall G. Elon Musk Disputes Union Claims. *Silicon Valley Business Journal*, 27 February, 2017, https://www. bizjournals. com/sanjose/news/2017/02/27/elon-musk-teslafremont-factory-uaw-tsla. html; Johnson I. Amazon: Devastating Expose Accuses Internet Retailer of Oppressive and Callous Attitude to Staff. *The Independent*, 17 August, 2015, https://www. independent. co. uk/news/business/news/amazon-devastating-expose-accusesinternet-retailer-of-oppressive-and-callous-attitudeto-staff-10458159.html.

④ Butler S. Uber Stripped of London Licence Due to Lack of Corporate Responsibility. *The Guardian*, 23 September, 2017, https://www. theguardian. com/technology/2017/sep/22/uberlicence-transport-for-london-tfl; O'Connor S. Uber Loses Appeal in UK Employment Case. *The Financial Times*, 10 November, 2017, https://www.ft.com/content/84de88bc-c5ee-11e7-a1d2-6786f39ef675.

⑤ Acemoglu D. and Robinson J. *Why Nations Fail: The Origins of Power, Prosperity and Poverty*. New York: Random House, 2012, p.182.

能的发展。[①] 英国特别允许科技公司在其脱欧后的工业数字化战略中发挥带头作用，由 Facebook 人工智能副总裁 Jérôme Pesenti 共同撰写的第二份英国人工智能特定报告继续宣扬迫切助推的主旨。这两份报告都很少关注本文提出的问题，因此，英国现在成为欧洲放松管制的人工智能创业热潮中心。[②] 美国自商业互联网出现以来也采取了对科技公司的友好立法，其于 1996 年出台的《正派通信法案》(*Communications Decency Act of 1996*)第 230 条也是为了保护新兴的美国互联网公司，赋予它们在网站上发布的内容拥有广泛的法律豁免权。

人工智能的总体影响比最初预见它会损害传统出版业的利益、助长极端内容、免除 Facebook 和谷歌等强大的美国公司对内容的法律和道德责任[③]的问题更大。特朗普在技术领域通过联邦通信委员会(Federal Communications Commission)任命的人员和行政命令，[④]推行了一项非常成功的放松管制的议程，结束了网络中立，并允许行业自我监管。[⑤] 人工智能的监管将继续成为 21 世纪最迫切的问题之一。

---

① Perkins A. Government to Review Law before Self-Driving Cars Arrive on UK Roads. *The Guardian*, 6 March, 2018, https://www.theguardian.com/technology/2018/mar/06/self-driving-cars-in-uk-riding-on-legal-review.

② MMC Ventures. The State of AI Divergence, Chapter 8, *MMC Ventures*. https://www.stateofai2019.com/.

③ Selyukh A. Attorneys General Zoom in on Tech Privacy and Power. *NPR*, 25 September, 2018, https://www.npr.org/2018/09/25/651472693/attorneys-generalzoom-in-on-tech-privacy-and-power.

④ Knight W. Trump has a Plan to Keep America First in Artificial Intelligence. *MIT Technology Review*, 10 February, 2019, https://www.technologyreview.com/s/612926/trump-willsign-an-executive-order-to-put-america-first-inartificial-intelligence/.

⑤ Davis Noll B. and Dawson A. Deregulation Run Amok. Institute for Policy Integrity. https://policyintegrity.org/files/publications/Deregulation_Run_Amok_Report.pdf; Schuleman D. The FCC Restoring Internet Freedom Order and Zero Rating. *Journal of Law. Technology & Policy*, Vol.1, 2018, pp. 149 – 166; Wheeler T. Government Shutdown Halts the Trump FCC's Deregulation Agenda. *Brookings Institute*, 22 January, 2019, https://www.brookings.edu/blog/techtank/2019/01/22/government-shutdown-halts-the-trump-fccsderegulation-agenda/.

人工智能在金融业运用的法律风险及监控

王志诚*

摘　要： 金融业导入AI等新兴科技，虽有助于降低成本、提高效率及推动金融市场发展，但亦可能产生信息正确性与完整性、信息安全与隐私保护、弱势公平性、道德伦理等潜在风险，中国台湾地区从法令与自律规范两个层面来实现智慧金融之法律治理；从监管理念与指导原则、行政指导及自律规范之层面，进行分工治理。申言之，中国台湾地区金融监督管理委员会为协助金融机构运用AI科技优势，并有效管理风险、确保公平、保护消费者权益、维护系统安全及实现永续发展，除了于2023年10月17日公布的《金融业运用人工智能(AI)之核心原则与相关推动政策》之外，还于2024年6月20日正式发布了《金融业运用人工智能(AI)指引》。台湾地区银行业、商业同业公会于2023年10月20日通过《金融机构运用人工智能技术作业规范》，其治理策略的优点在于：不仅可保留监理的弹性，提供金融业运用人工智能技术的空间，而且能兼顾金融消费者或投资人权益的保障。

关键词： 人工智能；法律风险；自律规范；金融科技；机器学习

一、引言

近年来，机器学习(machine learning，ML)或深度学习所带来的创新，已成为人工智能(artificial intelligence，AI)领域的热门话题。透过创新，人工智能得以部分接管高级判断及推理等智力活动并非神话，已在实际生活中实现。虽然机器学习的人工智能应用在金融业层面仍处于起步阶段，但是未来具有相当大

---

* 王志诚，中国文化大学法学院教授、副校长，台湾政治大学法学博士。

的运用潜力。[①] 有鉴于新兴人工智能服务对全球商业环境的高度影响力，各领域参与者无不积极投入，期望在巨变关键时刻，抢占人工智能服务先机。金融业在人工智能的发展洪流中亦应用人工智能技术，积极开发创新金融科技，提供新兴金融服务。[②] 由于金融业有广阔的服务通路或交易平台，运用人工智能学习技术，不仅可预测金融消费者的行为及偏好，进行精准营销，而且还能提升最佳体验的金融消费者互动模式，成为提供优越金融服务体验的生态开创者，特别是2022年11月，ChatGPT横空出世，引爆生成式AI快速发展。鉴于生成式AI快速发展，且影响层面广泛，已被视为AI的重大突破。生成式AI的导入虽有助于提升生产效率及提供多元的功能与服务，但亦可能涉及个人资料及隐私泄漏、信息安全风险及其他法律风险等问题，其快速生成新内容的能力，可能创造大量真伪难辨或不存在的信息，引发虚假信息传播的风险。

由于金融业务具有全球化及高度监管的特性，金融商品或服务的提供受到严格管制，金融业运用人工智能技术嵌入金融商品或服务时必须合法合规，故从金融监管的观点讨论人工智能的应用及影响实有必要性及重要性。鉴于金融业导入AI等新兴科技时，虽有助于降低成本、提高效率及推动金融市场发展，但也可能产生信息正确性与完整性、信息安全与隐私保护、弱势公平性、道德伦理等潜在风险，中国台湾地区金融监督管理委员会于2023年8月15日发布的《金融科技发展路径图(2.0)》宣示具体推动“制定金融业应用AI之核心原则”“金融业应用AI指引”及“督导银行公会制定应用AI自律规范”，以供金融机构遵循办理，希望能在金融创新、风险管控、消费者保护、资金安全防护及弱势群体权益维护等方面持续与业者沟通，建立友善创新的金融环境，协助金融业者在遵循相关法规的前提下加速发展金融科技，助力民众能在负责任创新的基础上，享受科技进步所带来的便捷金融服务。[③]

本文首先说明金融业运用的人工智能技术及范畴；其次，分别分析金融业运用人工智能的服务创新、挑战及法律风险；再次，介绍中国台湾地区金融监督管理委员会对于金融业运用AI技术所采取的各种治理策略，以供各界参考；最后，做出结论。

---

① 関雄太、佐藤広大：『人工知能とビッグデータの金融業への活用』，『財界観測』2017年1月，62ページ。
② 陈凯迪：《人工智能发展对金融业之冲击与因应》，《财金信息季刊》2018年第93期，第16页。
③ 金融监管委员会：《金融科技发展路径图(2.0)，推动措施1—4：制定金融业运用AI指引》，https://www.fsc.gov.tw/ch/home.jsp?id=96&parentpath=0,2&mcustomize=news_view.jsp&dataserno=202308150002&dtable=News，最后访问日期：2024年2月16日。

二、金融业运用的人工智能技术及范畴

（一）人工智能应用于金融业的主要技术

人工智能为全球近60年来最具想象空间的科技名词，历经20世纪60年代与20世纪80年代的两次兴衰，终于在21世纪受惠于“资料量增长”“运算力提高”以及“算法进步”等基础资源的精进及核心应用的优化，得以突破商用服务的临界点，揭开了第三次人工智能热潮的序幕。[①] 人工智能能够处理分析大量数据，并且细致地判断客户需求，因此，在金融业中应用人工智能技术，对外可协助业者了解其客户的需求，并提供更多信息及量身定制的产品或服务；对内可强化内部流程及效率，并降低信用、市场、法令遵循等风险。[②]

就金融业运用AI技术之类型而言，主要为机器学习（ML）、自然语言处理（natural language processing，NLP）或多元语言、计算机视觉能力、机器人流程自动化（robotic process automation，RPA）等技术层次。在机器学习（ML）技术层面，常见者为机率网络（例如贝式网络模型技术）、生成式模型技术、分群技术及深度类神经网络技术等。至于在多元语言及视觉能力技术层面，主要有语言理解技术、口语技术及视觉分析技术等。[③]

1. 机器学习

借由导入ML算法模型及深化各项资料来源的应用，跳脱仅依赖逻辑知识的推理运算，并以量化的权重与公式，估算潜在变量对于决策的重要性，进而发展推论推荐系统，例如投资理财规划不再只根据市场价格来建议最适组合，更应综合考量持有天数、投资人偏好等其他预测信息，并计算最终购买各商品的概率，提供最佳资产管理组合。[④]

2. 自然语言处理或多元语言

所谓自然语言处理或多元语言，主要是指为结合AI及语言学之分支技术，通过复杂的数学模型及算法，让计算机辨识、分析、理解及生成人类语言，以使计

① 陈凯迪：《人工智能发展对金融业之冲击与因应》，《财金信息季刊》2018年第93期，第14页。

② 吴佳琳：《AI应用对金融监理之挑战及法制建构探讨》，《存款保险信息季刊》2022年第1期，第23页。

③ 萧俊杰：《人工智能与金融应用》，《财金信息季刊》2019年第95期，第21—22页。

④ 原靖雯：《人工智能（AI）于金融领域之应用与相应监理进展》，https://www.tpefx.com.tw/uploads/download/tw/9.%20The%20application%20of%20artificial%20intelligence%20(AI)%20in%20the%20financial%20field%20and%20the%20corresponding%20supervision%20progress.pdf，最后访问日期：2024年2月16日。

算机与人类沟通更顺畅，完成各项指定任务。[①]

3. 计算机视觉能力

计算机视觉主要通过卷积神经网络（convolutional neural network，CNN），在影像处理与分析过程中引导系统，可支持影像分类与物件侦测（deep learning，DL）的推断。金融业可运用光学字符辨识（optical character recognition，OCR）及影像辨识技术，解析个别金融消费者的证明文件影像档或进行身份识别，以提升作业的效率及正确性。[②]

4. 流程自动化

机器人流程自动化系复制人类行为的自动化科技方案，以扩大执行日常任务的范围及数量，并可自动执行有规则且重复性高的作业流程，处理结构化数据，或结合图像辨识处理非结构化数据，代替人工进行资料的验证与转换，不仅可降低人为处理的错误率，而且可提高生产力及效率，提升作业流程的透明度。[③]

（二）金融业运用人工智能的范畴

AI在金融业之应用相当广泛，目前较为普遍的实务应用，主要包括客群经营、风险合规、流程精进及数据分析等四大方面。[④] 换言之，AI对于金融机构的应用，主要在于前台客户服务端的客群经营个人化及效率化，并将金融机构的业务流程明确化及精进化，提高金融机构的作业效率，进而有效管控风险，以降低金融机构的法令遵循成本及各种风险。

以客群经营为例，随着AI技术的迅速发展，智能客服已成为各金融机构发展的热点。除可让民众透过各式联网装置与机器人互动聊天，提供客户24小时不间断的在线文字对谈，帮助客户解决疑难之外，还可运用智能语音、智能图像及生物特征识别等AI技术在分行进行迎宾导览与语音互动的工作，以

① 原靖雯：《人工智能（AI）于金融领域之应用与相应监理进展》，https://www.tpefx.com.tw/uploads/download/tw/9.%20The%20application%20of%20artificial%20intelligence%20(AI)%20in%20the%20financial%20field%20and%20the%20corresponding%20supervision%20progress.pdf，最后访问日期：2024年2月16日。

② 萧俊杰：《人工智能与金融应用》，《财金信息季刊》2019年第95期，第22页。

③ 原靖雯：《人工智能（AI）于金融领域之应用与相应监理进展》，https://www.tpefx.com.tw/uploads/download/tw/9.%20The%20application%20of%20artificial%20intelligence%20(AI)%20in%20the%20financial%20field%20and%20the%20corresponding%20supervision%20progress.pdf，最后访问日期：2024年2月16日。

④ 李智仁、黄彦宾、林盟翔：《金融科技应用于信托领域之研究》，信托业商业同业公会，2021年，第66—67页。

及在线查询信用卡可用额度、消费明细、缴款纪录、账单金额、红利点数、补寄电子账单等服务，让金融服务更便利和有趣，提高客服满意度，减少客服人力成本。[1] 此外，AI 技术在信用风险管制的应用亦相当广泛，包括建立 AI 核贷模型、反欺诈、反洗钱、信用评估等领域，不仅可提高绩效，而且可降低违约及洗钱等风险。

三、金融业运用人工智能的业务创新及挑战

(一) 运用及业务创新

通过深度应用人工智能技术，可以实现智慧化、批量化地服务客户，并对金融业务带来各种重大创新。现整理运用人工智能嵌入式体验的金融商品或服务如表 1 所示，以供参考。

表 1　运用 AI 嵌入式体验的金融商品或服务

金融商品或服务的类型	替代的人工智能嵌入式体验
储蓄账户	根据个人行为打造储蓄工具与智慧提示功能
定存、存款凭证、投资或高收益储蓄账户	理财自动化助理
支票、活存账户或转账卡	绑定行动钱包的个人云端储值
信用卡	具有预测性且符合情境所需要的信用额度
透支	紧急信用额度(最适用于日常购物与医疗支出)
个人贷款	在店面或消费情境中为支付选项提供建议
房屋贷款	购屋智慧助理
汽车贷款或租赁	订购自驾车使用系统
中小企业银行账户	AI 智能型商用储值系统(有会计、税务与支付功能的人工智能)
商业信用额度	预测型的现金流分析与调节
外汇服务	跨国钱包外挂程序

---

① 李沃墙：《AI 在银行业的应用现况与前景》，《会计研究月刊》2019 年第 403 期，第 17 页。

续 表

金融商品或服务的类型	替代的人工智能嵌入式体验
人寿保险	老年与身后智慧资产管理
医疗保险	健康最佳化与监测服务
共同基金或投资产品	自动化财务顾问与资产净值代理人
财富管理及理财顾问	理财机器人

资料来源：萧俊杰：《人工智能与金融应用》，《财金信息季刊》2019 年第 95 期，第 26 页。

以消费金融业务运用人工智能之创新为例，在贷前管理阶段，人工智能技术可以协助金融机构充分挖掘及开发客户；在拨贷管理阶段，人工智能技术可以协助金融机构进行授信、交易与智慧化决策；在贷后管理阶段，人工智能技术可以协助金融机构进行风险管理，有效增强管理效能及降低不良贷款率。①

另以财富管理及理财顾问运用理财机器人为例，金融机构通常会先设计一系列的网络问卷进行认识客户作业(know your customor，KYC)，将投资人分为"保守""稳健""积极"等不同类型，并由理财机器人推荐相对应基金商品，以供投资人参考。②

若依据中国台湾地区金融监督管理委员会于 2023 年 5 月所进行的调查，中国台湾地区目前 175 家金融机构中，有 63 家金融机构采用 AI 技术(47%)，其应用范畴包含下列四个面向：① 客群经营，例如智能客服、机器人理财等；② 风险管理及法令遵循，包含洗钱防制、分析可疑交易、开户案件审查等；③ 流程精进，包含影像辨识(optical character recognition，OCR)及后台流程自动化等；④ 数据分析，例如客户属性及消费等行为数据分析、市场趋势分析等；⑤ 其他，例如利用威胁情资分析资安情境等。③ 详言之，38 家银行中有 63%运用 AI，40 家保险业中有 58%运用 AI，97 家证券期货业中有 17%运用 AI。④

(二) 风险类型及挑战

勤业众信(Deloitte Global)就全球金融产业所发布的《*AI and Risk Management:*

① 程雪军：《人工智能深度介入消费金融：动因、风险及防控》，《深圳大学学报(人文社会科学版)》2021 年第 3 期，第 70 页。

② 彭文志、黄思皓：《人工智能在金融科技上的应用》，《科学发展月刊》2019 年第 555 期，第 9 页。

③ 《金融业运用人工智能(AI)之核心原则与相关推动政策》，https://www.fsc.gov.tw/ch/home.jsp?id=96&parentpath=0,2&mcustomize=news_view.jsp&dataserno=202310170002&dtable=News，最后访问日期：2024 年 2 月 16 日。

④ 杨筱筠、廖珮君：《金融业导入 AI 须设安全阀》，《经济日报》2023 年 12 月 29 日。

Innovating with Confidence》报告指出，金融机构在实务上应用 AI 的风险，包含 AI 模型算法风险、科技风险、法令遵循风险、执行风险、人员风险、市场风险及供应商风险。[①] 此外，中国台湾地区亦在官方媒体中认为，金融机构逐渐尝试运用 AI 于金融服务，若使用不当，将会衍生潜在的六大风险，包括道德问题、隐私保护问题、市场波动性提高、价格操纵风险、集中委外风险及“黑箱”决策等风险。[②] 金融机构应了解此为双向学习的过程，董事会、高级管理层、业务单位及风控单位皆应本其职能，增加对 AI 技术及应用层面的了解，而 AI 模型及系统开发单位，应辨识及掌握相关风险及落实遵守监管的要求。[③] 质言之，人工智能如同一把双刃剑，可能给金融业务创造巨大之发展契机，也可能对金融市场、金融法制及金融监管等层面带来重大冲击。

在全球主要科技业者的积极投入下，可加速全新商业解决方案的形成，且借由人工智能服务（AI as a service）的供应商所提供各种云端运算服务或云服务的模式，包含金融业者在内的各个垂直领域服务业者，可以较低成本提供即用性的整合人工智能服务，并在跨行业间的交互应用下，激发出多元化之崭新商业模式，进而驱动整体金融产业的变革。当然在变革过程中，金融业所面临的重要问题，无疑为诸多名为创新但成效不明的新的业务规划或解决方案带来的障碍，以致出现敏捷灵动的新竞争对手或合作伙伴。[④] 金融业是否具备筛选新种业务规划或解决方案的评估能力、营造适合累积开放式创新协作经验的环境，并克服组织调整的障碍，是无法回避的冲击和难题。

四、金融业运用人工智能之法律风险

（一）传统人工智能之法律风险

为确保金融业在合法合规之前提下运用人工智能技术，应充分掌握及了解各种法律规范，进而辨识及控制金融业运用人工智能技术时可能面对的各种法律风险。从欧盟及美国对于人工智能所采取的发展策略来观察，其中心思想主

---

① Deloitte Llp, AI and Risk Management: Innovating with Confidence, https://www2.deloitte.com/content/dam/Deloitte/uk/Documents/financial-services/deloitte-uk-ai-and-risk-management.pdf，最后访问日期：2024 年 2 月 16 日。

② 《AI 于金融服务领域的潜在风险有哪些？报乎你知！》，https://www.facebook.com/cbc.gov.tw/posts/3242454835838744/，最后访问日期：2024 年 2 月 16 日。

③ Deloitte Llp, AI and Risk Management: Innovating with Confidence, https://www2.deloitte.com/content/dam/Deloitte/uk/Documents/financial-services/deloitte-uk-ai-and-risk-management.pdf，最后访问日期：2024 年 2 月 16 日。

④ 陈凯迪：《人工智能发展对金融业之冲击与因应》，《财金信息季刊》2018 年第 93 期，第 17 页。

要建立在“以人为中心”以及风险控制为基础，避免歧视、垄断、不当使用、滥用及违法使用的行为。[①]

首先，机器学习算法，虽可能不断超越限制，影响人类社会的基本生活方式，但可能诱发金融服务场景的算法歧视，在科技软件的遮蔽下，其有限性、许可特权及障碍等限制不易为人所察觉。[②]

其次，随着大数据与人工智能技术的快速发展，人工智能逐步全面应用于金融场景。金融市场的激烈竞争，迫使金融机构开始探索深化人工智能的应用，而从传统金融服务转型为数位化、智能化服务。通过技术深挖金融消费者个人信息，包括地理位置、学历、交易、退休金、工作、通信等，借以提高营销的成功率及反欺诈率，但同时可能借由大数据及人工智能等方式，不当取得、滥用或泄漏金融消费者的个人资料，损害金融消费者的合法权益，[③]进而衍生新形态的法律争议。

(二) 生成式人工智能之法律风险

鉴于生成式 AI 的快速发展，且影响层面广泛，已被视为 AI 的重大突破。生成式 AI 导入，虽有助于提升生产效率及提供多元的功能与服务，但亦可能涉及著作权风险、信息安全防护风险(个人资料及隐私泄漏风险)、歧视风险[④]或其他潜在法律风险等。其快速生成新内容的能力，可能创造大量真伪难辨或不存在的信息，引发虚假信息传播。因此，金融机构在使用客户资料时，必须充分尊重及保护客户的隐私权，妥善管理及运用相关信息，避免任何可能导致客户个人资料外泄的风险，如果无封闭式地使用生成式 AI 模型，且无法确认系统环境安全时，不得向生成式 AI 提供未经客户同意公开的信息。

五、中国台湾地区金融业运用人工智能的治理策略

近年来人工智能技术在金融服务领域的应用日益增加，其导入虽为金融产业带来各种效益，包括提升服务效率、降低服务成本及增加客户体验等，但亦衍

---

① 王震宇：《数位贸易及信息科技于国际协定之规范研析》，《月旦法学杂志》2024 年第 345 期，第 105 页。

② Engin Bozdag. Bias in Algorithmic Filtering and Personalization, *Ethics & Information Technology*, Vol.15, 2013, pp.209 - 227.

③ 程雪军：《人工智能深度介入消费金融：动因、风险及防控》，《深圳大学学报(人文社会科学版)》2021 年第 3 期，第 72 页。

④ 王伟霖、张家齐：《生成式 AI 风险控管与企业应用倡议》，《月旦法学杂志》2024 年第 345 期，第 108—113 页。

生一些新的风险及监管挑战，例如个人信息及隐私外泄之资金安全的威胁、道德风险等。因此，如何确保金融业在运用人工智能技术的同时，有效管理风险、确保公平、保护消费者权益、维护系统安全，并实现永续发展，是当前金融主管机关及金融机构必须正视的重大课题。

由于当前尚无法完全掌握人工智能的发展走向及衍生的风险，法律管制的边际并不明确，监管措施易产生所谓步调问题(pacing problem)，应避免过早介入或过于严苛规范人工智能技术的运用领域，[①]故不宜以制定专法的立法模式监管金融业运用人工智能的行为。为强化人工智能运用的金融监管，显然无法沿袭传统单向的法律治理模式，应同时推进人工智能治理及法律治理的双轴模式。事实上，传统法律治理具有滞后性、僵硬性及空白性等局限性，在监管策略上应建立人工智能金融法律规范，加强人工智能风险预测及评估，并需要联合各类智慧金融的力量，以促进金融业制定自律规范，建立标准行为准则及伦理规范，从而在法律与自律规范双层面实现对于智慧金融之法律治理。[②] 以中国台湾地区采取的治理策略为例，即从监管理念与指导原则、行政指导及自律规范的层面，进行治理分工。

(一) 金融业应用 AI 的核心原则及配套政策

中国台湾地区金融监督管理委员会为协助金融机构运用 AI 科技优势，并有效管理风险、确保公平、保护消费者权益、维护系统安全及实现永续发展，参考相关意见，并在公共政策网络参与平台及其他渠道征询各界意见后，于 2023 年 10 月 17 日公布“金融业运用人工智能(AI)之核心原则与相关推动政策”。

1. 金融业运用 AI 的六项核心原则

首先，中国台湾地区金融监督管理委员会参考相关组织监管机关针对金融业运用 AI 的指导原则，并结合其“负责任创新”“强化法遵”“公平待客”“普惠金融”“资通安全”“信息揭露”“永续金融”“关怀员工”等监管理念，提出金融业运用 AI 的 6 项核心原则及对应的监管理念。

一是建立治理及问责机制(对应监管理念：负责任创新)，即强调金融机构在使用 AI 系统时应对内部治理与对消费者的权益保护负责，并建立全面且有效的风险管理机制，确保其人员对 AI 有足够的知识与能力。

---

① 郭戎晋：《论人工智能技术应用、法律问题定位及监管立法趋势：以美国实务发展为核心》，《成大法学》2020 年第 39 期，第 224 页。

② 程雪军：《人工智能深度介入消费金融：动因、风险及防控》，《深圳大学学报(人文社会科学版)》2021 年第 3 期，第 75 页。

二是重视公平性及以人为本的价值观（对应监管理念：公平待客及普惠金融），即强调金融机构在运用 AI 系统时，应尽可能避免算法的偏见所造成的不公平，并符合以人为本及人类可控的原则。

三是保护隐私及客户权益（对应监管理念：金融消费者保护），即强调金融机构在管理及运用客户资料时，必须充分尊重及保护客户的隐私权，并尊重客户选择是否使用 AI 服务的权利，提醒客户是否有替代方案。

四是确保系统稳健性与安全性（对应监管理念：强化资通安全），即强调金融机构应尽力维护 AI 系统的稳健性及安全性，并对第三方业者进行适当的风险管理及监督。

五是落实透明性与可解释性（对应监管理念：信息揭露），即强调金融机构在运用 AI 系统时，应确保其运作的透明性及可解释性，并在使用 AI 与消费者直接互动时应适当披露。

六是促进永续发展（对应监管理念：永续金融及关怀员工），即强调金融机构在运用 AI 系统时，应确保其发展策略及执行符合永续发展相关原则，并尽力维护员工权益。

2. 配套政策

中国台湾地区金融监督管理委员会为因应 AI 的发展，推出 8 项配套政策：① 制定“金融业运用 AI 指引”；② 检视相关规范并适时进行法规调适；③ 利用 AI 技术发展监管科技；④ 与国际组织及其他国家金融监管机关进行交流及合作；⑤ 鼓励金融业积极参与 AI 的研发与应用，并协助导入最佳实务做法；⑥ 对金融业者应用 AI 的实际状况进行检视；⑦ 责成各金融业公会制定金融业运用 AI 系统相关自律规范及最佳实务守则；⑧ 督导金融机构落实公平对待客户及金融友善准则。

（二）中国台湾地区“金融业运用人工智能（AI）指引（草案）”

1. 基础及性质

为鼓励金融机构善用科技，以负责任创新为核心，应用可信赖的人工智能，发展更贴近民众需求的金融服务，并引导从业者在兼顾消费者权益、伦理道德及金融市场秩序的前提下，进行科技创新，提升服务效率、质量及竞争力。中国台湾地区金融监督管理委员会依据 2023 年 10 月 17 日公布的“金融业运用人工智能（AI）之核心原则与相关推动政策”内容，并参考国际清算银行（BIS）、国际证券管理机构组织（IOSCO）、欧盟、新加坡、美国等发布的相关规范、手册或指引文件，制定中国台湾地区“金融业运用人工智能（AI）指引（草案）”。

“金融业运用人工智能（AI）指引（草案）”内容，基本上是在金融业运用 AI 的 6 项核心原则的基础上制定的，并依比例原则及以风险为基础，确定金融业运用 AI 时宜注意的事项。此外，“金融业运用人工智能（AI）指引”采取文件形式而非条文形式，性质上系属中国台湾地区“行政程序法”第 165 条所规定的行政指导，不具有拘束力，旨在鼓励金融业在风险可控的情况下导入、使用及管理 AI，但未来金融业在运用人工智能发展金融业务时，仍应纳入其内部控制制度之中，若未建立适当的内部控制制度或确实执行，则可能受到金融主管机关的行政处罚。

2. 架构及主要概念

“金融业运用人工智能（AI）指引（草案）”的内容共分总则及六大章节。总则阐述 AI 定义、生命周期、风险评估框架及以风险基础落实核心原则的方式；第一—六章分述金融业在落实 AI 核心原则一—六时，依 AI 生命周期及所评估的风险，提出所需关注的重点及可采取的措施。

第一章“核心原则一：建立治理及问责机制”，分别说明目的、主要概念、组织架构及问责机制、风险管理机制、人员培训等内容。主要概念包括三点：第一，金融机构运用 AI 系统的内部责任与外部责任。内部责任指明确界定组织内各单位的权责，包括明确内部治理架构、由可督导跨部门职务的高阶主管或成立委员会进行监督及管理、界定各部门或各业务线的功能与责任，以及落实分层管理机制等。外部责任指组织能对外沟通组织的作为，包括具有沟通机制，可让外界查询或审视受决策影响事项的相关信息，并确保在运用 AI 系统时符合原始规划目的。第二，金融机构在落实治理及问责原则时，应尽量将相关机制予以书面或数字化，并建立适当监督机制。第三，金融机构宜整体性落实金融业 AI 核心原则，不宜将任何一个原则视为一次性或独立的任务。

第二章“核心原则二：重视公平性及以人为本的价值观”，分别说明目的、主要概念、公平性之落实方式、以人为本及人类可控原则之落实方式、生成式 AI 产出信息之风险管控方式等内容。其主要概念包括四点：第一，公平性。金融机构运用 AI 系统产生的决策，不应对特定群体造成歧视的结果，即决策需有合理性、准确性，并避免偏见。关于决策之合理性要求如下：① 利用个人属性作为 AI 模型决策之因素之一，应有合理理由；② 如果无合理理由，运用 AI 系统所产生之决策不应对特定群体有系统性的不利差别待遇（例如不得以特定宗教、种族或族群等因素，对借款人提供不合理的贷款条件)。关于决策的准确性及避免偏见：应定期审查及验证AI决策模型与数据，以确保准确性及最小化偏见，另应定期审查模型产生出来的决策结果，以确保模型演算后之结果符合设计之目的。第二，以人为本。AI系统在其全生命周期中，应以支持人类自主权、尊重人类基本权利及允许人类监督为原则，以落实人类价值，并达到改善人类福祉之目标。第三，针对受到不利结果影响之消费者，金融机构应提供相关救济渠道。第四，人类在AI系统决策过程中的监督机制，可分为人在指挥(HIC)、人在循环内(HITL)、人在循环上(HOTL)。所谓“人在指挥”(human-in-command)是指人类指挥监督AI系统之整体活动(包括其更广泛的经济、社会、法律和道德影响)，并在任何情况下决定何时、如何使用AI系统的能力。所谓“人在循环内”(human-in-the-loop)则表示人类主动参与监督，并保留完全的控制权，AI系统仅提供建议或信息。除非人类下达命令要求AI系统决策，否则，AI系统不能进行决策。而“人在循环上”(human-over-the-loop)是指人类仅有在AI模型遇到意外或不良事件(例如模型失败)时才进行控制，并在运算过程中调整参数。

第三章“核心原则三：保护隐私及客户权益”，分别说明目的、主要概念、隐私保护及资料治理、尊重客户选择的权利及替代方案等内容。其主要概念包括四点：第一，在大数据及AI技术发展下，个人信息常被大量搜集并用以训练AI，可能对客户隐私权造成潜在威胁，进而影响民众对金融机构的信任度及服务满意度，故金融机构在运用AI系统时应注意保护客户的隐私权，妥善搜集及处理其客户信息，避免资料外泄风险。第二，金融机构宜以资料最小化原则搜集与处理必要的客户资料，避免搜集过多或不必要的敏感信息。第三，金融机构运用AI系统面对客户时应告知客户，并尊重其选择是否使用AI服务的权利，并提醒是否有替代方案，以维护客户权益。第四，金融机构运用AI系统时，应注意保护客户的财产权与商业秘密。

第四章“核心原则四：确保系统稳健性与安全性”，分别说明目的、主要概念、系统稳健性的落实方式、系统安全性的落实方式等内容。其主要概念包括两点：第一，系统稳健性，是指AI系统具有预防风险发生的方法，不仅能可靠地按照预设目的执行，而且可将非预期或意外伤害降至最低，并防止不可接受的伤害。系统稳健性包含以下概念：① 稳定性。稳定性佳的AI系统，系指计算机系统在执行过程中及面对错误输入时，具有良好应对能力，即使该系统或其组件在无效输入或压力环境条件下仍能正确运作。② 准确性。准确性佳的AI系统，系指系统有能力做出正确判断，例如将信息正确地分类到适当类别，或根据数据、模型做出正确的预测、推荐或决策。AI 系统若经过完善地规划、开发，可以减少及纠正不准确预测所带来的非预期风险。即使当 AI 系统偶尔出现不准确的预测时，亦能够在检验时指出其错误率。③ 可重制性。具有可重制性的 AI 系统，系指在相同的条件下重复 AI 系统的测试，仍会得到相近的产出。第二，系统安全性。安全性高的 AI 系统，系指具有较强抵御外部安全威胁、攻击或恶意滥用的资金安全防护能力，且符合各金融业资金安全相关规定要求，并可确保其系统按照应有的功能运行。

第五章“核心原则五：落实透明性与可解释性”，分别说明目的、主要概念、透明性及可解释性之落实方式等内容。其主要概念包括下列五点：第一，透明性，系指提供外部利害关系人有关 AI 系统的相关信息，以便了解对其权益的影响等。第二，可解释性，系指可清楚说明部署 AI 模型的算法如何运作及其预测或决策过程，以有利于组织内评估是否符合内部政策、作业流程及监管要求等。第三，金融机构应理解其运用的 AI 系统如何做出决策，并应提高 AI 模型的可解释性，以确保对 AI 运作的有效管理。第四，金融机构运用 AI 系统时，应主动向利害关系人披露相关信息。如果利害关系人要求进一步说明，应清楚阐述所使用的资料、资料如何影响决策，以及决策对利害关系人的影响等，以提升民众信任度。但金融机构运用的 AI 系统如果与洗钱、信息安全及诈骗有关，或如果涉及商业秘密，则应审慎控制对主管机关以外人员揭露相关信息的程度。第五，金融机构应就 AI 系统生命周期各阶段的透明性及可解释性拟定共通性标准。对于透明性的要求：金融机构一方面宜就评估 AI 系统所需的适当透明性制定共通性标准，例如运用 AI 系统产生贷款决策建议时，对客户说明解释的程度、时机及形式等；另一方面，金融机构宜确认在客户生命周期各阶段中，可能需对客户通知的项目为何，并事先备妥相应的通知样板。对于可解释性，金融机构就评估 AI 系统可解释性制定共通性标准，包含如何评估所需的可解释性程度及揭露对象等。同时，金融机构宜选定可接受的 AI 系统的解释方法，并设定前述解释方法的最低准确度要求。

第六章“核心原则六：促进永续发展”，分别说明目的、主要概念、永续发展的落实方式、员工教育及培训相关事项等内容。其主要概念包括下列两点：第一，金融机构运用 AI 系统时，将社会、环境等视为利害关系人，兼顾社会公平及生态责任。例如在使用过程中，可促进数位金融公正转型、降低数位落差、减少水电等能源消耗问题。第二，金融机构运用AI系统的策略及执行方向，依据国际可持续发展目标及自订的可持续发展原则，适当列入可持续发展综合指标。

（三）中国台湾地区“金融机构运用AI自律规范（草案）”

1. 自律规范的性质

就金融业的治理而言，有赖于内外监管机制的配合。内部监管机制包含个别金融机构本身的内部规章、法令遵循、风险管理、内部稽核等内部控制制度的建立；外部监管机制则为法令管制、金融监督及金融检查等。至于金融同业公会自发或依主管机关督导所制定的自律规范，相较于政府法令的他律规范模式，形式上虽不具有法律效力，但因金融业必须将自律规范纳入内部控制制度及执行，故在实质上仍具有规范效果。申言之，中国台湾银行商业同业公会（以下简称台湾银行公会）或其他金融业相关商业同业公会所制定的金融机构运用AI自律规范，其内容不仅应对人工智能的范围加以定义，而且对个人信息及隐私保护、风险控制及伦理原则有所规范，并由金融机构纳入内部控制制度。因此，金融主管机关应对各金融机构的法令遵循、风险管理及金融消费者保护等事项，采取各种金融监管措施或金融检查。

2. 目前金融业运用新兴科技的自律规范

过去中国台湾地区银行公会为协助会员银行适当管理运用新兴科技的风险，以促进银行业务健全经营，于2017年7月27日制定了中国台湾地区“金融机构运用新兴科技作业规范”，并为确保金融机构办理电子银行业务具有一致性基本准则的安全管控作业；1998年5月16日制定了中国台湾地区“金融机构办理电子银行业务安全控管作业基准”，规定银行在办理电子银行业务使用视频会议时，应确认为真人和本人办理，以便预防规定通过科技预先录制影片、制作面具、模拟影像或深度伪造等手段伪冒身份。此外，银行还应留存验证纪录和交易轨迹，以便查证。

就证券期货业而言，除中国台湾地区证券商业同业公会及期货业商业同业公会于2016年12月13日及2017年1月4日制定了“新兴科技资通安全自律规范”外，中国台湾地区证券投资信托暨顾问商业同业公会于2018年9月7日制定了“证券投资信托事业证券投资顾问事业新兴科技资通安全自律规范”，中国台湾地区证券交易所股份有限公司也于2022年5月11日制定了“证券期货市场相关公会新兴科技资通安全管控指引”。

另就保险业而言，中国台湾地区人寿保险商业同业公会于2003年3月25

日制定了“保险业经营电子商务自律规范”;中国台湾地区保险代理人商业同业公会亦于2019年5月8日全面修订了“保险代理人业经营电子商务自律规范”。

3. 中国台湾地区“金融机构运用AI自律规范(草案)”的要点

理论上,相关商业同业公会在运用AI自律规范时,应以中国台湾地区金融监督管理委员会所制定发布的“金融业运用人工智能(AI)指引”为基础,并纳入相关重点及措施。目前中国台湾地区金融监督管理委员会虽于2023年12月28日公布“金融业运用AI指引(草案)”,但有60日公开征询外界意见的时间。中国台湾地区银行公会在金融监督管理委员会正式公布“金融业运用人工智能(AI)指引”前,已先研拟完成的“金融机构运用AI自律规范(草案)”,其内容包括AI及生成式AI的定义、规制范围、信息治理、风控机制等规范内容。由于“金融机构运用AI自律规范(草案)”未经中国台湾地区金融监督管理委员会正式核备及公开,故整理其要点如下,以供参考。[①]

首先,金融机构对于涉及客户与投资人的AI运用应列管,除应符合相关法规及公平待客外,更重要的是为金融机构要能管理AI的风险,对模型的可解释性、准确性、可靠性等皆应有效管理。

其次,就自律规范对AI的“规制范围”而言,因直接影响未来中国台湾地区金融监督管理委员会进行金融检查的内容,目前规划包括下列内容:一是与消费者直接互动,并提供金融商品建议(例如智能客服);二是提供客户服务且影响客户金融交易权益(例如通过AI模型算法的信评模型);三是对营运有重大影响者(各公司自行评估对营运风险大小且应符合各自内部规定)。

再次,在AI运用资料学习等方面,由各公司资金安全负责人、法律部门负责人及风险控制负责人共同把关,AI使用资料的治理方式、资金安全、监督机制、消费者权益保障及发生非预期事件时的应变措施,应由信息安全、法令遵循及风险管控等单位进行评估,提出意见,必要时可委托专业第三方出具评估报告。自律规范亦要求金融机构进行资料搜集与训练或业务上选择以AI技术提供客户服务时,应采取提升模型输出准确性、可解释性的有效措施。

最后,就风控机制而论,因风险高低会因各公司的规模、营运实力、可承担风险有所不同,故由各公司自行进行风险审视与建立风管机制评估,要求金融机构

---

① 魏乔怡:《银行公会AI自律规范出炉》,《工商时报》2023年10月26日,https://www.ctee.com.tw/news/20231026700100-439901,最后访问日期:2024年2月16日;张瑗:《银行公会AI自律规范草案机器人理财与客服纳入管控》,https://money.udn.com/money/story/5613/7531684,最后访问日期:2024年2月16日。

应以“风险基础”为导向，视营业规模及运用AI的程度，建立适当的风险管理及定期检视机制。

六、结语

面对人工智能技术的发展，金融主管机关应秉持科技中性（tech-neutrality）的监管原则，提升金融业创新科技研发的意愿，逐步建构对金融业运用人工智能技术的治理策略。但金融业在运用人工智能的技术创新金融业务、金融商品或服务时，应遵循既有的金融法令及自律规范，在合法合规的前提下形塑金融与AI共舞的空间。由于人工智能技术的应用可能衍生伦理、公平性、隐私权及透明性等问题，为防范金融业运用AI技术变成损害他人权益的事件，必须进行有效监管，以保障金融消费者或投资人的权益。

中国台湾地区对于金融业运用人工智能技术的治理策略，应主要从监管理念与指导原则、行政指导及自律规范这三个层面进行治理。除由中国台湾地区金融监督管理委员会拟定针对金融业运用AI的相关指导原则，并结合其“负责任创新”“强化法治”“公平待客”“普惠金融”“资金安全”“信息披露”“可持续发展金融”及“关怀员工”等监管理念，提出金融业运用AI的6项核心原则及对应之监管理念。之外，中国台湾地区金融监督管理委员会还应以行政指导的方式，制定“金融业运用人工智能（AI）指引”，以规范金融业相关商业同业公会制定金融业运用AI的自律规范，其目的旨在保留监管弹性，为金融业运用人工智能技术创造空间，并兼顾金融消费者或投资人权益的保障。

技术创新与金融市场监管
——以巴西为视角*

马　哲**

摘　要： 随着区块链、人工智能、大数据、云计算等前沿技术的不断涌现与融合，金融科技的快速发展不仅重塑了金融服务的提供方式，而且对传统的金融市场监管框架提出了前所未有的挑战与机遇。巴西金融市场虽起步较晚，但近年来通过政府政策支持、私营部门投资增加及消费者需求升级，金融科技行业迅速崛起，成为推动经济增长的新引擎。然而，这一过程中也暴露出监管滞后、数据安全、消费者保护等一系列问题，亟须构建更加灵活、高效且全面的监管体系。本文将探讨技术创新对巴西金融市场监管的影响，特别是在全球金融科技浪潮加速发展的背景下，巴西作为拉丁美洲最大的经济体，其金融市场如何适应并引领这一变革。

关键词： 巴西；金融科技；创新；金融市场监管

一、引言

近年来，新型信息技术产业蓬勃发展，这些新兴技术被应用于各个领域，包括金融市场，带来了大量金融创新实践。虽然金融科技驱动的金融创新在推动金融运行效率、降低金融交易成本、缓解信息不对称等方面做出了重要贡献，[①] 但也带来了传统金融市场监管手段无法应对的风险和挑战。[②] 因此，在有序推进金融创新的同时力争完善金融监管是各国的普遍做法。

---

* 本文以作者 2024 年 2 月 24 日在第七届海峡两岸暨港澳地区金融法论坛上的发言为基础整理而成。

** 马哲，法学博士，澳门大学法学院助理教授，最高人民法院中国—葡语国家司法法律研究中心副主任。

① 刘少波、张友泽、梁晋恒：《金融科技与金融创新研究进展》，《经济学动态》2021 年第 3 期，第 131—137 页。

② 杨东：《监管科技：金融科技的监管挑战与维度建构》，《中国社会科学》2018 年第 5 期，第 71—76 页。

科技创新引发巴西金融法律制度的许多重要发展。在金融创新和金融监管方面，巴西虽然不是最先进的，但是一直在积极探索，例如，自 2020 年 12 月起，巴西已经允许以虚拟货币作为对公司的出资，[①]显示出其积极的态度，[②]特别是巴西是南半球最大的国家，是我国重要的贸易伙伴，中巴之间在金融领域的合作发展潜力无限。[③] 毫无疑问，了解巴西的金融科技发展态势和监管方向，无论对我国业界还是监管机关有一定的参考价值。

综观巴西的立法动态和金融法学界近年来的研究动向可以发现，理论和实务界关注的重心主要在算法、分布式账本技术、代币等在金融领域的使用以及金融科技，[④]现分别阐述如下。

二、对算法的监管

"算法"(algorithm)不是一个新概念，而是数学、计算机科学等学科中的一个传统概念，指一个被预先设定好的、电脑可施行其指示的自动运算过程，在输入一定数据以后，经过设定的步骤和次序，会有相应结果产出，其常被用于计算、资料处理和自动推理过程。[⑤]

近年来应用于证券交易活动中的算法，是指以自动化的方式帮助人们在市场上做出投资决定和进行交易的技术。使用算法技术进行的交易被称为"算法交易"(algorithmic trading)，又可以称为程序化交易或自动交易，是指在金融工具交易中运用自动化的计算机程序或运用人工智能，根据预设的算法，自动根据指定的市场的技术资料和财务比率(例如市盈率、市账率、移动平均线)等，进行自动化的投资和买卖行为，在此过程中人工干预有限甚至完全没有人工干预。[⑥]

---

① 2020 年，巴西商业公司注册局(Drei)签署并发出第 SEI NO.4.081/2020 号通函，确认加密货币是无形资产的立场，肯定这种资产具有可被估量的经济价值、可转让和可以各种方式(包括投资)被使用。在此之前，联邦税务局(RFB)要求纳税人在资产和权益表中的"其他资产"栏目中注明加密货币。参见 2019 年 5 月 3 日联邦税务局第 1888 号规范性指令。

② 邓国庆：《快速发展的巴西金融科技企业》，《科技日报》2021 年 10 月 27 日；时元皓：《巴西加大科技创新投入》，《人民日报》2023 年 5 月 16 日，第 17 版。

③ 《巴西副财长罗熙丹：中巴经济金融合作领域机遇无限》，http://world.people.com.cn/n1/2024/0320/c1002-40199493.html，最后访问日期：2024 年 4 月 4 日。

④ Francisco Satiro & Taimi Haensel. Inovação tecnológica e regulação do mercado de valores mobiliários, em A. Barreto Menezes Cordeiro & Francisco Satiro (coord.), *Direito dos Valores Mobiliários e dos Mercados de Capitais: Angola, Brasil e Portugal*. Almedina, 2019, p.467.

⑤ Thomas H.Cormen、Charles E.Leiserson、Ronald L.Rivest、Clifford Stein：《算法导论》，殷建平、徐云、王刚、刘晓光、苏明、邹恒明、王宏志译，机械工业出版社 2012 年版，第 3 页。

⑥ 对"算法交易"的权威定义，可参考欧盟《金融工具市场指令(2014)》(*Markets in Financial Instruments Directive 2014, MiFID II*)。

这大大革新了证券交易的操作方式，改变了代理人(agent)的地位：不同于传统上以人工提交订单、安排和处理交易，如今交易公司可以将这些任务委托给算法，即按照公司预先设定的策略进行交易的电脑化指令。这一创新的优势是不言而喻的：首先，算法处理信息的数量和速度显然是人类不能匹敌的，使用算法使交易的效率大大提升；其次，算法可以突破人类认知的限制，利用预先设计的决策规则来识别交易机会、风险上限，交易者可以在交易过程中使用比以前更强大、复杂的定量技术、统计资料和金融模型；等等。①

算法交易又引发了另一项创新：高频交易(high-frequency trading, HFT)。算法交易使交易自动化，无需人类参与，这使高频交易成为可能。所谓高频交易，是指一种利用自动交易系统在极短的时间内捕捉并从市场微小波动中获利的交易策略。② 例如，交易者可以通过挖掘某种证券买入价与卖出价之间的微小差价，或者在不同交易所之间寻找某档股票的微小价差。由于这类交易速度极快，一些交易机构甚至将其服务器群组放置在离交易所服务器很近的地方，以便缩短交易指令通过光缆发送的时间。高频交易通常采用电脑演算法来执行大量高速证券交易，以赚取买卖价格之间的差价。这种交易策略在金融市场中具有很高的竞争力，因此需要不断优化演算法和技术设备，以保持领先地位。③

高频交易目前在北美和欧洲的资本市场上的比例非常高，达到40%—55%，④巴西亦然。截至2018年，虽然高频交易占巴西交易市场超过40%的比例，⑤但仍然低于欧洲和北美国家，这可能与巴西只有一个单一的股票交易场所有关：算法交易和高频交易的营利能力在很大程度上与市场分割有关，不同交易所的存在使交易者能够利用交易场所之间的点差，采取迟延套利策略而营利。⑥ 尽管如此，巴西金融法学者仍然非常关注算法和高频交易的使用给金融监管带来的挑战。他们担心人们可能利用交易的高速性，从事一些不法的交易；资产的价格波动加剧；证券市场上交易的资产价格可能与其基本价值割

---

① 陈梦根：《算法交易的兴起及最新研究进展》，《证券市场导报》2013年第9期，第11—12页。

② 对"高频交易"的定义和特征，可参考欧盟的 *MiFID II*。

③ 周冰：《高频交易的监管透视：证券市场的结构变革与法律回应》，《证券市场导报》2024年第2期，第14—15页。

④ 周冰：《高频交易的监管透视：证券市场的结构变革与法律回应》，《证券市场导报》2024年第2期，第13页。

⑤ Edemilson Paraná. *A digitalização do mercado de capitais no Brasil: tendências recentes*. Instituto de Pesquisa Econômica Aplicada, 2018, pp. 10 - 11.

⑥ Henrique Pinto Ramos & Marcelo Scherer Perlin. Does algorithmic trading harm liquidity? Evidence from Brazil. *The North American Journal of Economics and Finance*, Vol.54, 2020, p.3.

裂；短时间内大量、快速交易，监督非常困难；交易机构、监管者、投资者采用这些新技术的成本；有些投资者比较难以理解算法交易的复杂性，被排除在外；等等。①

三、对分布式账本技术的监管

传统的证券交易在转让人与取得人之间直接发生，具有偶发性；当需要频繁交易（例如交易标的是上市公司股票）且交易对象不确定的时候，传统交易模式无法满足市场需要，中央证券存管机制（central securities depository，CSD）应运而生。在 CSD 结构中，存在一个中央对手方（central counterparty，CCP），即提供清算和结算服务的金融机构，投资者直接或者通过作为其代理人的证券经纪公司在 CCP 中开立账户，继而直接或者通过代理人向 CCP 发出买入或卖出的指令，完成交易。换言之，投资者的交易对手是 CCP，而非做出相反交易决定的其他投资者。信用中心化的 CSD 是目前各国资本市场上较通行的信用机制。但是，CSD 的弊端也很明显：投资者和证券经纪需要开立多个账户，这意味着时间和成本；交易之后通常并不立即进行结算，效率有限；多方主体参与其中，法律关系复杂，尤其在有证券经纪参与的二级存管机制中交易风险提高；等等。分布式账本技术就是在此背景下被应用于证券交易领域的。②

分布式账本技术（distributed ledger technology，DLT），又称为共享账本（shared ledger）是一种技术基础设施和协议，允许在跨越多个实体或地点的网络上以不可逆的方式同时访问、验证和更新记录。③ DLT 最大的特点和优点是去中心化，使用该技术的资料库储存在不同的节点（装置）上，每个节点上复制和储存的副本完全相同，当一个账本出现更新，其他节点都会据此执行交易，再通过各节点之间的共识机制对资料库中的数据进行更新；分布式账本通过密钥和数字签名控制其安全性。④ DLT 的其中一种（也是最引人关注的一种）应用便是区块链（blockchain or block chain），每一区块中包含着前一区块的时

---

① Francisco Satiro & Taimi Haensel. Inovação tecnológica e regulação do mercado de valores mobiliários, em A. Barreto Menezes Cordeiro & Francisco Satiro (coord.), *Direito dos Valores Mobiliários e dos Mercados de Capitais: Angola, Brasil e Portugal*. Almedina, 2019, pp. 475 - 476.

② 赵磊：《证券交易中的信用机制：从中央存管（CSD）到分布式账本（DLT）》，《财经法学》2019 年第 3 期，第 55—58 页。

③ Nacional Cyber Sceuritg Centre. Distributed ledger technology, https://www.ncsc.gov.uk/whitepaper/distributed-ledger-technology，最后访问日期：2024 年 5 月 20 日。

④ 中国人民银行于 2020 年发布的《金融分布式账本技术安全规范》（JR/T 0184—2020）金融行业标准。

间戳记、交易资料等，由此形成庞大的资料串链，这样的设计使区块链具有难以被篡改的特征。[①] 目前区块链技术最大的应用是加密货币，例如比特币，区块链在其中发挥着公共账簿的功能，记录交易主体账户余额的变化。这些技术的发展使传统上中心化的代理人的功能发生了巨大的变化，人们之间进行交易的基础是同样使用该技术的主体之间的共识和对技术的信任，而不再依赖于对中间人的信任。

DLT 在金融领域有很多应用。[②] 首先，如前所述，DLT 改变了证券交易的传统模式，同时在 DLT 信息链上开立账户的交易者可直接进行交易，即 peer-to-peer 交易，而无需第三方或者中间人介入，这大大简化了交易结构，降低了交易成本。[③] 在交易执行和登记之后，即后交易时段，DLT 也有广泛应用，尤其是可利用该技术对交易进行交互计算，即双方当事人将相互交付所生的债权及债务金额记入账户，在账户决算时，金额为负的一方向对方进行支付。传统上，这一过程耗时较久，成本较高，在这一过程中使用区块链可以大大缩短时间和降低成本。[④] 此外，公司股份、债券交易的记录是一个相对庞杂的工作，如今使用 DLT 进行登记，可以降低查明成本和交易成本，提高了股份或债券登记的可信赖性和安全性，使有关资料更加规范和透明。[⑤]

面对这一全球资本市场上的普遍发展趋势，巴西也在积极探索 DLT 在金融领域的应用。2018 年，在巴西、俄罗斯、印度、中国和南非共同参与的第十届金砖国家峰会期间，五个新兴经济体的主要银行签署了对区块链等 DLT 技术进行联合研究的谅解备忘录，以共同促进数字经济的发展，[⑥]尤其是在区块链的使用方面，巴西积极探索，大有走向世界领先之势。[⑦] 2024 年年初，金砖国家更是宣

---

① 这是因为每一区块拥有一个哈希值，且其中包含着前一区块（即父区块）的哈希值，如果要修改当前区块的数据，就要求对父区块进行修改。假如链上只有两个区块，这样的修改仍为可能，但目前区块的数量已经相当庞大，为修改一个区块的数据而对之前所有区块的哈希值进行修改是不可能的，因此区块链是不可篡改的和可信赖的。

② Joseph Lee. Distributed Ledger Technologies (Blockchain) in Capital Markets: Risk and Governance, http://dx.doi.org/10.2139/ssrn.3180553，最后访问日期：2024 年 5 月 21 日。

③ 赵磊：《证券交易中的信用机制：从中央存管（CSD）到分布式账本（DLT）》，《财经法学》2019 年第 3 期，第 60—61 页。

④ Lael Brainard. Distributed Ledqer Technology: Implications for Payments, Clearing and Setdement, https://www.federalreserve.gov/newsevents/speech/brainard20161007a.htm，最后访问日期：2024 年 5 月 21 日。

⑤ 高丝敏：《论股东赋权主义和股东赋能的规则构造：以区块链应用为视角》，《东方法学》2021 年第 3 期，第 67 页。

⑥ Full text of BRICS Summit Johannesburg Declaration, https://www.fmprc.gov.cn/eng/wjdt_665385/2649_665393/201807/t20180727_679534.html，最后访问日期：2024 年 5 月 21 日。

⑦ 《巴西拟放弃现有支付系统推出基于区块链技术的即时支付系统》，https://tech.ifeng.com/c/7qO5GU41u8u，最后访问日期：2024 年 5 月 21 日。

布要建立基于数字货币和区块链的独立支付系统，以便利国民生活和降低对美元主导支付体系的依赖。①

当然，也正是因为分布式记账技术的上述特点和优点，对其监管就是要求监管者对不可知之物进行监管，这增加了监管的难度。巴西学者建议，在早期仍然可控的时候，就对此进行监管，以保护公共利益，让参与金融创新的个人或实体有一个具有确定性的活动环境。② 巴西监管者近年来的实践也践行了这一理念。近年来，巴西中央银行大力探索开发数字化中央货币，将其命名为“数字雷亚尔”(DREX)。③ 虽然备受期待，决策者还是决定将发行该货币的时间推迟到2024年年底或2025年年初，以等待监管措施的出台。④

四、对证券代币化的监管

分布式账本技术如今的一个重要应用是代币(tokens)。代币本身并不是一个新概念，其指具有类似货币的形态和功能但使用范围有限、不具通货效力的物品。例如，早在1974年，英国就在其消费者保护法令中对信用代币(credit-tokens)作出了定义。⑤ 近年来突然成为热门词语的“代币”，专指信息时代的代币：一方面，区块链的巨大的发展潜力吸引人们不断尝试将现实世界中的资产转移到区块链上，这一目标可通过资产的代币化(tokenization)实现；另一方面，近年来，人们在智能合约平台上创建、发行并管理代币，以其作为合同内容的数码展现，有简化缔约过程的功能。一般认为，代币可以分为三类：支付代币、使用代币和投资代币(资产代币)。⑥ 与本文主题相关的主要是第三类代币，即投资代币，尤其是其中的证券型代币不同于传统上的证券以书面为载体，代币化证券就是实现证券的电子化。

证券的代币化有诸多好处，其中最重要的是吸引更多投资者进入市场，甚至

① https://new.qq.com/rain/a/20240305A05YRA00，最后访问日期：2024年5月21日。

② Francisco Satiro & Taimi Haensel. Inovação tecnológica e regulação do mercado de valores mobiliários, em A. Barreto Menezes Cordeiro & Francisco Satiro (coord.), *Direito dos Valores Mobiliários e dos Mercados de Capitais: Angola. Brasil e Portugal*, Almedina, 2019, pp. 480 - 481.

③ Luiz Abdo, Gerhardt Scriven & Ana Santos. Dren: Brazil's Digital Leap Forward, https://www.capco.com/intelligence/capco-intelligence/drex-brazils-digital-leap-forward，最后访问日期：2024年5月21日。

④ ECU. Brazil Prepares to Launch Digital Currency by Early 2025, https://www.eiu.com/n/brazil-prepares-to-launch-digital-currency-by-early-2025/，最后访问日期：2024年5月21日访问。

⑤ Alexander Savelyev. Some Risks of Tokenization and Blockchainizaition of Private Law, *Computer Law & Security Review*, Vol.34, No.4, 2018, p.2.

⑥ 于程远：《论民法典中区块链虚拟代币交易的性质》，《东方法学》2021年第4期，第139页。

可以将交易对象扩大到全球范围，提高证券的流动性。这在以本身流动性较低的证券为标的时尤其明显：由于代币可以在二级市场上交易，允许企业在不锁定投资者的情况下锁定资金，即投资者之间可以进行证券交易或互换，但不影响企业继续使用所筹资金进行经营活动。可见，除了提升流动性以外，这种做法也有助于降低管理成本和交易成本。

在此背景下，一种新型的融资方式应运而生：首次代币发行（initial coin offering，ICO）。首次代币发行也称首次代币发售、区块链众筹等，是指发行企业通过众筹的方式，在交易平台上向不特定对象发行区块链形式承载的通证，获得数字货币，再到数字货币交易平台上兑换法定货币，从而获得现实生活中经营所需资金。[①] ICO 的好处不言而喻：第一，它扩展了经营者的融资渠道，尤其成为初创或成长阶段的公司或项目偏好使用的一种创新性的筹资策略；第二，通过 ICO 发行的数字化证券更容易移转，是一种便捷和灵活的融资方式；第三，操作流程链的数字化通常利用密码学、逻辑程序设计、分布式账本技术等，提高记录的速度和准确性。

数年前，巴西决定对这一仍然处于迅速发展之中的事物进行监管，这很大程度上参考了瑞士和美国的经验。2017 年 10 月 11 日，巴西证券交易委员会（comissão de valores mobiliários，CVM）针对 ICO 操作做出了回应：并未为电子资产制定专门的法律，而是澄清，如果电子资产符合第 6385/76 号法律《证券法》第 2 条中关于传统有价证券的定义，则适用该法，并由 CVM 监管。[②] 2018 年年初，CVM 又发布了一部关于虚拟资产和公开发行 ICO 的指引——通函 CVM/SRE 01/18，标题为“关于证券公开发售中发行人和中介人应遵守程序的一般指引”（Orientações gerais sobre procedimentos a serem observados pelos emissores e intermediários em ofertas públicas de valores mobiliários）。[③] CVM 在其中进一步明确了可否将虚拟资产纳入传统证券范畴进而接受监管的标准，指出“如果在合同关系中存在赋予购买者的权利，如参与资本或投资资本的预定报酬协议，或在决定发行者业务方向的会议中享有投票权，则可以解释为某种虚拟资产是一种证券”，回应了之前实践中存在的争议。

---

① 赵莹：《数字货币激励性法律规制的逻辑与路径》，《法商研究》2021 年第 5 期，第 132 页。

② Initial Coin Offering (ICO)，https://www.gov.br/cvm/pt-br/assuntos/noticias/initial-coin-offering-ico-a0e4b1d10e5a47aa907191d5b6ce5714，最后访问日期：2024 年 5 月 21 日。

③ Ofício Circular CVM/SRE 01/18，https://conteudo.cvm.gov.br/legislacao/oficios-circulares/sre/OC_SRE_0118.html，最后访问日期：2024 年 5 月 21 日。

另外，除了将部分 ICO 根据适当标准纳入传统证券定义和监管范围之外，CVM 的另一项主要监管措施是向潜在的投资者提示交易风险。[①]

五、对其他金融科技的监管

金融科技(fintechs)，顾名思义，是指在设计和提供金融服务和产品方面的技术创新。[②] 科技的介入大大促进了金融的发展：首先，大数据、云计算、人工智能与区块链等新兴信息技术全面应用于支付、融资、财富管理等领域，改变了金融活动的形态，便利了人们的活动；其次，信息科技重塑了信用体系，降低了交易成本，并提升了交易安全；再次，信息科技的使用使更多个人和中小企业能够获得金融服务，使普惠金融成为可能。[③] 此外，金融科技的使用使金融机构可以为客户量身定制符合其投资能力和风险承担能力的方案，在降低风险的同时提升客户的体验。这些新兴金融服务具有快捷、电子化、个性化等特点和优势，深受新一代金融消费者的信任和喜爱，因此也代表着未来的发展趋势。

巴西政府认为金融科技的发展是大势所趋，近年来非常重视金融科技的发展和监管。根据国际证券委员会组织(International Organization of Securities Commissions，IOSCO)的指示，巴西证券交易委员会(Comissão de Valores Mobiliários, CVM)于 2016 年成立了专门的工作组，并将其命名为“金融科技创新中心”(Núcleo de Inovação em Tecnologias Financeiras)，负责对金融科技的监管工作。根据成立该机构的法令，金融科技创新中心的主要指导方针是平衡市场参与者对金融创新的采用，同时考虑其对效率、稳健性、透明度、成本降低和投资者保护的潜在影响，以及证券市场的完整性和可靠性，并刺激该领域创业者之间的竞争。[④] 纵观近年来监管者的举措可以发现，众筹和智能投顾是巴西市场监管者最关注的领域。现分述如下。

(一) 众筹平台

所谓众筹(crowd funding)，是指资金需求方通常是个人或小企业通过网络

---

① Francisco Satiro & Taimi Haensel, Inovação tecnológica e regulação do mercado de valores mobiliários, em A. Barreto Menezes Cordeiro & Francisco Satiro (coord.), *Direito dos Valores Mobiliários e dos Mercados de Capitais: Angola. Brasil e Portugal*, Almedina, 2019, p.484.

② 李文红、蒋则沈：《金融科技(FinTech)发展与监管：一个监管者的视角》，《金融监管研究》2017 年第 3 期，第 1 页。

③ 赵磊、吴凡：《信息科技助推金融风险的法律应对》，《中国应用法学》2020 年第 3 期，第 56—58 页。

④ 2016 年 6 月 7 日第 CVM/PTE/105 号法令《成立 CVM 金融科技创新中心》，https://conteudo.cvm.gov.br/export/sites/cvm/noticias/anexos/2016/PORTARIA105.pdf，最后访问日期：2024 年 5 月 22 日。

向不特定的公众募集资金的一种集资方式。需求方在网络上展现其拟从事的活动及投资者可获得的回报，支持、参与的群众通过“购买”或“赞助”的方式加入，如果在限期内达到募资的目标金额则众筹成功，融资者可以使用募集的资金实现其计划。①

巴西证券交易委员会于2017年通过CVM 588/2017号指令，开始对此类活动进行监管。② 总体而言，监管者允许设立在线众筹平台和允许中小企业在其平台上公开发行证券和募集资金。这是因为他们意识到众筹平台的好处：很多中小企业尤其初创企业很难通过传统途经获得资金，而众筹平台可以扩大他们的融资渠道。同时，针对众筹，监管者设计了比传统发行方式放松的要求。正如指令标题所揭示的，③通过众筹平台发行是自动免予登记的，这不同于传统的发行须向CVM办理登记的要求（第400/2003号指令第2条）。当然，众筹平台本身也是必须要登记的，随着众筹平台的登记，它们发挥着守门人的功能，以辅助监管者。可见，在众筹活动中，一类新型代理人被创设出来，即众筹平台。它们是传统上不同角色的融合，包括中介机构、管理实体等。通过平台，投资者可以不经中介而直接进行交易，而且是以可视化的方式进行。监管者的目的是针对发行人简化募集资金的手续；对于整体经济，鼓励新的交易发生；对于投资者，使用电子工具可以增加公众投资者的机会。④

巴西商法学者非常担心使用众筹平台融资的风险，除了常见的投资风险，例如利益冲突、数据保护和欺诈之外，还有诸如金融风险加剧、容易滋生欺诈、洗钱或恐怖主义融资、平台失败、众筹证券流动性差、信息不对称等风险，因此，他们呼吁，CVM应当注重针对众筹行为向投资者进行风险提示。⑤

---

① 彭冰：《股权众筹的法律构建》，《财经法学》2015年第3期，第5页。

② 这部指令后来被CVM第88/2022号决议取代，但是在与本文论题相关的问题上，2017和2022年的两部规范性文件的内容没有实质性差异。

③ 指令的标题是《规定通过电子参与式投资平台公开发行小型商业公司发行的证券可免于注册，并修订了2003年12月29日的第400号CVM指令、2009年12月7日的第480号CVM指令、2011年12月5日的第510号CVM指令和2013年12月20日的第541号CVM指令》（Dispõe sobre a oferta pública de distribuição de valores mobiliários de emissão de sociedades empresárias de pequeno porte realizada com dispensa de registro por meio de plataforma eletrônica de investimento participativo, e altera dispositivos da Instrução CVM n° 400, de 29 de dezembro de 2003, da Instrução CVM n° 480, de 7 de dezembro de 2009, da Instrução CVM n° 510, de 5 de dezembro de 2011, e da Instrução CVM n° 541, de 20 de dezembro de 2013).

④ 巴西证券交易委员会：《2017年度报告》，https://conteudo.cvm.gov.br/export/sites/cvm/publicacao/relatorio_anual/anexos/Relatorio_Anual_2017.pdf，最后访问日期：2024年5月22日。

⑤ Francisco Satiro & Taimi Haensel, Inovação tecnológica e regulação do mercado de valores mobiliários, em A. Barreto Menezes Cordeiro & Francisco Satiro (coord.), *Direito dos Valores Mobiliários e dos Mercados de Capitais: Angola, Brasil e Portugal*. Almedina, 2019, p.490.

（二）智能投顾

传统的投资顾问是人工服务，只有少数群体有能力获得此种服务，且往往不能为客户提供个性化、特色化的专业服务。智能投资顾问以大数据、人工智能等技术为基础，以现代投资理论组合理论（portfolio theory）为基础。具体而言，智能投资顾问的平台通过问卷或询问的方式，对客户进行分析和画像，在此基础上，为客户生成资产配置和投资组合选择。智能投顾的优势明显。具体而言，第一，智能投资顾问的门槛低且服务费低，普通投资者有能力使用；第二，智能投资顾问所提供的投资组合具有个性化；第三，智能投资顾问的运用便于进行后续动态调整；等等。[①]

巴西监管者在2016—2017年注意到了智能投资顾问的发展趋势，并做出了回应。CVM于2017年11月17日发布第592号指令，以规范证券咨询活动，其中第16条与智能投资顾问业务有关。该条第一段规定，使用自动系统或算法提供证券咨询服务，须遵守本《指令》中规定的义务和规则，提供建议、提议或资讯者的责任并不因此而减轻。该条第二段则规定，自动系统或算法的源代码必须在公司总部以未编译版本的形式提供给CVM检查。这部指令也已经被CVM第19/2021号决议取代，但关于智能投资顾问的条款没有改变，主要规定在新指令的第17条。

六、结语

科技创新大大改变了传统金融活动的形态和人们的生活习惯，它们在带来便利的同时也带来了风险，需要金融监管者做出回应。这是各国立法者和监管者面临的共同问题，因此其他国家的做法可以作为攻玉之石，启发我们思考，尤其是巴西是南美洲最大的发展中国家，是中国重要的贸易伙伴，是世界上发展潜力最大的国家之一。该国近年来在金融创新与监管领域积极探索，做出了一些有益实践，值得我们去发掘和了解。

---

① 姜海燕、吴长凤：《智能投顾的发展现状及监管建议》，《证券市场导报》2016年第12期，第7—8页。

法律科技化解个人信用风险的困局及其突破*

许多奇**

摘　要： 在数字经济背景下，法律科技化解个人信用风险既关系传统金融法治议题，又涉及金融科技应用中可能面对的立法、司法与合规衔接等前沿问题。对于这类新型困局，大致有三重维度值得讨论：催收与反催收的市场乱象，引发银行合规风险防控机制源头治理的反思；法律科技助推司法效率大幅提升，引起正统法治主义者的质疑，推动着私力救济朝公力救济的转向；在这种转向的正当性基础上，法律科技赋能个人信用风险化解的合法性亦须补强。法律科技处于效率与公正的平衡点上，化解个人信用风险的智能化限度在于防范金融机构的道德风险、维护法院的公平裁量权，并坚持数据科技伦理法治化道路。

关键词： 法律科技；个人信用风险；司法效率；智能化限度

一、背景与问题

（一）数字经济背景下个人信用风险的特征

数字经济是建立在现代信息技术和计算机网络通信基础上的经济运行系统，它的飞速发展带来了商业模式和交易方式的不断演化，并打上了开放合作、包容共享等特有的时代印记。在世界经济下行和疫情肆虐的风险社会中，个人信用风险随着个人信贷规模扩张和违约事件增多而不断累积，形成危害市场稳定和引发系统性金融风险的隐患。当前，金融机构和司法机关面临个人信贷案件金额小、数量多、催收难、立案难、执行难、手续流程复杂等痛点和难点，债务人

---

*　本文发表于《学海》2024年第2期。

**　许多奇，复旦大学法学院经济法学教授、博士生导师。

则面临隐私泄露、暴力催收等困境，亟须具有“双刃剑”属性的法律科技在适恰的空间中充分发挥作用，走出一条有中国特色的法治化道路。

广义的个人信用内涵十分丰富，既包括商业银行向个人发放的各类消费贷款，例如个人住房按揭贷款、个人汽车按揭贷款、其他个人贷款和个人信用卡，又包括持牌消费金融公司向消费者提供用于个人或家庭消费的装修贷、购物和现金分期，还包括互联网消费金融公司提供的为消费者基于网上购物等消费场景而使用的消费分期产品。而狭义的个人信用是指用于消费的、额度在 20 万元以内、两年以内的短期无抵押等担保措施且无固定用途的个人信用贷款，不涵盖大众所熟知的按揭车、房贷款。不论是消费金融还是普惠金融，只要属于获得个人贷款并存在风险，都属于个人信用风险的范畴。由于掌握着庞大的客户资源、储蓄卡和信用卡等账户体系以及具有资金成本优势，商业银行一直是我国消费金融的主力军，因此个人信用风险化解是其关切所在。[①] 对于银行而言，有固定用途的房屋按揭、车贷等个人信用风险普遍偏低，而信用卡业务具有较大的风险，但经过金融监管机构的持续治理，信用卡业务的个人信用风险显著下降。由于《个人贷款暂行办法》既禁止发放无指定用途的个人贷款，又禁止贷款人将贷款调查的全部事项委托第三方完成，[②]目前，商业银行与互联网平台合作的无固定用途联合消费信贷的个人信用风险位居首位。[③]

（二）法律科技化解个人信用风险中的法律难题

美国法官波斯纳曾将法律行业形容为“涉及社会法律服务提供者的一个卡特尔”。[④] 在许多行业中，法律服务业是抵制各种导致行业发生变革因素的最后堡垒之一，但这种情况正在迅速发生变化。[⑤] 随着大数据挖掘、超强运算能力的升级换代和算法的推陈出新，人工智能对法律的影响正在日益加深和加快，未来 10—20 年，法律科技可能将不断改变客户的需求和员工的期望，带给法律行业一场深刻的巨变。金融领域作为科技的试验田创造生成了饱含价值的应用场

---

① 《中国区域金融运行报告（2018）》，http://www.pbc.gov.cn/goutongjiaoliu/113456/113469/3564228/index.html，最后访问日期：2023 年 6 月 2 日。

② 参见《个人贷款管理暂行办法》（银监发[2010 年第 2 号]）第 7 条第 1 款、第 16 条第 2 款的规定。

③ 联合消费贷（其中平台在联合消费贷中只占百分之十几，银行占了百分之八十几）的不良率较高，有数据显示已达到 16.9%，比平均值高很多。参见《周小川最新重磅发言！涉及支付系统和个人信贷模式》，https://www.thepaper.cn/newsDetail_forward_22595042，最后访问日期：2023 年 4 月 6 日。

④ Richard A. Posner. The Material Basis of Jurisprudence. *Indiana Law Journal*, Vol.69, No.1, 1993, p.1.

⑤ Sophia Adams Bhatti et al. *the LegalTech Book: The Legal Technology Handbook for Investor, Entrepreneur and Fintech Visionaries*. New York: Wiley, 2020, p.15.

景，经由法律科技化解个人信用风险是值得关注和深入探讨的前沿研究问题。

法律科技是利用大数据、人工智能、区块链、智能合约等信息技术和算法提供法律服务或协助传统法律部门提供服务，确保法律服务专业化、自动化和智能化的技术应用的总称，旨在实现技术与法律的深度融合。[①] 人工智能不仅正在塑造着人们的社交生活，而且深刻影响了法律制定过程和法律的应用。[②] 在个人信用风险化解方面，法律科技能够为防控金融风险提供更好的法律支持。一方面，法律科技利用算法系统协助解决催收难题，以既定的算法系统提供批量法律服务，极大提高了纠纷解决的效率，并排除了人工处理可能产生的谬误和疏漏；另一方面，法律科技面临着不可避免的痛点与难点，诸如立法无法跟上技术发展而产生法律阻力，随着规模扩大造成自身合规成本持续提升，如何在满足银行业务需求和化解诉累之间不断寻求共识、在敏感信息透明度和个人信息保护之间探寻平衡点、在减轻法官办案压力和部分架空法官决策之间权衡利弊等，都是法律科技所面临的典型现实挑战。

个人信用风险化解问题是关涉金融安全和个人信息保护的重要领域，法律科技在该领域的应用无疑涉及诸多法律困局与难题，本文的探讨切中传统金融法治难题，具有前沿开拓性。通过选取个人信用风险化解这一可供观察的场景，来例证法律科技在金融领域中应用时，可能面对的立法、司法与合规困境及其突围方式，以期为后续理论研究和具体实践提供逻辑参考与路线指引。

二、困局与突破之一：银行合规机制的转变

随着个人信贷业务在整体信贷业务中的地位日益增强，金融风险也随之发生。个人业务中的不良贷款仍集中在大型商业银行和农村商业银行等银行金融机构，银行联合网络平台和小额贷款公司的不良贷款往往触发暴力催收和反暴力催收等恶性事件，引起有关债务催收本质的思考，以及银行自身合规机制问题的反思。

（一）权利博弈抑或欺诈手段：对催收与反催收乱象的反思

当债务不履行时，自然会面临如何催讨债务和实现债权的问题。个人信用

---

① 浙江之江高级金融研究院：《法律科技对个人信用风险化解的应用研究》，2023年，第1页。

② Gabriele Buchholtz. Artificial Intelligence and Legal Tech: Challenges to the Rule of Law, in Thomas Wischmeyer & Timo Rademacher. *Regulating Artificial Intelligence*. Switzerland: Springer, 2020, p.176.

风险的特殊性在于大部分资金源头来自银行，涉及的纠纷数量巨大，债务催收往往采取委托第三方催收的方式，逐渐形成了催收产业。一方面，在校园贷、培训贷、无场景依托的现金贷、银行与网络平台联合贷款委托的第三方催收中，存在诸多不当的债务催收行为。[①] 银行转让的债务本身具有合法性，但随着科技的进步，除传统催收涉及强暴、胁迫、恐吓、公然侮辱或毁损等违法行为外，债务催收方式又叠加以侵入他人电脑系统获取客户资讯等游走于违法犯罪的灰色地带的手段。对于明显违反《刑法》及行政法律规范的行为，相关监管部门可依据现行法规范排除不法侵害。但若催收人有意改变操作模式，采取上游、中游、下游集团分工合作的方式，在每个环节中采取轻于前述违法行为或“灰色地带”的手段，现有立法较难涉及且相关执法部门则难以取证并耗时费力，可能造成被催收人（债务人）的工作权无法保障、人身安全与居住安宁遭威胁等权益侵害问题。另一方面，被催收人（债务人）逐步形成维护自身权益的“反催收联盟”。[②] 为了对抗与个人地位不平等的暴力催收行为，“反催收联盟”逐渐异化，甚至以非正常手段帮助债务人恶意躲避债务、延期还款、修复征信，同时形成从中收取高额服务费和咨询费以牟利的组织。由于“反催收”“代理维权”的手段越来越多元化，方式日益隐蔽恶劣，通过整批债权所形成的“委外催收产业”，甚至产生了黑色产业链，这也引起了监管机关和司法机关的广泛关注。2023 年 2 月 26 日，银保监会明确表态，在全力维护出借人的合法权益的同时，坚决打击恶意逃废债行为，以加强对“反催收联盟”等违法违规网络群组的治理。一言以蔽之，个人信贷业务风险衍生出暴力催收行为和“反催收”逃废债行为，看似构成权利对抗且相互制衡的博弈力量，实则形成了催收和反催收机构鱼龙混杂、劣币驱逐良币、欺诈横行的市场乱象。

（二）源头治理：重申银行的合规风险防控机制

从银行经营的角度看，合规是银行为预防、控制和应对各种法律风险所采取的一种管理机制。[③] 我国政府对企业合规管理体系的重视肇始于金融机构，合规既是银行为防控合规风险而建立的治理体系，[④]也是政府“治理术”（governmentality）的重要组成部分，政府和其他行为体通过与合规的互动关系，达到汲取知识并制

① 胁迫催收是以实施暴力等内容相威胁作为催收的手段从而实现收债的目的。参见刘艳红：《催收非法债务罪“催收”行为的法教义学展开》，《比较法研究》2023 年第 2 期，第 112 页。

② 左希：《银行应如何保护消费者合法权益》，《金融时报》2021 年 11 月 2 日，第 6 版。

③ 陈瑞华：《论企业合规的中国化问题》，《法律科学》2020 年第 3 期，第 34 页。

④ 陈瑞华：《合规关联性理论：对企业责任人员合规从宽处理的正当性问题》，《法学论坛》2023 年第 2 期，第 5 页。

定适应市场监管政策的目的。[①] 在催收与反催收的乱象中，作为债务源头的银行，对于其风险控管、不良债务产生，到委外催收行为的管理，主管机关的介入程度和管理方式，再到如何促进催收产业良性发展的合规性，都值得重新思考。我国银行业监管机构在《商业银行合规指引》中将“合规风险”定义为：商业银行未遵守法律、规则和准则可能遭受法律制裁、监管处罚、重大财务损失和声誉损失的风险。[②] 然而，我国在引入企业合规管理机制过程中，形成了通过行政监管部门强力推进的独特的“行政压力机制”，监管机构负责强化消费者权益保护考核，相关指标实现方式事实上给予了银行更多明示或默示的选择权；而在以考核指标为控制手段的压力型治理机制中，受绩效竞争的压力和本身“有限理性”的驱使，使监管机关和银行合规治理的“共谋”成为可能。[③] 为保护消费者权益的举措，其初衷无疑是好的，结果却反其道而行之，原有的催收队伍可能因反催收更有“获利”空间而迅速“倒戈”，成为促使反催收乱象肇生的导火索之一。为了落实防止劝诱性宣传和掠夺性放贷行为的监管要求，银行加强了消费者权益保护方面的合规管理机制，来应对金融监管机关以考核、报告、评估等方式进行的管理，其将这些指标转化为银行内部的合规指标，并建立了消费者投诉机制，专门用于解决消费者与银行之间的纠纷，通过与经济利益直接挂钩的惩戒方式来惩罚负有责任的高层管理人员，以保障消费者权益。毋庸置疑，这种行政压力的内部转化机制，对于企业建立消费者权益保护合规管理体系构成了有效的动力，但其考核的依据主要限于投诉电话数量，这种简单粗暴的管理方式让某些反催收的不法机构找到了营利引爆点，例如在教育培训机构爆雷事件中，部分客户从该教育培训机构获取了有相同情况的客户名单，找到代理机构做了统一投诉。经调查，大多数客户对于被代理事宜并不知情，也未授权，但是这番操作却让银行承受了非常大的合规压力。[④] 这种行为本质上是滥用金融机构维护金融消费者权益的合规要求，采取恶意投诉、伪造证据、欺骗敲诈等不法手段，借“维权”之名行欺诈之实。针对此类违法违规行为，银行不应一味妥协忍让，而应积极采用法律科技手段有效甄别、坚决反击，在维护消费者合法权益的同时，明确制止消费

---

① ［美］马克·贝维尔：《反思治理术：通向治理系谱学》，王浦劬、臧雷振编译：《治理理论与实践：经典议题研究新解》，中央编译出版社 2017 年版，第 132—133 页。

② 参见《中国银行业监督管理委员会关于印发〈商业银行合规风险管理指引〉的通知》（银监发〔2006〕76 号）第 3 条第 3 款。

③ 盛明科、李代明：《生态政绩考评失灵与环保督察：规制地方政府间“共谋”关系的制度改革逻辑》，《吉首大学学报（社会科学版）》2018 年第 7 期，第 49 页。

④ 左希：《银行应如何保护消费者合法权益》，《金融时报》2021 年 11 月 2 日，第 6 版。

者不合理、不合法的诉求；对非法机构和组织的违法违规行为，应及时向监管部门和司法机关报告。

法律科技的充分应用既能适应金融监管部门在推进银行合规体系建设中的理念转变，在一定程度上柔性切断所谓的“共谋”与“获利”之间的联动机制，又能解决好金融规则与金融创新之间的“步速差距”。[1] 法律科技作为其中的嵌入式衔接装置，可以让真正关切合规风险的金融机构跟上科技创新的步伐，并实现可持续发展。一是法律科技可朝着加强矛盾纠纷源头预防、前端化解、关口把控等方向发力，协助健全和完善银行体系预防性合规机制，提示哪些投诉人可能存在恶意催收或者反催收的情形。二是法律科技可以利用互联网、大数据技术，收集债务人的相关信息，例如通过手机 IP 定位、社交媒体、支付信息定位等方式，在保证合规的前提下能够及时找到债务人所在位置及通信方式并通知其还款。三是法律科技可以在协助银行贷款过程中提升内部各个环节的治理水平，从而提高业务的合规性，减轻贷款发放和回收的操作风险，降低个贷业务风险发生的概率，同时通过运用区块链技术，使放贷过程更为透明和可追溯，贷款审查更具准确性和可靠性，有助于在合规阶段化解部分不良贷款回收困难的金融风险。四是促使风险关口不断前移，法律科技可事前做好个人信用风险防范，改变传统贷款申请程序耗时费力于各种烦琐文件的问题，简化申请程序，使借款人更易于理解其权利和义务，进而在贷前做出谨慎的选择，从源头上减少不良个人贷款的数量。

三、困局与突破之二：司法程序的适应性改进

2022 年 7 月 14 日，最高人民法院发布《最高人民法院关于加快建设全国统一大市场提供司法服务和保障的意见》（法发[2022]22 号），在其第 9 条规定的“支持发展统一的资本市场”项下，明确提出促进金融市场健康发展，妥善审理金融借款合同、证券、期货交易及票据纠纷等案件，依法处理涉供应链金融、互联网金融、不良处置等纠纷，为法律科技助力防范化解金融风险提供了依据。实践中，银行有将大量个人信用债权纠纷提交法院诉讼的强烈意愿，但鉴于法院存在案多人少、案件质效考核等堵点，法律科技应用于司法实践存在明显的两难选择和发展瓶颈。

（一）科技赋能：法律科技助推司法效率提升

据最高人民法院统计，从案件数量看，基层法院 85％以上的金融民商事案

① 周仲飞、李敬伟：《金融科技背景下金融监管范式的转变》，《法学研究》2018 年第 5 期，第 6—7 页。

件集中在金融借款等传统金融纠纷领域。[①] 上海市高级人民法院通报的上海法院金融商事审判情况显示：2021 年，上海法院受理一审金融商事案件 197 484 件，同比上升 10.16%，审结 197 090 件，同比上升 10.18%；受理二审金融商事案件 3 348 件，收案数量为近 5 年来最高，其中一审金融商事案件标的总金额为人民币 1 999 亿元，同比上升 10.7%，金融借款合同纠纷和保证合同纠纷案件标的金额大幅上升，两类案件标的金额占比超过标的总金额的 50%。从案件类型来看，收案数量排名前 5 的金融商事案件类型分别为金融借款合同纠纷、信用卡纠纷、融资租赁合同纠纷、保险类纠纷以及证券虚假陈述责任纠纷，这五类案件共占一审金融商事案件总数的 97.3%。[②]

如此大量的案件导致我国法院审案压力偏重，有学者对全国 1 099 名法院司法人员的调查发现，76.98%的受访司法人员认为自己每周工作 40 小时或者更长时间，其中 64.15%的受访司法人员认为工作负担较重，有 8.29%认为工作负荷难以承受，两者加起来达到 72.44%。[③] 同时，法院工作人员不可能大幅扩编，有限的人员无法应对暴增的案件，使得诸多案件处理时效被大幅拖长。与此同时，各级法院尤其是基层法院受到发案率、调解率、结案率、执结率等考核机制的制约，部分法院在考核压力下不愿接受金额小、数量多、手续复杂、执行困难的个人信贷案件，常常以追求完成考核指标数据为目的暂缓立案，致使许多个人信贷案件立案困难，这在相当长的时间内成为掣肘司法途径的瓶颈问题，导致银行大多数个人贷款纠纷都没有走司法程序。近年来，最高人民法院坚持问题导向，及时对部分中基层法院年终暂缓立案等不良做法立规矩、画红线，在一定程度上改善了上述情况，但实现司法途径的畅通仍需时日。具体来看，个人信贷催收存在三个明显的难点：一是送达难，即债务人会通过更换联系方式、变更个贷住址等方式失联达到逃避债务的目的，债权人难以通过传统手段与其联系并通知到位，法院受自身信息收集能力和权限的限制，也难以实现有效送达；二是立案难，个人信贷案件金额小、数量庞大、手续复杂，而法院处理能力在已超负荷的状况下，难以及时处理大量同类案件，许多个人贷款案件因此难以

---

① 刘贵祥：《关于金融借款等传统金融纠纷案件的法律适用问题》，https://www.thepaper.cn/newsDetail_forward_21839168，最后访问日期：2023 年 2 月 7 日。

② 《2021 年度上海法院金融商事审判情况通报》，http://www1.hshfy.sh.cn/shfy/web/xxnr.jsp?pa=aaWQ9MjAyODU3NDMmeGg9MSZsbWRtPWxtMTcxz&zd=xwzx，最后访问日期：2023 年 2 月 7 日。

③ 程金华：《法院"案多人少"的跨国比较：对美国、日本和中国的实证分析》，《社会科学辑刊》2022 年第 5 期，第 72—84 页。

立案；三是执行难，即使到执行阶段，债务人（被执行人）也可通过事先转移或藏匿财产的方式，使债权人难以追寻到真实财产情况并实现有效执行，贷款难以得到实际回收。

法律科技可以利用信息技术、大数据、人工智能等新技术，提高法官处理金融贷款回收案件的工作效率，进而提高贷款回收速度和回收率。一方面，基于个人信贷案件通知单一的特点，可通过法律科技实现批量资料整理、智能案件要素提取和自动推送，使法官能更快捷、高效地处理贷款回收案件。例如，AI 解决方案可更迅捷地提供文件分析结果，并在短时间内提供对应的解决方案，以往需要几天甚至几个月才能由人工完成的工作，通过技术手段只在几分钟内就能完成。另一方面，人工智能正在耗时的细节研究、文件审查和案例分析等方面改变司法机关处理批量小额案件的能力，通过签订智能合约，法律科技可以实现在不进行诉讼的情况下解决逾期、违约和不良贷款处置等问题，从而替法院分流并使法院资源得到更充分、有效的利用。这既节省了时间成本，也避免了诉讼过程中各种不确定性风险；在必要情况下，还可协助法院执行或强制执行相关追索措施，有助于提高法院处理贷款回收案件的工作效率，更好地维护债权人的合法权益。与此同时，在法律科技作为司法科技或者前置环节时，还会存在现行法阻却新型法律科技应用的现状。根据调研，某科技公司根据法院要求进行资料整理的批量个贷案件，立案后均进入诉前调解，不占用法院一审民商事诉讼案件量；接着采取保全措施冻结债务人银行卡、网络资金等财产，促成债务人主动还款或达成调解。之后双方当事人在法院调解员的主持下，通过多元调解系统达成调解，最后由法院出具司法确认书。该模式结合法院诉前调解流程，引入法律科技司法辅助系统，利用智能 OCR 识别、智能呼叫、智能 RPA 等技术，在减少法院重复工作、提高类型化案件处理效率、避免批量案件信息录入错误、拉升质效考核指标数据等方面得到了极大的提升。[①] 这种模式经过实践检验后，已得到市场的肯定，极大解决了催收和反催收中存在的暴力和欺诈问题。

具体而言，该法律科技公司赋能个人信用风险化解的诉前保全调解操作流程参与方包括金融机构（主要为银行）、法律科技公司与法院。流程如下：首先，金融机构将自身所涉及的个人信贷案件推送给法律科技公司，法律科技公司接受案件后对该批个贷案件信息资料的完整性进行审核，审核无误后将该批案件信息资料导入公司的案件管理系统，配置法律文书模板，批量生成保全申请等法

① 浙江之江高级金融研究院：《法律科技对个人信用风险化解的应用研究》，2023 年，第 60 页。

律文书，并将文书交送金融机构用印。其次，该法律科技公司对用印后的保全申请等文件进行规范性审核，经审核无误后，将该批个贷案件批量推送至法院内部系统，交由法院完成立案流程。法院对符合立案条件的个贷案件完成立案程序后，对该批案件批量出具保全裁定书（若采取线下委托模式，还需批量生成协助冻结通知书），并冻结案件债务人的支付宝、微信等账户。法律科技公司对债务人进行回联，记录其调解意向，并向金融机构进行反馈。金融机构根据法律科技公司反馈的信息对债务人调解意向进行审核，并确认该批个贷案件的调解立案解封名单。再次，该法律科技公司根据经金融机构确认的调解立案解封名单向法院批量申请调解案件，法院对该批案件进行诉前调解立案，并在线上或线下调解后生成调解书或诉前调解裁定书等法律文件。最后，该法律科技公司根据前述法院生成的调解书或诉前调解裁定书将调解结果录入系统，金融机构根据调解结果跟进各案件债务人的还款计划履行情况，并将债务人还款情况与该法律科技公司进行同步。若发生债务人逾期还款情况，该法律科技公司可利用其系统向金融机构发出预警，并提醒金融机构采取相应措施。

该模式的成功之处在于法律科技公司能巧妙地在金融机构和法院之间进行业务沟通，从接受案件审核、导入案件系统、批量申请保全案例文书、规范性审核无误批量性推送，到债务人的互联及调解意向记录并反馈、批量申请调解案件、调解结果录入系统、系统预警债务人逾期还款情况等功能，均在法律科技赋能下一环扣一环、有条不紊地推动着案件分流与化解。然而，隐藏在该成功模式背后的争议焦点在于，保全措施中冻结行为的合法性问题。保全是人民法院为了确保将来的生效法律文书得以顺利执行或避免申请人遭受不可弥补的损害，及时、有效地保护当事人或利害关系人的合法权益，采取限制有关财产的处分或转移，或在判决前责令被申请人做出一定行为或禁止其做出一定行为的强制措施。[①] 可见，如果立案后进行支付冻结财产保全顺理成章，而对于大量小额的个人信贷案件进行诉前财产保全，法院则会采取谨慎态度，因为诉前财产保全必须情况紧急，即“不立即申请保全将会使其合法权益受到难以弥补的损害”。为了不占用法院大量的案号资源，该模式往往采取诉前保全转调解的方式结案。这种借助法院公力救济威慑力助力私力救济实现的方式，在现实中处于两难境地。

① 全国人大常委会法制工作委员会民法室：《〈中华人民共和国民事诉讼法〉条文说明、立法理由及相关规定》，北京大学出版社 2021 年版，第 157 页。

（二）本质转变：从私力救济朝向公力救济的回归

中国与其他国家一样，历史上经历了一定程度地倚赖私力执行契约、回收债权的私力救济时期，而社会发展的基本趋势是逐步用公力救济取代私力救济，在现代法治秩序中尤其如此。[①] 然而，由于法院案多人少、相对僵化的考核指标以及司法权力稀缺等现实困境，公力救济不可能完全消化小额量大的个人信贷债权案件，使得与公力救济竞争的私力救济野蛮生长，催收和反催收社会乱象便是明证。一方面，金融机构中的不良个人信贷居高不下，亟须转让和消化。2020年6月，银保监会颁布《关于开展不良贷款转让试点工作的通知（征求意见稿）》和《银行不良贷款转让试点实施方案》，标志着银行及消费金融公司存量的信用卡、个人消费贷款坏账等个人不良资产允许对外批量转让。2021年1月7日，银保监会正式下发《关于开展不良贷款转让试点工作的通知》（银保监办便函〔2021〕26号），标志着银行类个人不良资产对资产管理公司的批量转让落地。对于不良资产的新兴细分行业，各大资产管理公司预测个贷不良资产行业规模将超10万亿元人民币。据不完全统计，不良贷款转让业务与传统不良资产业务、信托不良处置业务已构成三个万亿级市场，[②]截至2023年第一季度，批量个人业务成交113单，未偿本息合计227.5亿元，[③]并且在整体经济下行的趋势下，个人不良资产贷款的总额未来仍将处于不断增长的状态中。

另一方面，法律科技公司提供了化解个人信用风险回归公力救济的方案。如果在法律科技出现之前，公力救济与私力救济是竞争关系，那么，专业化法律科技方案出现之后，则有可能将两者变成落脚于公力救济的合作关系。其内在机理是银行个人类不良债权案件存在案件证据固定、基础合同清晰、债务人相对确定等特点，相比于对公不良贷款处置，利用数字化系统对个人类不良资产清收的效果颇为显著。法律科技至少可从以下两方面赋能：一是解决送达难和执行难的问题。催收最关键的工作就是查找，能联络到债务人才有机会收回债权，科技公司可利用大数据分析等技术，精准了解欠款人的财产情况，包括房产、车辆等固定资产以及银行账户等流动资产，从而确认欠款人所持财产，及时进行诉前保全，为准确执行、保障债权人合法权益提供保障。二是解决立案难的问题。法

---

① 季卫东、徐昕：《"执行难"的理论争鸣：公力救济与私力救济之间的竞争与互补》，《时代法学》2007年第1期，第20页。

② 胡滨、郑联盛、尹振涛：《中国金融监管报告》，社会科学文献出版社2022年版，第209页。

③ 《2023年一季度不良贷款转让试点业务统计》，https://www.yindeng.com.cn/resource/54707/54723/54740/925994/1409823/1695915/16808562907971414446045.pdf，最后访问日期：2023年6月5日。

律科技公司与法院合作，先通过本地法院委托外地法院查封冻结的方式，委托支付宝、微信等支付平台所在地法院向债务人发送查封冻结支付令。经检验，该模式下表现数据良好，在法律科技的赋能下，债务人的回联率、调解率和回款率都有大幅度提升，且提升了法院整体诉前调解率；为债务人申请减免的金额占诉讼请求金额的 21.6%，同时在不影响债务人基本生活的前提下做好了分类别的分期方案，为债务人修复信用，缓解债务压力。

可见，在法律科技公司与法院的通力合作下，诉讼程序和诉源治理能有效地将私人暴力加持的私人救济模式回归到科技赋能的公力救济模式。值得注意的是，以科技赋能司法程序的前提是在每个程序细节上保障法院的主导地位，其中，在诉前调解的方案确认时，必须由法官参与或法院派出的调解员参与确认，才能出具有法律效力的司法文书；调解组织必须入驻法院，通常是当地的金调委、银调委、特约调解员等，与原告（原告代理人）和被告（被告代理人）一起进行确认等，才能使银行委外催收业务的自力救济，通过国家强制力的威慑力促进私人之间达成和解，最终回归具有柔性司法特征的公力救济轨道上来。换言之，救济权作为权利的一个质的规定从权利的总要素中分离出来而成为国家的权力或职责，[①]法律科技则赋能国家履行积极的救济义务。

四、困局与突破之三：法律漏洞的补强

从本质上看，法律科技应用于化解个人信用风险是一种科技赋能，在银行、法院、债权人和债务人之间达成某种权利平衡的私力救济方式抑或公力救济方式。法律科技赋能私力救济朝向公力救济方向转化是否具有正当性？如果具有正当性，法律应该如何迎头赶上科技进步和现实需求的发展？

（一）科技赋能私力救济方式转化的正当性

私力救济是指当事人认定权利遭受侵害，在没有第三方以中立名义介入纠纷解决的情形下，不通过国家机关和法定程序，而依靠自身或私人力量解决纠纷，并实现权利。私力救济具有纠纷解决机制和社会控制机制的双重性质，私力救济不同于自力救济。[②] 私力救济是一种民法权利保护方式。在刑法中，一般特指自力救济等自救行为，从法益衡量的角度看，由于借款人存在违法乃至犯罪行为在先，出借人作为维权人的利益应优先于相对方的利益，不当的维权行为构

---

① 贺海仁：《从私力救济到公力救济：权利救济的现代性话语》，《法商研究》2004 年第 1 期，第 34 页。
② 徐昕：《私力救济的性质》，《河北法学》2007 年第 7 期，第 11—20 页。

成犯罪的实质条件应当更加严格，[①]从实质上说，私力救济行为所针对的是违法犯罪行为，保护的是合法权益，所以不具备实质的违法性，而利用维权的弱势利益保护原则进行私力救济的过程中，可能发生欺诈等违法犯罪行为，则另当别论。

私力救济往往是民法明文认可的阻却违法的行为。如果公权力能在任何情形下都保护公民的合法权益，则公民不需要行使正当防卫权，也不需要进行私力救济。民法通常在具体法条中叙明了私力救济的前提条件，例如《德国民法典》第229条规定："出于自助之目的而扣押、毁灭或损坏他人财物者，或出于自助之目的扣留有逃亡嫌疑之债务人，或制止债务人对有容忍义务之行为进行抵抗者，因不及官署援助，且非即时处理则请求权有无法行使或其行使有困难时，其行为非违法"。我国《民法典》第1177条第1款亦规定："合法权益受到侵害，情况紧迫且不能及时获得国家机关保护，不立即采取措施将使其合法权益受到难以弥补的损害的，受害人可以在保护自己合法权益的必要范围内采取扣留侵权人的财物等合理措施。"从这些条文可知，只有在权利人认为其权利受到了侵害，如果不立即依靠自己或私人力量就无法实现自身权利的紧急情况下，才能采用私力救济方式。

针对法律科技赋能小额量大的个人信贷案件收回债权的行为，由于数量巨大，情况错综复杂，并不能保证每个案件都处于情况紧急、不采用私力救济就无法弥补其权利侵害。鉴于此，在考察法律科技赋能化解个人信用风险的正当性问题时，可运用公权力的适当性、不同私权利保护的差别性和救济的有效性等标准区别对待并分类裁量。不能将不良债权打包发给法律科技公司，而公司出于效率和结果激励导向，将所有案件统一处理，不分青红皂白地委托法院发送《财产保全支付冻结函》。在协助银行或法院联系债务人并督促还款过程中，应最大限度地保护当事人的权益：一是友好对待有还款意愿和能力的欠款人，消除其对于法律和合同的误解；二是对于无还款意愿但有还款能力的"老赖"，应协助委托方精准定位进行调解，根据双方意愿争取最大可能的和解方案。如果无和谈可能则协助委托方尽早掌握案情，及时冻结财产，实施更精准的诉讼策略；三是对于无还款能力但有还款意愿的欠款人，法律科技则应协助委托方根据现有政策给予柔性还款空间，减缓短期内的还款焦虑，更好地维护其个人信用的同时减

① 张明楷：《妥善对待维权行为，避免助长违法犯罪》，《中国刑事法杂志》2020年第5期，第3页。

少催收成本；四是对于确实无还款意愿也无还款能力的欠款人，法律科技应协助委托方进行甄别，按照金额大小及其实际情况进行筛选（可适当放弃），以提高金融机构工作效率，减轻法院工作压力，保障和谐社会稳定发展。

总之，公权力是为了保护私权利而存在的，二者原本就不应当对立。公权力的行使与私权利的主张虽然各有其专门领域，但它们之间的界线并非恒定，政府能力大小、公益性程度、执法效率高低及法律私人实施的成本及收益等多种因素都可决定这条界线的偏离方向及程度。[①] 审视法律科技赋能个人信用风险化解中体现的中国智慧和专业能力，只要法律科技的实践应用能够获得市场认可和社会认同，就应在中国式现代化社会发展中具备正当性。

(二) 科技赋能个人信用风险化解的合法性补强

正如马克思所指出："法律按其真正的含义而言，与其说是限制还不如说是指导一个自由而智慧之人去追求他的正当利益。"[②]在某些情况下，催收者或者反催收者并非通过违反法律，而是合法利用法律漏洞来获利，这意味着法律或者制度本身存在问题，只能通过修改法律和制度来解决，不能一刀切地采取"运动式监管"一网打尽，否则，好的法律科技公司将会与坏团伙一起消灭于各种专项行动之中。[③] 相反，法律应为正规合法经营的法律科技第三方平台留下生存空间，使其获得完全正当的合法利益。

首先，建议专设委外催收立法。鉴于催收服务公司监管缺乏有效手段，除了委托给催收机构和律所以外，可将法律科技公司纳入银行委外管理范围。债务催收服务是金融市场向纵深发展，信贷链条分工向专业化和细分化方向发展的自然结果，亟须一部法律来规范催收行业，否则，催收和反催收的乱象将会处在"一管就死、一放就乱"的死循环之中。将法律科技平台公司纳入其中的原因是：一是良好的法律科技平台有可能将不同类型的债务人分类，厘清不同债务人最初欠债的原因，消除债务人与服务提供者之间的误解。二是在平台技术赋能下，各方得以低成本、高效率地在线上进行磋商，使得有还款意愿而暂时缺乏足额还款能力的债务人有相应的缓冲机制，以分期或减息折扣方式还款，达到了结债务的目的。三是大幅度提升消除呆账坏账的能力，降低不良资产，助力整体经济循环和金融稳定。在立法例上，适宜参考美国赋予消费者

---

① 应飞虎：《禁止抑或限制？——知假买假行为规制研究》，《中国法学》2019 年第 4 期，第 72 页。

② 《马克思恩格斯全集》(第 1 卷)，人民出版社 1956 年版，第 71 页。

③ Duoqi Xu, C. John Taylor & Yuanda Ren. Wait and See or Whack a Mole: What Is the Best Way to Regulate Fintech in China? *Asian Journal of Law and Society*, Vol.10, No.3, 2022, pp.1 - 30.

保护署(Burea of Consumer Financial Protection, BCFP)仅适用于委外催收的行为法，而将涉及债权人自身债权的个别催收以及任何非营利组织排除在外。[①]从立法内容上，催收专法可能涉及债务催收人资格、文书保存义务相关管理职能，包括通知送达、身份表明、时间限制、场所限制在内的催收人行为规范，强制合约载明事项、隐私和个人信息保护等。此外，可采用负面清单的方式列举“不当催收行为”[②]的具体样态，才能用更为包容开放的态度，接受法律科技公司的合法性和合规性创新。

其次，建立个人破产制度，使法律科技化解个人信用风险的链条形成闭环。在债务人有清偿能力抑或只有部分清偿能力，而主观或客观上不承认或不履行债务时，通过民法债权制度和民事诉讼执法制度，加之法律科技的参与，就可以保证债的实现。然而在债务人已丧失清偿能力、无法还清债务的时候，只能交由个人破产法解决。对于有强烈的还款意愿，但因政策环境变化等非主观因素导致暂时无力清偿债务的债务人，应建立个人破产制度，以帮助“诚实而不幸”的债务人脱离困境。

再次，建立严格的行业组织准入标准和自律制度。法律科技化解个人信用风险的一大痛点是行业标准化程度偏低，在实际操作中主要依靠行业惯例和专家经验，容易引发操作风险。应在自律规则中设立标准作业程序(standard operation procedure, SOP)，对法律科技的技术标准、文件标准、操作标准和流程标准以统一的形式确定，相关细节进行量化，并定期予以修订和完善；要求从业人员经过相关法律知识及职业培训，非入会者不得办理催收业务，维护催收外包行业的品牌，保障银行声誉。随着网络金融技术的日益成熟，类似于“催收共享平台”的行业组织开始出现，而市面上的催收服务公司良莠不齐，导致委外催收服务行业乱象丛生。一方面，行业组织应当在遴选合格委外催收主体方面掌握恰当的准入标准，例如设立私人调查员的资格考试，行为违法者将受到罚金、吊销资格等严重惩罚；另一方面，将过程与结果考核并重，调整仅将催收业者的获利与对债务人的催收挂钩的做法，改变驱使催收业者铤而走险的触发因素。行业组织应与金融监管机构一同设计具体的《金融机构委外业务内部管理制度及处理要点》等规则，使会员单位能在第一时间实现对标性合规检查。

---

① FDCPA § 803 (6).

② 例如一天电话催债超过三次；向第三人或公众散布欠债信息；用各种方式持续骚扰；轮番要求签署分期还款同意书等行为。

最后,在个人信息保护的基础上,建立个人信贷信息共享机制。由于不同银行的风险偏好不同,申请人可以到不同银行重复申请贷款,加总起来往往超过自身能够承受的能力,这类风险通常由于信息不对称和不透明而引发。个人信贷信息共享机制就自然被提上议事日程,而《个人信息保护法》出台前后,我国已经出现多起银行信息泄露事件,引起公众的高度关注。中国人民银行发布的《征信业务管理办法》(中国人民银行令[2021]第 4 号),[①]明确将以信用信息服务、信用服务、信用评分等名义对外提供征信功能的服务纳入监管,再次要求"最少必要"的信息采集原则。更须注意的是,我国金融监管机构采取间接监管的方式监督委托第三方的个人信息信用风险,试图充分发挥传统金融机构"看门人"的作用。[②] 只是委外催收过程中还会产生许多个人敏感信息,须由主管机关制定相关个人信息保护应记载事项,作为委外催收合约管理信息泄露的信誉损失的最低保障标准。为谨慎起见,可参考我国台湾地区设立的金融联合征信中心规定:"若金融机构将债权转让于资产管理公司,且该公司目前仍存在,则请资产管理公司依据联征中心报送规范来函办理登录清偿或仅免除保证责任注记资讯"。[③]在此基础上,当金融机构转让不良债权时,债务人可通过金融联合征信中心查知,还能适度向催收人开放适用征信中心的必要资料,以此保障债务人和债权人双方的信息资讯权利,并在此过程中尽量减少个人敏感信息泄露以及不法分子借机牟利的可能性。

五、价值平衡:法律科技应用的智能化限度

法律科技公司的定位取决于效率与正义的价值平衡点,具体体现为:究竟是为了追求效率价值逐步取代法律专业机构的职能,还是兼顾公平价值而仅增强而非取代后者的能力?技术在法律上的影响有限,其可能只是使法律工作更容易、更轻松或更有利可图的一种手段,即"增强法律专业机构的能力",[④]但其也可能改变法律职业,以及可能对寻求法律建议的人产生积极的或是负面的影响。

---

① 本办法于 2021 年 9 月 17 日中国人民银行第 9 次行务会议审议通过,自 2022 年 1 月 1 日起施行。

② 许多奇、肖凯:《加密数字货币的定性困境与间接监管出路》,《中国应用法学》2020 年第 3 期,第 40 页。

③ 参见财团法人金融联合征信中心:《与债权转让相关问题》,https://www.jcic.org.tw/main_ch/docDetail.aspx?uid=110&pid=110&docid=64,最后访问日期:2023 年 6 月 3 日。

④ John Armour, Richard Parnham and Mari Sako. Augmented Lawyering. *Working Paper*, No. 558, 2020, https://papers.ssrn.com/sol3/papers.cfm?abstract_id=3688896.

（一）预防金融机构的道德风险

金钱天生具有追求利息的欲望，债权人有充足的理由将尽可能多的钱借出去，债务人也有非理性的偏好来承担超额负债，个人信贷市场的繁荣本身就顺理成章，[①]更何况由于金融机构趋利避害的本能，道德风险本就广泛存在，社会所采取的行为措施有可能诱发其自利的本能，从而对社会道德状况和水平产生消极的影响。[②] 这类现象最早出现在保险领域，在宏观经济政策中，存款保险制度的"道德风险效应"占据主导地位。[③] 其实，如果司法机关有能力裁决并化解所有个人信用风险时，也会促使银行激进经营的动机增强，从而提升银行风险。因此，由于司法资源有限，司法机关既不愿意也不能够将珍贵的司法资源用于银行后端的收债工作，又担心其激进经营的动机会诱发借款人的过度借贷行为而产生"负外部性"，造成其未来借贷约束紧缩的可能性。由于借款人无法内生地考虑到由资产价格下跌引起的恶性循环，他们在经济繁荣时期通常会过度借贷，使经济体可能遭受突然的信用紧缩，潜在地引发了金融危机。[④]

第一类道德风险是法律科技在引入司法力量支持个人信用风险化解时，将司法机关公权救济变成个别银行解决不良债权的工具。对此要同时加强银行合规科技的建设，加大银行工作人员的违规成本，加大银行内部监督力度和数字培训力度和社会监督力度。[⑤] 在化解个人信用风险时，要特别注意平衡使用司法力量平等解决不同银行的不良贷款解纷需求，不能厚此薄彼。第二类道德风险是法律科技中人工智能技术的不确定性所带来的道德风险，这可能是由人类的有限理性所致。正如德国当代技术哲学家拉普所言："人类所创造的和未来要创造的一切技术都必须与自然法则相一致。"[⑥]除了符合自然规律的物理性之外，一旦法律科技产品还具有不为人类理性所能认知的意向性，那么，技术的发展就可能会远离人类的最初目的和控制，因此，在对此类法律科技产品开发和司法公权力运用时，必须采取审慎态度。

---

① 徐阳光、曾志宇：《个人不良贷款视角下的个人破产制度》，《中国注册会计师》2023 年第 2 期，第 105 页。

② 朱贻庭：《伦理学大辞典》，上海辞书出版社 2002 年版，第 22 页。

③ Deniz Anginer, Asli Demirguc-Kunt and Min Zhu. How does Deposit Insurance Affect Bank Risk? Evidence from the Recent Crisis. *Journal of Banking & Finance*, Vol.48, 2014, pp.312 - 321.

④ 贾鹏飞、范从来、褚剑：《过度借贷的负外部性与最优宏观审慎政策设计》，《经济研究》2021 年第 3 期，第 35 页。

⑤ 何虹、曹亚峰：《"四个加大"防治银行道德风险》，《金融博览》2015 年第 9 期，第 62 页。

⑥ ［德］弗里德里希·拉普：《技术哲学导论》，陈凡、秦书生译，辽宁科学技术出版社 1986 年版，第 102 页。

（二）维护法院的公平裁量权

法律科技化解个人信用风险的创新模式多种多样，不完全等同于批量的小额诉讼——大多数采取调解与审判一体化的方式，金融机构可以利用这种嵌入司法机关的法律科技讨债，单个债权人不至于因高成本而放弃自己的小额权利，同时尽可能地减轻债务人的负担。

首先，法律科技能够为化解个人信用风险案件批量提升实现正义的效率。科技公司的优势在于充分运用科技力量，提高每个环节的效率，积少成多地达到整个过程追求低成本和高效率的目的。然而，法律科技的创新模式和大规模应用，经常会受到来自正统法治主义的批评，因其并不同于复杂案件一般必须通过审判确认法律规范、创造判例、填补法律空白，甚至法律适用的准确性和严格性也相对不那么重要。[①] 法律科技化解个人信用风险的设计既是适应现代化金融发展的需求，也是对现代司法制度的补偏救弊，大部分案件会走诉前调解等前期程序，但也有极少一部分案件流向法院的简易程序，[②]不管多元解纷机制的比例是多少，都须符合司法公正的目标。法律科技中人工智能的设计要关注公平和正义，不应扩大主体间的权力和地位差距，导致实质的不公平和不正义。[③] 在极大节约债权人和债务人私人成本和公共成本的同时，在职权行使方式上，法律科技在法院的应用本身反映着现代司法程序自身的一种顺应时代发展的因势而动，在未来实质上发生司法或法治重组和变革之前，应最大限度地尊重程序正义，将实体和程序方面的确认权和裁量权都留给法官行使，而非留在法律科技公司手中。

其次，法律科技的应用必须关照社会正义实现与正当程序之间的价值平衡。

---

① 法律科技化解个人信用风险的应用不同于小额诉讼程序，有某种相似性。有关小额诉讼的内容，参见范愉：《小额诉讼程序研究》，《中国社会科学》2001 年第 3 期，第 143—144 页。

② 据调研，浙江某法院推出更新的模式，将 5‰的案号给此类案件做分流，即在 1 000 件案件中只有 5 件案件最终进入简易诉讼程序，其余案件将会在诉前采取预查废（法院在审查涉金融机构不良债务诉讼和执行立案过程中，发现涉案债务人及保证人因他案“确无财产可供执行”已作出终结本次执行程序裁定或已被列入失信名单的，法院出具《预查废证明》，鼓励银行将其作为核销债权的依据。批量金融案件自动化推案进入法院内网，可利用司法科技将这些案件与院内“预查废”数据库进行比对，比对成功后，会自动生成“预查废证明”；比对未成功的，司法辅助系统会自动进行民诉前调立案）、非诉 B&T（以非诉保全和调解模式为主，用柔性的方式在诉前消化纠纷）。采取诉前调解方式解决，即在金融纠纷诉前化解过程中，申请人提出财产保全申请，法院立“民诉前调”案号，出具保全裁定，从而冻结债务人银行卡、网络资金等财产，促使债务人主动与债权方达成和解，提高调解成功率。考虑到类案因素，进入民诉前调立案的案件，可利用司法科技自动进行分案、移送、裁定书呈批、执保立案、财产冻结等司法诉讼流程，以减轻法官的工作负担。

③ 闫坤如：《人工智能的道德风险及其规避路径》，《上海师范大学学报（哲学社会科学版）》2018 年第 2 期，第 46 页。

在纠纷解决体系创新上，深入推进诉源治理、非诉机制、诉讼程序改革，构建无诉、非诉、诉讼有机衔接的纠纷解决格局，符合我国深化司法体制综合配套改革要求。[①] 一方面，现代司法追求加速实现司法正义的新技术和新方法，旨在从根本上解决诉讼迟延、案件积压的困境；另一方面，为确保司法科技安全风险的可防、可控，还应随时保持正当程序的关照。法律科技化解个人信用风险的性质决定了必须深入到法院进行个性化技术设计与创新，帮助法院促进司法管理的流程化，又不因速度过快而妨碍司法正义的实现过程。进行有效的正当程序控制是题中应有之义。基于此，法律科技公司可以考虑创建元软件：① 元软件的启用意味着为用户提供了实质性的能力来构建用户界面元素、执行计算机编程任务的工作流逻辑，并参与数据库存储操作；② 元软件的连接性存在于与外部数据和软件系统集成，提供与外部数据和软件系统的连接；③ 元软件的平台独立性方面的存在使得功能软件及其相关的数据和代码能够被存储和运行。[②] 具备连接属性和独立装置的元软件非常适合为金融机构和司法机关提供个性化服务，其不仅可将无需向公众或第三方公开的、对诉讼参与者十分重要的证据等资料文书在相关人员之间通过分布式账本技术进行分享，而且能内嵌到个人信用风险化解的不同主体的作业之中，并可根据不同银行和法院的特定需求进行高度定制，让偏重司法公正价值的法院有更自主的使用空间。分散计算方式亦可支持平台独立性，让元软件的用户更多地控制他们创建的软件的位置和操作方式，包括独立于集中计算系统建立的规则。值得关注的是，涉及司法智能化的尝试只是实现化解个人信用风险网络数据的全流程记录、全节点见证、全链路可信、全方位协同和全过程提效，不应涉及“电脑判案”的场域，既要避免“人类这一由骨血和体液构成的湿润配给听从于设计命令”，[③]又要警惕智能化可能催生司法人员的惰性，久而久之导致其智力退化。[④] 质言之，法律科技化解个人信用风险的应用要遵循司法的价值追求，在提高司法质效的同时满足人民群众不断增长的司法需求。

---

① 黄文艺：《论深化司法体制综合配套改革：以 21 世纪全球司法改革为背景》，《中国法律评论》2022 年第 6 期，第 1 页。

② 如果软件具有启用性、连接性和平台独立性特性，则应被视为元软件，参见 Houman Shadab. Metasoftware: Building Blows for Legal Technology. *Seattle J. Tech. Env't & Innovation L.*, Vol. 12, No.2, 2022, pp.233 - 235.

③ [德] 赖默尔·格罗尼迈尔：《21 世纪的十诫：新时代的道德与伦理》，梁晶晶、陈群译，社会科学文献出版社 2007 年版，第 221 页。

④ 张建伟：《司法的科技应用：两个维度的观察与分析》，《浙江工商大学学报》2021 年第 5 期，第 48 页。

再次,法律科技必须在目的合理性前提下弥合现有法律的漏洞。算法与目的的不匹配是"所有罪恶(或至少是大部分罪恶)的根源"。[①] 目前,我国法律允许批量个人不良贷款从银行转出,却禁止再次转让,其立法目的是避免链条过长而疏于监管。而这种无法预知未来的立法缺陷在于,通过债权转让实现债权的这种方式,其适用主体范围较窄,从银行收购个人批量不良贷款后的清收问题便显得尤为突出,往往形成有收购资格的主体缺乏清收能力,而有清收能力的法律科技公司又被排除在收购主体之外的两难局面。法律不能随意修改,在修法之前,法律科技公司可考虑通过与受让机构签约的方式,采用分散计算方式提供服务,通过计算网络运行,并根据协议规则运行,防止任何实体控制网络操作或默认访问用户数据。除了运用图文识别、自然语言理解、智能语音识别、司法实体识别、实体关系分析、司法要素自动抽取等人工智能技术以外,[②]还可考虑采用分散计算技术(通常被称为 Web3),包括保持数据隐私的去中心化区块链网络,以及通过隐私计算等底层技术确保交易安全,并通过获取加密 NFT 的方式来激励各方提高计算能力。[③] 如果人工智能和区块链分别适合与提炼司法知识、提升司法效率和强化司法证据可靠性的目的,[④]那么,分散计算就更适合各方协同,用于创造协同价值,在多元主体的复杂系统中弥合现有的法律漏洞,满足目的合理性的现实需求。

(三) 坚持数据科技伦理法治化道路

随着科技的迅猛发展,金融机构对人工智能和先进机器学习技术的使用急剧增长,金融科技并非仅具有提供便捷性服务的功能,其在发达国家已开始蚕食金融业的主营业务,甚至金融与技术的关系已经出现了尚未见诸报端的大趋势,银行和证券公司的高度机器人化正在迅猛发展。[⑤] 一方面,金融科技的发展必然伴生监管科技和法律科技的腾飞。技术本是一柄双刃剑,为了防止数据科技偏离轨道,必须以科技伦理为底线。科技伦理一般体现为不具有强制力效力的柔性规范,意在通过行为主体的内在道德反思和社群的外在伦理压力实现对个体行为在价值层面的渗透、引导和规范。在个人信贷领域,除了依赖传统的信用

① David E. Knuth. Computer Programming as an Art. *Communications of the ACM*, Vol.17, 1974, p.671.

② 崔亚东:《人工智能辅助办案》,上海人民出版社 2021 年版,第 64 页。

③ What is Open Source? https://opensource.com/resources/what-open-source,最后访问日期:2023 年 6 月 3 日。

④ 郑戈:《司法科技的协调与整合》,《法律适用》2020 年第 1 期,第 6 页。

⑤ [日]樱井丰:《被人工智能操控的金融业》,林华、沈美华译,中信出版社 2018 年版,第 3—4 页。

数据处理来预测消费者的信誉外，贷款机构还考虑各种类型的替代非金融数据，以提高其准确性和整体效率等，每一步技术和业务的巧妙融合都依赖于“内化其价值旨趣，进而外化为行为约束”。[①] 另一方面，2022 年 3 月 20 日，中共中央办公厅、国务院办公厅在印发的《关于加强科技伦理治理意见》强调，要提高科技伦理治理法治化水平，解决广泛道德议题上的合理分歧，进行倾斜性法律保护，实现更有效的社会合作。[②] 尽管基于人工智能的信贷承销在提高贷款机构的可预测性方面具有重要的潜力，但它可能会带来严重的歧视风险，并伤害处于弱势的消费者。如果用于开发人工智能承保模型的数据有偏见，或以歧视性的方式处理，则可能导致歧视，而现行的法律制度并不适合充分解决这一风险。例如，以色列的金融监管机构对在信贷承销中应用人工智能的贷款机构实施了几项强制性要求：对其承销模式进行定期审查，并向相关监管机构报告其结果，并在开发和应用其基于人工智能的模型的过程中保持人为干预；确保其模型的可解释性。[③] 与此同时，作为金融科技对应面的法律科技也应跟上时代的步伐，努力搭建合规科技与司法科技之间的桥梁。

毋庸讳言，数据科技改变了人、物、空间、时间存在和交汇的方式，使生活充满各种新鲜的选项，然而，在整齐划一的数据标签下，社会关系与服务正慢慢失去其应有的温度，应警惕的是：“更高的效率并不一定意味着更好的社会”。[④] 在法律科技化解个人信用风险的法治框架内，应在不同场景中建立债权人的财产权、债务人人身安全、自由权、催收人的工作权以及个人信息保护和数据安全之间的利益平衡。通过法律科技的参与，将银行合规、调解和诉讼等程序连接起来，以解决其中的痛点和堵点，尽最大努力帮助债务人重获“经济再生”的机会，从而使其重新回归至正常的信用队伍。我们不能因忌讳数据开放和共享的负面效应而因噎废食，应在接纳数据科技及其商业化过程中坚守悲天悯人的人性关怀。[⑤]

六、结语：解蔽实践指向的本质

马克思曾言：“全部社会生活在本质上都是实践的。凡是把理论引向神

① 田亦尧、李欣冉：《科技伦理治理机制的法治因应与逻辑转换：由生物技术科技伦理规制问题展开》，《科技进步与对策》2021 年第 2 期，第 126 页。

② 石佳友、刘忠炫：《科技伦理治理的法治化路径：以基金编辑技术的规制为例》，《学海》2022 年第 5 期，第 183—184 页。

③ Ruth Plato-Shinar & Maayan Perel. Algorithmic Credit Underwriting in Israel: Is There a Risk of Discrimination? *Tel-Aviv University Law Review*, Vol.45, No.2, 2022, p.1.

④ [美] 波斯纳：《法律的经济分析》(上)，蒋兆康译，中国大百科全书出版社 1997 年版，第 27 页。

⑤ 黎四奇：《数据科技伦理法律化问题研究》，《中国法学》2022 年第 4 期，第 121 页。

秘主义的神秘东西，都能在人的实践中以及对这种实践的理解中得到合理的解决。”[①]法律科技化解个人信用风险的本土化研究，并不是传统法学的理论增补抑或现实微调，而是在法治现代化基础上进行知识迁移、融合、改造、更新和创生的结果，[②]其中涉及的法理就是来自中国实践的理论“富矿”。[③] 以法律科技平台为连接器的金融机构和司法部门的实践，已经产生了一系列“中国问题”，甚至走到了世界的前列，谁占领了这一研究阵地，谁就能创造出占据文明两端的具有原创性的新理论。然而，这些结合实践的理论产出，既要冲破照搬照抄的“全面移植”的巢穴，又要打破法律部门的藩篱。我们应尝试以问题为导向，用动态的视野观察和破解金融科技背景下的被数字经济时代放大的传统部门法区隔问题。

立足中国式现代化的视域，法律科技化解个人信用风险无疑是一个很好的范例，可以考验我们如何在大一统格局下协调各地对法律科技的接纳程度；如何用中国人特有的智慧解决消费者权利保护的适恰度问题；如何通过法律科技在金融监管和司法机关之间协同；等等。这些都考验着我们跳出传统认识盲点的能力，解蔽实践指向的本质所在，用法律科技嵌入“金融机构—律所—调解机构—司法机关”链条，开拓关键节点“技术＋业务”的闭环性实践，实现不同于西方国家经验的中国式现代化理论共识和实践创新。中华法系是中华民族法治精神的结晶，六合同风、四海一体的大一统传统；民惟邦本、本固邦宁的民本理念；奉法强国、变法促进的强国之路，[④]都值得我们回味传承和发展。不同于发达国家法律科技大多数服务于律师行业，包括自动化文档起草、合同工作流自动化、人工智能授权的分析和决策在内的技术类型和应用场景，多用于合同审查和诉讼策略，[⑤]我国基于法律科技化解个人信用风险的本国实践，只有巧妙突破银行合规、法院审判和法律漏洞的困局，才能透过市场噪音的乱象，在效率和公平之间达成有效平衡，助力法律科技弯道超车，助益中华优秀传统法律实践的创造性转化和创新性发展。

---

① 《马克思恩格斯选集》(第一卷)，人民出版社 2009 年版，第 501 页。

② 马长山：《数字法学的理论表达》，《中国法学》2022 年第 3 期，第 119 页。

③ 景汉朝：《在法治实践中提炼升华法学理论》，《中国社会科学报》2022 年 9 月 27 日，第 1 版。

④ 张文显：《论中国式法治现代化新道路》，《中国法学》2022 年第 1 期，第 9 页。

⑤ Houman Shadab. Metasoftware: Building Blows for Legal Technology. *Seattle J. Tech. Env't & Innovation* L., Vol.12, No.2, 2022, p.232.

金融科技发展对商业银行业务风险管理的提升与挑战

——以区块链技术在征信领域的应用为视角

林承铎*

摘　要： 区块链技术的去中心化、不可篡改性和智能合约等特点在优化商业银行征信体系方面具有显著的优势，能够提高征信数据的真实性与透明度，并改善中小微企业的融资环境。然而，区块链在征信领域的应用也带来了新的法律合规风险，例如个人信息保护、监管职能弱化、智能合约的法律性质与效力等。通过案例分析和对法律框架审视，本文对相应风险提出了应对策略，希望能为金融机构在区块链征信技术的推广过程中提供借鉴和指引。

关键词： 区块链；征信；商业银行；风险管理

一、引言

区块链由三个核心要素构成：分散式分类账、共识和智能合约。分散式分类账是指区块链由多节点参与记账，分类账的资料存储于各个节点，在组织结构上是去中心化的。共识是能够确保分散式系统的各节点作出相同决定的机制。智慧合约是一套达成预设条件即自动执行的程序。以比特币为例，每一次比特币交易都由全体“矿工”验证，每个“矿工”参与竞争记账权，成功记账者将信息记入区块链获得经济激励，同时通过智慧合约实现自动化的货币流通。

去中心化、时序资料、集体维护、可程序设计、安全可信等特点使得区块链技术在经济、金融、社会系统拥有广阔的应用场景，例如数字货币、供应链金融、资料存储、选举投票等。商业银行在征信领域也逐渐将区块链技术与业务结合，以求更

* 林承铎，中国人民大学中法学院经济学系主任、国际学院金融风险管理学科副教授。

好地服务于征信体系建设和融资，例如2022年中国首个纳入金融科技创新监管试点的跨地区数字征信平台长三角征信链，聚焦解决小微企业融资问题。[①]

虽然长三角征信链聚焦于小微企业融资，促进实体经济发展，并营造了一个良好的营商环境，但我们在认识到其优势的同时，也不能忽视其背后的法律合规风险，只有这样，我们才能确保征信链的良性运作。综上，本文将探讨区块链技术在征信领域的应用，并分析其在商业银行业务中的风险管理和挑战。通过对长三角征信链等案例研究，我们可以看出，尽管区块链技术能够提高征信数据的真实性和透明度，但其去中心化和不可篡改的特性也可能引发一系列法律合规问题。因此，本文将从个人信息保护、监管职能弱化等多个角度进行深入分析。

二、区块链技术在金融机构征信领域的应用

(一) 内地金融征信发展与局限

金融在现代经济中占据核心地位，而征信则是推动金融发展的重要基础设施。金融的核心功能在于资本与风险的合理配置，这种配置通过市场进行，能够实现资源的最优化分配，提高生产效率，并促进经济增长和就业稳定。然而，在金融市场中，交易双方的信任至关重要。因为交易建立在互信之上，个人投资者自行调查交易对象的信用状况不仅困难重重，而且成本高昂。因此，征信机构应运而生，它们负责采集、整理个人或机构的信息，形成征信报告，并基于一定条件对外提供服务。央行征信中心和市场化征信机构例如百行征信、上海资信有限公司和商安信等企业，共同构成了征信行业的主体。

当前我国金融机构征信领域存在供给和需求不相匹配的问题。征信服务需求的主要特点是多样化、层次化，例如个人和企业征信信息主要与身份验证、财产和负债情况、社会活动情况等相关，这些信息的获取渠道分散，但是通过调查发现这些信息的来源集中在特定单位。[②] 此外，征信服务需求的特点还集中体现为平台化和集中化，因为目前分散的征信渠道给经济主体带来了极大的不便，例如效率低下、成本高昂、信息壁垒等问题。[③] 征信服务供给端目前呈现出分散化的特点，使得经济主体在获取征信信息时需要经历烦琐的程序。此外，当前的

---

① 周雷、朱凌宇、韦相言、楼可心、金吉鸿：《大数据征信服务小微企业融资研究：以长三角征信链应用平台为例》，《金融理论与实践》2022年第5期，第19—27页。

② 马小明、张怡萍、郝嵘：《金融机构中小微企业征信服务需求探析：以陕西省为例》，《征信》2021年第3期，第24—29页。

③ 李政为：《关于金融机构征信服务需求的现状与对策研究》，《财经界》2018年第25期，第104—106页。

征信服务供给端还存在一些亟待解决的问题。首先，征信服务主要依赖于征信机构，然而不同机构在信息标准、收集和处理方式上可能存在较大的差异。其次，这种中心化的体系高度依赖于征信机构的能力和水平。由于我国征信体系起步较晚，征信机构的能力不足可能会引发一系列问题，例如征信体系的低效运行、信息泄露以及资料丢失等。最后，我国传统征信体系存在信息覆盖不全、更新缓慢等问题。

考虑到我国征信体系存在的问题以及区块链技术的独特优势，本文认为，将区块链技术应用于商业银行征信领域，对于解决内地在征信体系转型与发展中面临的挑战具有重要意义。区块链技术的分散式记账和共识机制有助于缓解征信服务需求的集中化与征信服务供给分散化之间的矛盾，同时为打破不同征信机构之间的信息壁垒提供了有效的技术手段。

(二) 区块链在征信领域的应用与突破

当前，对于区块链在征信领域的应用主要可以分为两类：一是建立区块链中介平台，信息需求者可通过这一平台提出查询申请，而信息持有方可以及时发现并提出交易，从而实现征信信息从持有方到需求方的流动；二是建立全新的区块链资料共享平台，由信息供求双方、征信机构和监管机构组成，个人和企业提供信息，查询和使用信息需要得到许可并且也要通过区块链进行记录，征信机构对信息进行整合和分析，监管机构对平台内各方的行为进行监管。①

在区块链网络中，个人和机构可以在不同的节点上登记信息，而共识机制则保证了所有网络节点存储的信息一致性。这些信息是开放共享的，因此金融机构在需要征信信息时能够便捷地进行查询。此外，区块链的去中心化特点有助于降低现有征信体系的中心化程度，从而减少中心化缺陷对金融乃至整个经济生活的影响。

区块链技术的非对称加密机制在保护个人信息的同时促进了信息的共享，而其不可篡改性和共识机制则有效防范了资料丢失和篡改的风险。更重要的是，区块链的不可篡改特性保证了信息的真实性。此外，智慧合约机制为参与主体提供了简单、规范的合约，显著降低了获取征信信息的时间成本。

区块链技术在征信领域的应用，对于解决中小企业“融资难”的问题也具有积极作用。中小企业作为我国经济生活中的重要组成部分，普遍面临的“融资

---

① 张力凡、伍华悦、唐昆等：《区块链视角下金融机构征信体系问题研究》，《现代营销》（经营版）2021 年第 3 期，第 18—19 页。

难”问题限制了其发展，进而影响了我国经济的活力。银行贷款是中小企业的主要融资渠道，而贷款发放的重要依据是征信信息。然而，中小企业往往缺乏完善的财务制度，导致征信信息不足。同时，中小企业的经营风险较高，也增加了融资的难度。

区块链征信平台通过完善中小企业的征信信息，为它们建立标准化的征信档案，从而降低了中小企业的融资难度。例如，“长三角征信链”的建立，推动了信用信息的跨区域共享和应用，提高了征信市场服务银企对接的效率，进一步增强了中小企业融资的可得性，并提升了融资的便利度和精准度。

区块链多节点通过参与保证了其去中心化特性，从而实现资料的不可篡改，能够有效地将征信信息整合，由具备权限的相关方查阅。在区块链技术下，基于信息收集去中心化而建立分散式信息数据库，以共识算法为支撑建立信息认证机制，可以进行信息资料全覆盖和快速匹配。区块链技术的非对称密码能够有效实现个人信息的隐私保护，其透明性特征能够实现被征信主体对自身信息的实时查询与更新。①

智慧合约本质上是一套计算机程序，当预设的条件得到满足时，程序将自动执行。通过这种方式，智慧合约能够最大限度地减少人为因素导致的非预期结果，例如数据篡改和信息造假，从而降低操作层面的不确定性。②

目前，区块链在征信领域的应用尚处于设计和试点阶段，我国尚未构建一个统一的征信信息平台。尽管如此，仍有一些机构、公司和地区在积极探索区块链在征信领域的应用。例如，公信宝在 2016 年成功建立了基于区块链技术的“公信宝资料交易中心”。公信宝在用户授权的前提下，利用爬虫技术抓取并整合信息，为各类机构提供基础信息服务。同年，区块链技术供应商布比与甜橙信用达成了战略合作协定，共同计划开发一个基于区块链技术的征信系统。这个系统的核心机制是，存入区块链的信息具有部分可见性，而信息需求者可以通过搜索功能向信息持有者购买所需资料。

此外，深交所于 2017 年创新性地构建了区域性股权市场的中介机构征信链。该征信链的核心是利用区块链技术的优势，推动中介机构执业信息的透明化和共享。其详细制定了中介机构征信的资料结构，并实施了严格的权限隔离

---

① 倪楠：《区块链技术赋能下个人征信体系的法律重构》，《法律科学（西北政法大学学报）》2022 年第 4 期，第 81—90 页。

② 袁勇、王飞跃：《区块链技术发展现状与展望》，《自动化学报》2016 年第 4 期，第 481—494 页。

标准，以构建股交中心之间以及与监管机构之间的高效、安全的交互模式。这些实践不仅展示了区块链在征信领域的初步应用，而且为其未来的广泛推广和深入发展奠定了坚实的基础。

（三）实际应用——以长三角征信链为例

2020年12月，经过中国人民银行的指导，由苏州企业征信服务有限公司主导，长三角征信机构联盟的成员单位共同参与，成功启动了“长三角征信链”平台。此平台运用尖端的区块链技术，以推动长三角地区在征信领域的互联互通与深度合作为目标。值得一提的是，“长三角征信链”平台不仅采纳了区块链技术，而且融合了大资料技术，努力探索实现区域内征信机构的资料共享与互通，以推动征信领域的持续创新与发展。在保障信息安全和隐私的前提下，通过设定不同的存取权限和有效授权机制，实现了信息的异地共享。[①]

不同于中国人民银行征信中心主要侧重于信贷信息的提供，“长三角征信链”平台则将焦点放在了非信贷资料的收集与分享上，这类资料亦被称为“替代资料”。在获得企业授权的前提下，加入该平台的银行能够在线访问长三角地区企业的多维度信息，涵盖企业的基础信息、经营概况、融资状况、抵押与查封详情、法律诉讼记录、负面新闻动态，以及水、电、燃气等公共事业费用的缴纳情况等，共计29项内容。这些丰富的信息资源为银行提供了更全面的企业“画像”，有助于提升风险评估和信贷决策的准确性和效率，使银行能够做出更为精准的授信决策（见表1）。

表1 长三角征信链职能

主体		机构	职能或功能
业务角色方	征信提供方	征信机构、资料来源机构	提供征信，构成区块链上的节点，参与区块链的共识过程
	服务使用方	商业银行等金融机构	使用服务，通过长三角征信链查询征信报告 服务使用方可以不部署节点
	业务监督方	中国人民银行等	对征信业务进行全流程监管，包括对征信提供方上链的资料、企业授权信息、征信查询记录等进行监管，并对征信资料更新、查询历史进行追溯监控

① 《长三角有这样一条“征信链”》，https://baijiahao.baidu.com/s?id=1733108202512145545&wfr=spider&for=pc，最后访问日期：2024年2月14日。

续 表

主 体	机 构	职能或功能
建设运营方	平台建设方、底层区块链建设方	建设平台应用系统，对原有业务系统进行升级改造 进行网络部署，实现区块生成与存储、共识、可信接入等

对于跨区域企业征信查询，具体步骤为：首先，商业银行需要在征信链平台上提交格式统一的信息主体书面授权书；其次，委托本地征信机构向信息所在地征信机构发出服务请求，当地征信机构将自动审批该请求；再次，推送相应的征信资料或服务，在整个过程中，采用杂凑算法对业务行为进行全流程存证，确保信息的安全性；最后，平台将提供企业征信报告，实现跨区域征信服务。这一系列措施共同推动了长三角地区征信服务的高效与便捷。

三、区块链征信所引发的法律合规风险与应对

区块链征信涉及五大主体和四大关系。五大主体分别为征信监管机构（以央行为核心）、征信主体（征信机构）、信息提供主体（涵盖政府、银行等各类信息持有机构）、被征信主体（涉及个人或企业等信息主体），以及信息使用主体（征信产品的消费者）。而四大关系则涵盖信息提供监管关系、征信产品提供监管关系、被征信主体信息权保护关系以及信息异议和用信服务关系。

信息提供监管主要指的是监管机构依法对信息提供主体进行监管，并制定相应的征信标准。征信产品提供监管则侧重于监管机构对征信机构所提供的征信产品服务进行监管。在被征信主体信息权保护方面，监管机构需特别关注对被征信主体隐私信息的保护。而信息异议和用信服务关系则强调，被征信主体有权对错误信息或在信息收集过程中出现的侵权行为提出异议，监管机构应根据实际情况监督征信主体进行相应的纠正。

尽管区块链技术在解决当前金融机构征信领域问题上具有巨大潜力，但是其在征信领域的广泛应用仍需审慎考虑。因为区块链技术的应用可能会引发一系列风险，特别是合规风险，这些风险与上述四大关系紧密相连。因此，在推广区块链征信技术时，必须充分考虑并妥善管理这些潜在风险。

（一）个人信息保护的合规风险与应对

区块链技术的不可篡改特性与个人信息删除权相冲突。区块链技术具有不

可篡改的特性，这意味一旦在区块链记录和储存信息，信息将无法被更改和删除。而为了避免个人信息被永久储存和过度收集，我国相关法律和条例赋予了个人信息删除权，即在符合规定条件时，作为信息主体的个人享有请求个人信息处理者删除所处理的其个人信息的权利。[①] 然而，在个人信息保护的背景下，区块链技术的不可篡改性却与个人信息删除权产生了矛盾。个人信息删除权是一种法律赋予个人的权利，允许在特定情况下请求删除与其相关的个人信息。个人信息保护的目的是保护个人免受不必要的资料保留和潜在的信息滥用。

在我国法律体系中，《中华人民共和国网络安全法》《中华人民共和国征信业管理条例》《中华人民共和国民法典》以及《中华人民共和国个人信息保护法》等法律都明确规定了个人信息删除权。相关的法律法规要求个人信息处理者在特定情况下删除个人信息，例如处理目的已实现、个人撤回同意等。然而，区块链技术的不可篡改性使得这些删除要求变得难以实施。一旦个人信息被写入区块链，即使满足删除条件，也无法从技术上实现删除。这意味着即使个人有权要求删除其信息，但在区块链技术的限制下，这些请求可能无法得到满足，进而引发法律合规风险。一方面，如果个人信息处理者无法按照法律规定删除个人信息，可能会面临法律责任和声誉风险；另一方面，如果强制实施个人信息删除权，可能会损害区块链技术的完整性和可信度，从而影响其在金融和其他领域的广泛应用。

现行有效的《征信业管理条例》第 16 条明确规定了个人不良信用信息 5 年的保存期限，超过这一年限的，征信机构应当予以删除。源于区块链特殊的存储架构，链上信息无法更改与删除。[②]

同样，长三角征信链的设计也存在一个固有的矛盾。征信报告文件是以 URL 的形式上传到区块链的，也就是说，实际上存储在区块链上的是由一串字符组成的网址，而这串字符本身是不可篡改的。然而，这与征信资料本身的不可篡改性是两个截然不同的概念。

在征信链的应用场景中，资料的删除权和资料的不可篡改性之间存在着天然的冲突。征信链的设计虽然保证了删除权的存在，但是链上的资料并不具备不可篡改、真实可信的本质特性。换句话说，尽管资料可以被删除，但它不能被

---

① 程啸：《论〈个人信息保护法〉中的删除权》，《社会科学辑刊》2022 年第 1 期，第 103—113 页。

② 李超、马亦骋：《区块链征信：应用、风险及其监管》，《福建金融管理干部学院学报》2020 年第 3 期，第 11—16 页。

篡改,这在实际应用中造成了一定的困扰。

如果征信链能够对其资料上传机制进行改进,选择直接将资料上链,那么,这些资料将会被永久性地存储在区块链上,从而导致删除权的行使无法得到保障。这样一来,就使得征信链在资料管理和保护方面面临更大的挑战。

另外,在商业银行实务中也存在违规查询所导致的行政处罚问题。例如,长三角征信链作为联盟链的一种,对节点的加入与退出有着严格的标准,目的是避免恶意节点的参与。联盟链的网络通信安全直接关系其整体的完整性与运作效率。该链由共识节点和非共识节点构成,其中共识节点负责参与共识过程,拥有全量资料存储和投票权;非共识节点则专注于记账,需依附于共识节点。在长三角征信链的设计框架中,征信机构、资料来源机构以及以中国人民银行为代表的监管机构作为节点接入,而服务使用方则不直接作为节点,仅通过 RPC 进行查询,这确保了服务使用方无法直接接触链上资料,只能查看被授权的资料。然而这也带来了一个问题:征信链在赋予查询权限时,如何验证具备查询权限的实际操作人员。

在实际运作过程中,赋予查询者充分的查询权限将伴随法律合规风险。根据中国人民银行征信系统的检查结果,部分金融机构存在公共使用者现象,即在名义上虽然采用了实名制用户设置,但实际上多名信贷客户经理通过同一个查询员账户访问征信系统以查询客户信用报告。更为严重的是,个别银行的查询员甚至将本行的查询使用者和密码泄露给合作机构使用,严重违背了《中国人民银行个人信用信息基础数据库管理暂行办法》(中国人民银行令[2005]3 号)中关于安全管理的相关规定。

尽管在《征信业管理条例》颁布之前,我国征信管理工作主要依赖于部门规章或规范性文件进行监管,但自 2013 年国务院正式颁布该条例以来,它为推进社会信用体系建设提供了法制基础。然而,《征信管理条例》仍面临两大问题:一是它仅为行政法规,法律层级较低;二是该条例的内容更多地侧重于宏观层面的把控,例如金融机构的违规查询行为,仅在第 38 条中列举了若干类型,但对于金融机构在实际操作中的每个环节,例如填写授权书或登记簿等未给出进一步的详细规定,从而导致金融机构缺乏统一的操作准则。对于新兴的区块链征信业态,与之配套的实施细则更是亟待完善。

笔者建议可以从以下措施着手解决相关问题。首先,技术开发者可以探索在区块链设计中加入灵活性,以允许在满足特定条件下删除或匿名化个人信息。

其次，监管部门可以制定更加明确的指导原则和政策，以平衡个人信息保护与区块链技术的应用。此外，加强区块链技术在征信领域运用的国际合作也十分必要，以应对跨境个人信息处理和保护的挑战。

（二）“去中心化”所引发的监管职能弱化与应对

区块链的去中心化特性与监管机构的监管职能之间的矛盾，实际上揭示了传统监管框架与新兴技术之间的张力。去中心化作为区块链技术的核心特性，确保了网络中没有单一的中心点可以控制或篡改资料，从而极大地增强了资料的透明性和安全性。然而，这种特性也为监管机构带来了前所未有的挑战。

在传统的监管体系中，监管机构通常扮演着权威的角色，负责监督和管理市场活动，确保市场的公平、透明和有效。然而，在区块链网络中，由于各个节点具有平等的地位，没有中心化的实体可以被监管机构直接监管。于是，监管部门就需要调整其传统的监管方式，以适应这种新型的技术架构。

我国相关法规，例如《区块链信息服务管理规定》和《征信业管理条例》明确规定了相关部门对区块链信息服务和征信业的监督管理职责。要求监管部门进入现场进行检查、询问相关当事人、查阅和复制档资料，甚至对可能被篡改的资料进行封存，然而，区块链的去中心化特性使得这些监管措施的实施存在技术性的困境。监管机构既难以确定区块链网络中的关键节点，也难以追踪和监管网络中的交易活动。这样的矛盾将可能导致合规风险。一方面，如果监管部门无法有效监管区块链网络，可能会导致市场中的不法行为得不到及时制止和处罚，从而损害市场的公平和透明；另一方面，如果监管部门强行实施传统的监管方式，可能会与区块链技术的去中心化特性发生冲突，导致监管失效或引发技术上的风险。因此，为了平衡区块链技术的去中心化特性与监管机构的监管职能之间的矛盾，需要采取一系列措施。

首先，监管机构需要深入研究区块链技术，了解其运作机制和潜在风险，以制定更加有效的监管策略。其次，监管机构需要与其他国家和地区的监管机构加强合作，共同应对跨境区块链活动的监管挑战。再次，监管机构还需要与技术提供商和行业协会等利益相关者保持沟通和协作，推动制定符合行业实际情况的自律规范和技术标准。在保障市场公平和透明的同时，充分发挥区块链技术的优势，推动其在商业银行征信等领域的应用和发展。

（三）智慧合约的定性及其合规风险应对

目前，针对区块链技术的专门性法律法规尚未出台，因此，在区块链信息服务的各个环节中，主要依赖《民法典》和《电子签名法》等相关法律条款来提供参照。银行业实际的业务操作需要遵循《区块链信息服务管理规定》的要求。关于区块链存储信息的法律效力问题，最高人民法院于 2018 年 9 月颁布的《最高人民法院关于互联网法院审理案件若干问题的规定》具有里程碑意义，其首次承认了区块链存储的电子资料可以作为合法证据使用。

从《民法典》的角度来看，区块链的本质可以被理解为一个基于自愿原则、按照既定规则加入链式关系的交易行为。在这个过程中，参与者提供资料，并依据特定的算法完成交易，这实际上是从一个全新的视角来审视区块链技术，并为其在未来的应用和发展提供了法律基础。

所谓区块链，是指“由两个以上主体参与，以资料为支撑，以算法为工具，去中心化，分式记账，不可篡改，以发生特定交易行为为目的的民事法律行为。”[①] 智慧合约作为区块链技术的核心组成部分，其解读角度具有多样性。在法律视角下，学者们提出了自助行为说、代理说和合同说等不同的阐释路径。自助和代理这两种观点，主要聚焦在智慧合约的某些功能特点上，将其视为对传统合同流程的一种外部强化手段。而合同说则更加深入地指出，智慧合约不只是一个在技术层面上支援合同过程的机制，它实际上还承载着合同的内容，并能自动执行合同义务，从而对合同当事人的权利和义务产生实质性的影响。虽然智慧合约可能可以覆盖整个合同流程，但在面对复杂情形时，它可能无法完全贯穿整个合同过程。[②]

一方面，关于智慧合约是否可以视为合同的观点目前存在分歧。一些学者持肯定态度，认为智慧合约是一种特殊的合同类型，这主要是因为智慧合约满足了合同的基本要素，并且其签订和履行过程通过计算机技术的优化，成为一种新型的表达和履行方式，这种方式不仅减少了语言歧义，而且便于证据保存。然而，也有学者对此持否定观点，认为智慧合约只涉及合同的履行阶段，而不应被归类为一般意义上的合同。其强调智慧合约的“智慧”主要体现在其自动履行上，而并非在合同的签订。因此，只有当双方达成协议并签订合同后，智慧合约才会被触发并开始执行，这里存在逻辑的先后顺序问题。换句话说，智慧合约并非合同，其主要的功能聚焦在履行阶段而不是涵盖整个合同的全过程，因此，不

① 李伟民：《〈民法典〉视域中区块链的法律性质与规制》，《上海师范大学学报（哲学社会科学版）》2020 年第 5 期，第 46—57 页。

② 郎芳：《区块链技术下智能合约之于合同的新诠释》，《重庆大学学报（社会科学版）》2021 年第 5 期，第 169—182 页。

能将智慧合约等同于一个完整的合同来看待。

另一方面，对于智慧合约在《民法典（合同编）》中的适用性及其具体应用方式，我国学者亦持有不同的观点。这些分歧主要聚焦在以下几个方面。

第一，关于智慧合约对意思表示的影响。《民法典》第 5 条确立了民事主体在从事民事活动时应遵循的意思自治原则。然而，智慧合约以计算机代码的形式存在，其订立和履行方式受到代码形式和区块链平台运行环境的限制。在简单情境下，智慧合约能够较好地表达当事人的意思，但在复杂情境下，代码可能无法完整传达当事人的真实意图，特别是在合约适用过程中，当事人直接适用他人编写好的智慧合约并使用，这种情况下智慧合约不一定能完整反映当事人的真实意愿。此外，由于智慧合约的自动性和不可逆性，以及网络程序的瞬时性，要约和承诺在智慧合约中可能无法撤回或撤销。

第二，智慧合约对合同效力的影响也是争议的焦点之一。《民法典》第 502 条规定了依法成立的合同自成立时生效，然而，在智慧合约的订立和履行过程中，仍可能存在合同无效的情况，例如合同订立主体无民事行为能力、合约内容违反法律、行政法规的强制性规定等。在目前的技术条件下，无法有效规制无民事行为能力人利用他人身份信息申请和控制账户的行为，这给智慧合约方式订立的合同在认定其无效方面造成了困难。

针对合同效力待定的情况，根据《民法典》的相关规定，可认为限制民事行为能力人订立的合同以及无权代理人订立的合同属于效力待定的情况，需要相关权利主体进行追认才能确认合同的有效性。然而，在智慧合约中，由于匿名的缘故，无法确定外部账户控制者的年龄、智力与精神状况，也无法判断合约是否因订立主体为限制民事行为能力人而导致合同效力待定。

此外，智慧合约的执行在很大程度上取决于程序的判断，当程序识别到条件达成时将自动履行，这可能导致在出现重大误解、欺诈、胁迫或显失公平等情况时，合同无法撤销。智慧合约的自动执行、不可逆和不可篡改等特点使得发布到区块链上的智慧合约不可撤销，一旦达到执行的触发条件就无法更改。

第三，合同履行也是争议焦点之一。智慧合约具有自动执行的特点，因此支持全面履行义务。对于部分履行取决于智慧合约自身的设计。智慧合约成立并生效后，因验证未通过导致后续无法履行的情况，应被认定为中止履行。此外，在智慧合约中，合约的适用涉及对外部账户或其他合约账户的操作，因此可能出现一些原因使适用的情况不能进行而使智慧合约无法履行。

当然，此类合同的变更与解除问题也备受关注。根据《民法典》的相关规定，当事人协商一致可以变更或解除合同，然而，在智慧合约中难以实现这一点。智慧合约一经发布便具有不可逆性和不可篡改性，即使当事人事后协商一致也无法对已发布的合约进行变更或解除。在各节点与区块链产生交互时，会存在新发布合约或调用其他合约的操作。这种自动执行和不可撤销的设计使“要约—承诺”受限，合同的可撤销性也不能得到保证。一旦合同设计出现失误或漏洞，可能导致严重后果，且难以挽回。

综上所述，区块链是否适用《民法典(合同编)》以及如何适用等都尚无定论，如何保障相关各方的权利更是一个未知数。这需要在未来的立法和司法实践中不断探索和完善。

(四) 信息真实性判定与合规风险应对

区块链征信另一个亟待解决的关键问题是链上资料在操作层面是否具备自我证明的可信度。由于链上与链下之间的断层，所以，存在潜在的资料篡改的风险。

2021 年 8 月 1 日，我国开始施行《人民法院在线诉讼规则》(法释〔2021〕12 号，以下简称《在线诉讼规则》)，首次为区块链存证的法律效力及其审查规则提供了明确的指导。同时，《电子签名法》第 5 条对资料电文作为原件的法定要求也进行了明确，要求资料电文不仅要能够清晰展现其内容，而且须确保其内容自生成之日起保持完整且未经篡改。尽管该法并未直接涉及区块链司法存证，但它对电子资料的存储、审查等规定，为区块链司法存证的法律地位提供了支撑。

值得一提的是，最高人民法院在 2018 年 9 月 6 日发布实施了《最高人民法院关于互联网法院审理案件若干问题的规定》(法释〔2018〕16 号)，其首次承认电子资料可以通过区块链技术进行验证，并且该文件还详细规定了关于区块链存证的专家辅助人和司法鉴定制度，规定互联网法院可以根据需要委托司法鉴定机构对电子资料的真实性进行鉴定，并允许当事人申请专家辅助人对电子资料提供专业意见。

从证据法的角度看，2019 年修订的《最高人民法院关于民事诉讼证据的若干规定》(法释〔2019〕19 号)第 94 条，为包括区块链存证平台在内的存证平台存储的电子资料提供了法律上的证据效力认可。这一规定明确指出，人民法院可以认定由中立第三方平台提供或确认的电子资料的真实性，从而为这些资料的法律效力提供了坚实的法律基础。

此外，在将链下信息上传至区块链进行存储的过程中，也存在无法自我证明资料真实性和可信性的问题，这是因为当资料提供方发起资料上传至区块链时，资料将由区块链网络中的多个节点共同验证并存储。如果某个节点出现恶意行为，未真实记录资料，其他节点所存储的资料将作为证据来证明该节点资料的不可信。除非能够控制超过 51%的节点，否则，链上资料将无法进行篡改，确保了其真实性和可信度。区块链正是依赖于这种分散式存储的账本和时间戳记机制来实现去信任化。

以长三角征信链平台为例，业务方向包括异地查询和联集查询。以商业银行信贷业务需要异地查询为例，银行可以通过征信链平台查询该企业在长三角区域的大资料征信信息，从而评估企业信用状况。而联集查询则涉及多个征信机构或资料来源机构对同一公司进行征信资料的共享和交叉验证。

然而，目前征信链的节点数量相对较少，存在单一节点提供资料的可能性。在这种情况下，仅凭链上资料还不足以证明其可信度，还需要结合其他证据进行补强证明。此外，在长三角征信链的设计中，链上资料主要源于征信机构。原始资料先报送至征信机构，再由其上传至征信链，但是这一流程存在一定的风险。为保证从链下到链上的过程透明，供应链金融常采用物联网等技术进行全流程记录，但目前征信链尚未采用此类设计，而是依赖于行业内部约束，例如遵循《长三角征信链征信一体化服务规范》(T/AHSFS 001—2021)等团体标准。

《在线诉讼规则》第 16—19 条详细规定了区块链司法存证的推定有效规则，其包括两方面的内涵：一是推定证据真实性，即在没有相反证据的情况下，链上存储的资料被视为真实。若有人质疑这一认定，那么，质疑的一方需要承担举证责任，而非存证方。二是这种推定仅限于资料“上链后”的真实性，即资料在上链后无法被篡改，但对于上链前存储的电子数据的真实性则无法确认。

这些规定突出了区块链存证在司法实践中的核心问题，即资料的推定真实性。因此，区块链存证不应被视为一种新的证据类型，而应归类为电子数据，特别是利用区块链技术存储的电子数据。与此相契合的是，最高人民法院、最高人民检察院与公安部于 2016 年 9 月 9 日印发的《关于办理刑事案件收集提取和审查判断电子数据若干问题的规定》第 5 条强调，保护电子数据的完整性可以通过计算电子数据的完整性校验值等方法来实现。在司法实践中，电子数据的完整性可通过提供真实性保障来增强其可信性。在区块链技术下，电子数据的完整性可以通过杂凑函数、非对称加密等技术手段来实现。

根据2019年修正的《最高人民法院关于民事诉讼证据的若干规定》第94条，人民法院有权确认由中立第三方平台记录并保存的电子数据的真实性。为验证电子数据的真实性并判断其证据的可信度，法律要求详细考察电子数据的生成、存储、传输、保存和提取等各个环节及方法。在杭州互联网法院发布的《民事诉讼电子数据证据司法审查细则（试行）》中，对此进行了更具体的规定。该细则第12条指出，在评估第三方数据服务提供者提供的电子数据时，应结合其资质、信用状况、经营管理以及证据形成过程和技术手段等因素，并与案件其他证据相结合，特别是要关注数据来源的真实性、技术手段的安全性，以及电子数据形成的合法性，同时还需审查电子数据在形成、传输、接收、存储和提取过程中的可靠性，以及电子数据的完整性和保持完整性的方法。此外，还要考察电子数据与其他证据的相互印证程度，从而确定其证据效力。

总之，这些规定和细则表明，区块链司法存证在司法实践中具有重要意义，它可以提供数据真实性的推定，并通过一系列技术手段和方法来确保电子数据的完整性和可信度。在评估区块链存证的证据效力时需要综合考虑多个因素，包括数据来源、技术手段、证据形成过程等，以确保司法公正和效率。在征信链的情况下，电子数据的来源真实性和技术手段的安全性都可能存在风险。一个关键问题是，上传到区块链的征信报告并非完整报告文本，而只是报告的URL（网页地址）。这意味着虽然URL本身可能不可篡改，但URL指向的数据内容仍有可能发生变动。因此，在司法实践中，对于征信机构是否能被认定为中立第三方，以及链上资料是否具有法律效力，需要进行严格的审查与确认。

四、结语

随着金融科技的飞速发展，科技与金融之间的关系愈发紧密，大数据、云计算、人工智能和区块链等技术在金融领域的应用创新日益受到业界的瞩目，特别是区块链技术，因其去中心化和不可篡改的特性，被视为缓解我国银行业征信服务供求矛盾、推动征信转型和发展的重要力量。然而，金融创新的背后往往伴随着风险。虽然区块链征信可能解决当前的难题，但是也可能带来新的技术风险，例如密钥丢失、资料泄露等。更值得注意的是，金融创新由于现有法律法规的空白，从而增加了合规风险。区块链征信也不例外，其去中心化和不可篡改的特性在优化征信服务体系的同时，可能与现行法律法规产生冲突。因此，在探索区块链在征信领域的应用时，必须关注合规风险。

区块链技术在征信领域的应用，具有突破信息隔阂、促进符合条件的企业融资的潜力，特别是那些在传统信贷体系中难以获得支援的小微企业，这对于实体经济的增长和营商环境的优化起到了关键作用。以长三角征信链平台为例，它通过整合大数据资源，打破了“信息孤岛”的限制，构建出小微企业全面且动态的“信用轮廓”。借助区块链技术，平台提供了跨区域的征信查询服务，实现了信用信息的可靠共享，从而有效缓解了小微企业融资难的问题。

然而，长三角征信链自身也存在一些设计上的不足。作为新兴技术的区块链，在适用现行法律法规方面还存在大量空白，特别是当现实世界的信息与区块链发生交互时，例如征信记录从链下传输到链上的过程存在操作风险，导致链上信息的有效性难以自证，这涉及链上信息在法律上是否得到认可，以及违规查询的法律风险。此外，在征信链场景下，链上信息的不可篡改永久存证与删除权之间也存在尖锐矛盾。因此，如何正确引导区块链为产业赋能，既发挥其价值，又适应法律框架，需要学界长期的探索和实践。同时，这项技术所蕴含的法律合规风险也值得从业者和使用方深入思考和关注。

论中心化的金融监管和金融科技的去中心化之间的张力
——以监管优化为视角

沈　伟*

摘　要： 本文探讨金融法和金融规制领域日益兴起的金融科技的内涵、维度和方向，金融科技与金融业之间的融合和竞争。从监管(规制)角度看，金融监管者有很强的克服系统性风险的“中心化”监管趋向，将所有涉及金融的活动纳入现有的金融监管框架之中。这种明显带有“规制俘获”痕迹的监管倾向容易忽视以金融科技为最新代表的金融创新可能给金融业带来的技术、产品和服务方面的正面影响，遏制金融科技所产生的共享经济、金融创新和金融自由化的可能性。本文以金融风险、金融规制和普惠金融为主要分析维度，指出金融科技去中心化的趋势，以及其与以银行为中心的中心化金融监管之间的张力，提出应对金融创新的“更好的监管”和“去中心化”路径和有所差别的国别模式。由于缺少系统性风险的现实危害，不宜将金融科技纳入宏观审慎监管框架，而应通过已有的合规监管模式，在促进金融科技合规的同时，释放金融科技在去中心化过程中伴生的促进共享经济的功能。

关键词： 金融科技；去中心化；金融监管；监管路径；监管模式

一、“金融科技”的概念及中国实践

(一) 金融科技的概念

“金融科技”(FinTech)是 financial technology 的缩写组合，首次在 2011 年被《美国银行家杂志》等期刊“FinTech 前 100”的报告中正式提出，[①]起初主要指

---

* 沈伟，上海交通大学法学院教授、博导，伦敦政治经济学院博士。

① 截至 2011 年，“FinTech 前 100”排名报告已经进行了 8 期，但是据公开资料，此次排名首次提出了“FinTech”的概念。参见 Business Wire. 2011 FinTech 100 Rankings Released By American Banker. Bank Technology News and IDC Financial Insights. http://www.businesswire.com/news/home/20111012005052/en/2011-FinTech-100-Rankings-Released-American-Banker，最后访问日期：2017 年 7 月 26 日。

美国硅谷和英国伦敦的互联网技术公司将一些信息技术用于非银行支付交易的流程改进和(或)安全提升。

从形式上说，金融科技意为技术创新在金融领域的应用。就实质而言，非金融机构(主要是技术公司)尝试绕过现有金融体系而直接接触用户，将互联网、大数据、人工智能、[①]云计算、区块链等一系列信息技术创新，全面应用于支付清算、借贷融资、财富管理、零售银行、保险、交易结算等金融领域。[②]简言之，金融科技是一种破坏性创新，以信息技术为驱动，深度补充传统金融业。

首先，从金融市场的角度看，金融科技是破坏性金融(disruptive finance)。金融科技破坏性创新的直接后果是改变，甚至颠覆传统金融行业，当前主要体现在银行业。金融科技在传统银行业之外形成了一个新的市场体系以优化金融资源配置，改变传统银行业主导的金融市场，变革了传统银行市场的主体、交易工具、交易方式、交易价格等重要因素，实现了信用支付渠道和方式的创新，以开放、数字化和移动式的发展和以软件为中心的解决方案提高了银行运营能力。但是，金融创新作为一种破坏性力量，也会带来经济灾难和社会病痛。[③] 表1展示了金融科技对银行业的渗透。

表1 金融科技和银行业务交集

传统银行业务	金融科技发展现状	金融科技发展前景
银行及其支付	电子银行、整合支付、移动支付、网络支付、P2P、理财工具	虚拟货币、身份管理(人脸识别技术开户服务)、风险评级、普惠金融
信贷业务	P2P借贷、网络信贷、分布式账簿(数字货币)、信用衍生品	大数据分析、供应链金融、网贷(风险量化体系)
保险业务	远程信息处理、社会保险、网络保险	物联网、区块链

① 人工智能技术包括专家系统和机器学习。机器学习的应用领域有模式识别、数据挖掘、统计学习、计算机视觉、自然语言处理、语音识别、智能检索等。

② McKinsey & Company. Cutting Through the FinTech Noise: Markets of Success. Imperatives for Banks, 2016.

③ Thomas K McCraw. *Prophet of Innovation: Joseph Schumpeter and Creative Destruction*. Cambridge: Harvard University Press, 2010.

续 表

<table>
<tr><th>传统银行业务</th><th>金融科技发展现状</th><th>金融科技发展前景</th></tr>
<tr><td>小额投资和其他</td><td rowspan="2">投资、可视化工具、互联网证券、网络众筹、金融数据分析平台</td><td rowspan="2">智能合约、智能投资顾问(包括投资银行自动报告生成、人工智能辅助量化交易、投资组合管理)、智能量化交易、机器人分析师、金融智能搜索</td></tr>
<tr><td>投资及资本市场</td></tr>
</table>

其次,金融科技通过以大规模的信息处理进行信息技术创新,改变金融服务和产品的提供方式、时间和地点,创造全新的商业模式。金融科技的落脚点在科技,偏重技术属性,科技含量更高,将大数据、云计算、区块链等运用在金融服务和产品上,是互联网金融的升级。[①] 互联网金融的落脚点在金融,金融属性更强,是传统金融业务与互联网技术结合后的升级版。但是,移动支付、实时支付和数字货币等,在本质上没有改变传统的支付方式和支付结构,[②]只是通过互联网实现了资金融通和信息中介功能的金融活动。

最后,金融科技本身并不直接从事金融业务,而是与持牌的金融机构合作,通过对金融服务业的拆分和重组,参与金融业务。金融科技依靠数据技术、科技创新变革传统的金融业。科技企业通过技术的差异化获取在金融市场上的竞争力。金融行业借助技术降低交易成本,优化产品和服务形态,提供差别化的产品和服务。金融科技参与大数据征信服务,[③]有效降低金融机构数据处理成本,在数据中筛选客户,获得商机,然后利用精准数据和风险控制进行贷款管理,跟踪运营管理。

(二) 金融科技在中国的实践

金融科技在我国的实践大致分为两种：一是新型金融科技公司的实践;二是传统金融机构的实践。本文主要讨论前者,也就是传统银行或金融机构之外的科技创新公司的金融活动实践。我国传统金融服务的覆盖度不足,线下金融体系不发达,金融产品数量少、收益低,投资和融资需求不能得到完全满足,金融

① 也有观点认为,互联网金融是金融科技的一部分,参见李仁真、申晨:《Fintech 监管的制度创新与改革》,《湖北社会科学》2017 年第 6 期。

② Marc Rysman & Scott Schuh. New Innovations in Payments in Josh Lerner & Scott Stern eds. *Innovation Policy and the Economy*. Chicago University Press, 2017, pp.27 - 48.

③ 《2015 年中国互联网金融行业投资研究报告》,http://research.pedaily.cn/report/pay/1155.shtml,最后访问日期:2017 年 7 月 26 日。

业存在规避监管的创新需求，[①]金融科技的出现大大改变了这种情况。金融科技公司所提供的金融科技产品在中国已经拥有与大型银行和金融机构同样多的客户。[②]

二、金融科技的特殊性及对传统金融的影响

(一) 金融科技的特殊性

金融科技通过互联网技术，发挥信息中介、技术中介、媒介中介的功能，推行较低的资本准入门槛。同时，金融科技采取多元化的技术和创新竞争模式，借助开放式数据的虚拟载体，构建金融产业链、扁平化的金融生态圈。金融科技通过信息产业和数据化突破物理空间，"连接型"生态圈模式模糊了直接金融和间接金融的界限，彰显出包容性、共享型、扩张性的普惠金融、金融平权以及金融自由的特点。这些特殊性的背后体现了金融创新和金融规制之间的内在张力，即金融活动中商业风险、技术风险(数据信息真实性验证风险、第三方签名风险、电子认证风险、数据使用风险)，虽然互联网等科技的开放性、隐蔽性和扩散性可能放大外部传染性风险，[③]但还没有产生系统性风险的直接可能。与之对应的金融监管尚处于松散监管的阶段，需要依托和进一步发挥混业监管、扁平化监管、行为监管的架构和模式来巩固和完善信息披露、行业自律与监管的再平衡，这也为探索金融创新背景下应对金融科技的金融规制理论和范式奠定了研究的起点。表2列举了金融科技和传统金融主要区别。

表2 传统金融和金融科技的区别

区别方面	传统金融	金融科技
核心	银行	互联网等新兴技术
功能	信用中介	信息中介、技术中介、媒介中介
市场准入	门槛高	无法设置资本门槛(但技术门槛高)
载体	实体、构建营销网点、聚焦内部部门配合、垂直化的经营架构	虚拟、构建金融产业链、扁平化的金融生态圈

① 传统银行业面临着沉重的监管负担，例如，成本高昂的合规性审计、强制性的资本增加要求，以及相对较低的贷款增长率和萎缩的利润率。

② Citibank. *Digital Disruption: How FinTech is Forcing Banking to a Tipping Point*. 2016.

③ 李仁真、申晨：《Fintech 监管的制度创新与改革》，《湖北社会科学》2017年第6期。

续 表

区别方面	传 统 金 融	金 融 科 技
数据	数据处理能力不足、数据标准化	开放式的数据
封闭	封闭性	开放性
互通性	资金互通性(例如银行间借贷市场)	互联互通性
竞争模式	以市场份额和资本为中心的高度竞争性	以技术和创新为中心的多元化竞争体系
金融业务性质	间接金融	直接金融和间接金融模糊化
金融理念	金融寡头、金融垄断	普惠金融、金融平权、金融自由化
经济属性	排他性、吸附性	包容性、共享型、扩散化
发展进路	建立在规模体量基础之上,受制于资本总量和物理空间	通过信息产业和数据化突破物理空间,“连接型”生态圈模式
趋势	集约化、综合化、集团化	数字化、个性化、移动化
风险	系统性风险	商业风险、技术风险(数据信息真实性验证风险、第三方签名风险、电子认证风险、数据使用风险),虽然互联网等科技可能放大风险,但还没有产生系统性风险的直接可能
监管状态	高度密集的监管	尚处于松散监管的阶段
合规	合规成本高	合规成本低
监管架构	机构化的分业监管、垂直监管	混业监管、扁平化监管
监管模式	准入监管	行为监管
监管目标	降低银行杠杆率、预防并缓解系统性风险	确立监管标准,实现监管理念再平衡
监管工具	资本监管:资本充足率、存款准备金、损失准备金、存款保险、资产流动性、逆周期监管	信息披露、行业自律
监管理念	更强的监管	更好的监管
对应的经济发展模式	资本汲取型(输入型)经济	互惠、共享经济

（二）金融科技对传统金融的影响

第一，金融科技推动金融业去中心化。金融科技通过“脱媒化”和“去中心化”实现金融产品和服务针对金融消费者的“定制化”。“脱媒化”促使了“它融资”向“自融资”的转变。[①] “去中介化”使得金融科技公司能够取代银行进行借贷和征信业务，此时利用的不是银行的金融资源，而是与金融资源有关的金融信息。

第二，金融科技推动金融信息透明化。真正的金融业应当是可信赖和透明的金融体系，以保护法律无法保护的部分公众。[②] 大数据和社交媒体在金融科技业的普遍运用在一定程度上缓解了传统借贷和融资过程中存在的严重的信息不对称问题。[③] 大数据和社交媒体构建了一个数字化的社会，提供了信息分散化和聚集的功能。云计算和搜索引擎的发展，以及各种数据的分析可以对融资者声誉形成评价机制，帮助信息使用者发现欺诈行为，一定程度上形成了替代性的监管机制。

第三，金融科技推动经济共享化。共享经济的主要特点就是差别化、信息化、多元化，通过扰乱性的方式改变已有市场，重新建立市场。[④] 金融科技利用信息技术，通过平台主体和参与主体协作，弱化负外部性，实现基于降低交易成本的新型共享安排，[⑤]促进共享经济，并为金融业注入竞争性。金融科技业将形成市场化的利率机制，通过市场自由竞争实现借贷利率的市场化。金融科技业还会打破金融业的固有边界，扩展金融交易和金融服务的边界。根据世界银行在普惠金融指标上的最新数据，中国的大部分指标均排在发展中国家的前列，账户普及率和储蓄普及率等指标甚至优于 G20 国家的平均值。[⑥] 手机银行业务使得数百万之前得不到银行服务的大众被纳入了主流金融体系。[⑦] 以数字技术为代表的普惠金融成为网络消费时代的重要特征。移动支付的普及和农村金融和网络基础设施的完善进一步深入了普惠金融，技术、金融和网络消费的良性互动

---

① 沈伟：《中国的影子银行风险及规制工具选择》，《中国法学》2014 年第 4 期。

② John Kay. Other People's Money: The Real Business of Finance, *Public Affairs*, 2015.

③ 大数据的关键不是数据。数据只是伴随着科技进步而产生的免费副产品，是某种存在目的。大数据的价值在于对数据的分析，通过对数据的加强认知，特别是在公共政策层面上的运用，才是数据的价值。Gary King. Preface: Big Data is Not About the Data! in R. Michael Alvarez ed. *Computational Social Science: Discovery and Prediction*. Cambridge: Cambridge University Press, 2016.

④ Stephen R. Miller. First Principles for Regulating the Sharing Economy. *Harvard Journal on Legislation*, Vol.53, No.1, 2016, pp.147 - 202.

⑤ Caron A Barry. Tax Regulation, Transportation Innovation and the Sharing Economy. *University of Chicago Law Review Dialogue*, Vol.82, No.1, 2016, pp.69 - 94.

⑥ 李东荣：《数字普惠金融是解决普惠金融现实难题的重要手段》，http://finance.china.com.cn/news/20160923/3916637.shtml，最后访问日期：2017 年 7 月 26 日。

⑦ Christine Lagarde. Fintech: A Brave New World for the Financial Sector? https://blogs.imf.org/2017/03/21/fintech-a-brave-new-world-for-the-financial-sector/，最后访问日期：2017 年 7 月 26 日。

推动了经济增长模式的转换。网络的延伸扩大了金融服务的边界，网络效应保障了金融服务收益，使得金融科技在发展普惠金融业务上具有商业可持续性。

第四，金融科技推动金融民主化。金融科技有力地推动了金融民主化。银行是特许行业，具有封闭性和垄断性的特点。以大数据和互联网为基础的金融科技具有开放性和包容性。过去的纯商业模式创新一去不复返，之后的机会将更多集中于从技术本身出发，通过技术创新服务于传统金融机构，同时迫使传统金融机构自发地通过技术进行革新升级。金融科技的某些服务，例如移动支付可以覆盖没有银行账户的人员，为他们提供获得金融服务的非传统渠道，以解决社会低收入群体的基础金融需求问题，实现经济的包容性发展。[①] 由此，包括众筹在内的金融科技使得创新、创业精神和投融资活动进一步民主化，使得商业创新全民化。[②]

三、金融科技对金融监管的主要挑战

(一) 金融科技之于"中心化"监管：逆向牵引

中国金融监管体系是在"集体主义"和"稳定优先"等理念下建立起来的行政管理体系。[③] 这一理念又是通过对金融机构这一核心主体的监管而实现的，进而形成了以监管金融机构为核心的金融监管体系。本文所说的"中心化"监管就是指以监管金融机构为中心的监管体系。这一监管体系特别重视对金融机构身份的认定，因此准入制就成了监管者所倚重的监管手段。例如，我国《商业银行法》第 11 条规定："设立商业银行，应当经国务院银行业监督管理机构审查批准。未经国务院银行业监督管理机构批准，任何单位和个人不得从事吸收公众存款等商业银行业务，任何单位不得在名称中使用'银行'字样。"某一机构能否从事银行业务，与其能否获得监管机构的身份认定密切相关。又如，我国《保险法》第 67 条第 1 款规定："设立保险公司应当经国务院保险监督管理机构批准。"金融科技对这种以金融机构的身份认定为中心的监管带来了挑战，因为金融科技使

---

① Evan Gibson, Federico Lupo-Pasini & Ross Buckley. Regulating Digital Financial Services Agents in Developing Countries to Promote Financial Inclusion. *Singapore Journal of Legal Studies*, No.1, 2015, pp.25 - 45.

② Ethan Mollick & Alicia Robb. Democratizing Innovation and Capital Access: The Role of Crowdfunding. *California Management Review*, Vol.58, 2016, pp.72 - 87; Eugenia Macchiavello. Peer-to-Peer Lending and the "Democratization" of Credit Markets: Another Financial Innovation Puzzling Regulators. *Columbia Journal of European Law*, Vol.21, 2015, p.521.

③ 胡滨：《中国金融监管体制的特征与发展》，《中国金融》2012 年第 9 期，第 49 页。

非金融机构也能够从事金融业。

在确定被监管者的身份之后，监管者进而通过对被监管者的资本监管，实现微观审慎监管。针对银行的微观审慎监管主要是针对银行商业行为的监管规则制度，例如银行资本充足率、放贷、储户利益保护等。其中，银行的资本制是最主要的微观审慎监管规则。资本对于商业银行的意义并不只在于表面数量的大小，更在于通过适当的资本管理，可以提高银行业绩、维护银行稳健运行、维护公众形象，并且达到监管部门的合规要求。因此，针对银行的监管主要是通过资本制度进行的。商业银行的资本是指银行投资者为进行正常经营活动及利润获取而投入的货币资金和保留在银行的利润。商业银行的资本比例与银行的抗风险能力和安全性紧密相关。商业银行资本管理制度主要包括制定良好的资本计划、确定适宜的资本筹措方式、提高银行资本充足率和满足资本合规要求的策略。实践中，商业银行的设立和经营也必须具备一定金额的最低注册资本。[①]此外，资本管理制度还包括存款准备金等要求。我国《商业银行法》有资本充足率和存款准备金的相关规定。[②] 在金融科技的语境里，被监管者未必是传统银行或者金融机构，资本充足率的适用无从谈起，否则，市场主体会因过高的门槛而被阻却于金融创新之外。在以资本充足率监管为主要微观审慎监管制度的前提下，中国也通过推行以风险为基础的贷款五级分类制度、[③]化解不良贷款等措施[④]来进一步健全和辅助审慎监管制度。[⑤] 银行准入制和微观审慎监管制度显然无法从适用于金融科技企业的事实，表明金融科技的发展和金融监管之间存在现实的紧张关系，即金融科技给“中心化”的金融监管带来了“去中心化”的压力。

金融创新作为风险管理政策的结果，事实上规避了资本监管规则，形成了资

---

① 《中国商业银行法》第13条：“设立全国性商业银行的注册资本最低限额为十亿元人民币。设立城市商业银行的注册资本最低限额为一亿元人民币，设立农村商业银行的注册资本最低限额为五千万元人民币。注册资本应当是实缴资本。国务院银行业监督管理机构根据审慎监管的要求可以调整注册资本最低限额，但不得少于前款规定的限额”。

② 《中国商业银行法》第39条：“商业银行贷款应当遵守下列资产负债比例管理的规定：（一）资本充足率不得低于百分之八；（二）流动性资产余额与流动性负债余额的比例不得低于百分之二十五；（三）对同一借款人的贷款余额与商业银行资本余额的比例不得超过百分之十；（四）国务院银行业监督管理机构对资产负债比例管理的其他规定。本法施行前设立的商业银行，在本法施行后，其资产负债比例不符合前款规定的，应当在一定的期限内符合前款规定。具体办法由国务院规定”。

③ 中国《商业银行法》第4章“贷款和其他业务的基本规则”；《贷款分类指导原则》第4条“正常贷款，关注贷款，次级贷款，可疑贷款，损失贷款”。

④ 中国人民银行《贷款通则》第33条：“贷款人应当建立和完善贷款的质量监管制度，对不良贷款进行分类、登记、考核和催收”；第35条：“不良贷款的登记”；第36条“不良贷款的考核”；第37条“不良贷款的催收和呆账贷款的冲销”。

⑤ 曾康霖等：《百年中国金融思想学说史》（第三卷），中国金融出版社2015年版，第597页。

本监管套利。[1] 科技和金融互联无形中降低了金融业的门槛。场外衍生品合同监管的方向是通过中央交易对手方进行清算。二十国集团在2009年的匹兹堡峰会上指明了这样的监管方向。随着金融科技的发展,特别是分布式账本等新技术对征信体系的介入,"非集中化为导向"的技术将影响集中化记账的"层级式"结算结构。此外,监管机构通常通过资产负债表获得金融机构的信息,并且使用杠杆率和流动性标准的监管工具对资产负债表加以约束,从而实现金融稳定。但是,监管部门很难通过资产负债表获得金融科技公司的充分信息,对资产负债表的限制也无法有效地对金融科技公司进行监管。许多金融科技从业机构游离于金融统计体系之外,特别是资金流向方面的空白给实施监管和调控带来了难度。由于从业机构是非传统金融机构,它们在业务操作、产品定价、合同文本、合格投资者认定等方面标准化和规范化的程度并不一致,无法适用资本"中心化"的监管模式。

(二) 金融科技之于"监管俘获":消解弱化

监管部门的监管俘获一直是困扰着金融监管的问题。[2] 监管俘获是指监管者被各种因素带入到被监管者的认知状态。在这一过程中,监管者渗透式地把目标、利益和对既得权益的认知内在化,而这些目标、利益和认知恰好是监管者原本打算去监管或者应该去监管的内容。[3] 根据管制公益性理论(public interest theories of regulation),监管可能产生"寻租"和"创租"活动,监管当局可能以公共利益之名行"寻租"之实,造成了"监管失灵""监管时滞"和"权力寻租"[4]等一系列问题,给管制的目标受益者带来意想不到的负面影响。[5]

金融科技业的扩大必然引起监管部门的注意。监管部门在反洗钱、合规和信贷控制方面有比较严格的监管框架和规则,对金融科技的发展存在刚性压力。因为金融科技企业出现的时间较短,与监管机构之间的利益纠葛较少,进而监管机构在监管金融科技公司及其行为的时候被金融科技公司俘获的可能性较小。监管机构与金融科技公司之间的相对独立性决定了监管机构在实施监管行为时

---

① Lorenzo Sasso. Bank Capital Structure and Financial Innovation: Antagonists or Two Sides of the Same Coin? *Journal of Financial Regulation*, Vol.2, 2016, pp.225 - 263.

② George J. Stigler. *The Citizen and the State: Essay on Regulation*. University of Chicago Press, 1975.

③ Thomas H. Stanton. *Why Some Firms Thrive Others Fail: Governance and Management Lessons from the Crisis*. Oxford University Press, 2012.

④ James Buchanan, Robert Tollison & Gordon Tullock. *Toward a Theory of the Rent-Seeking Society*. TX: Texas A & M University Press, 1994.

⑤ Sam Peltzman. Toward a More General Theory of Regulation. *Journal of Law and Economics*, Vol. 19, No.2, 1976, pp.211 - 240.

会更加刚性地坚持被监管者的责任。这也就意味着作为被监管对象的金融科技公司不可能得到监管者的“袒护”，它的生存与发展空间只能在监管者以外的因素中寻找。从社会经济的角度看，金融科技公司的正当性应该源于它提供的金融经济模式和金融产品满足了更多的、那些被传统金融机构排斥的群体的需求。但对监管机构来说，它们启动监管行为的逻辑起点在于判断该主体或行为是否合法，如果判定为不合法，则由此带来的代价是否超过了将其判定为合法所带来的收益。在进行价值衡量以后，如果监管者将金融科技公司及其行为认定为合法的，那么，新介入金融市场的金融科技公司就会对传统金融机构及其行为带来变革。在这一变革过程中，传统金融机构与监管者之间的利益关系就会被打破，进而也就从整体上消解和弱化了金融领域中的监管俘获。互联网金融与金融科技的本质都是信息技术在金融领域的应用。这些服务和银行所提供的金融产品、服务既可能形成补充，也可能形成颠覆。金融科技带来的这些变量弱化了监管俘获的动力，影响了监管逻辑和监管因素序列。

具体来说，监管者对金融科技公司及其行为的监管，首先要确定它们的法律属性。这一定性的探讨(监管逻辑)可以依赖两种路径：一是以金融科技的本质为起点做出定性。如果金融科技的本质和传统金融没有差别或者足够接近，那么，适用当前的金融监管框架和规则就是合理选项；反之，如果本质上金融科技和传统金融差别很大，那么，现有的金融监管框架和规则就不是合理和最优选项。[①] 二是以金融科技涉及的风险为切入点。传统银行业监管的逻辑起点是系统性风险。如果金融科技涉及系统性风险，则传统银行或金融法的适用就理所当然；反之，如果金融科技的发展没有涉及系统性风险，过度强调风险，用针对系统性风险的金融法加以规制和调控就显得不合时宜，制度成本过高会阻碍金融的创新。但是，金融监管部门在监管时经常对系统性风险做扩大化的解释，[②]从技术上混同系统性风险和系统风险。[③] 前者属于宏观层面的风险；后者属于微观层面的风

---

① 彭岳：《互联网金融监管理论争议的方法论考察》，《中外法学》2016 年第 6 期。

② 银监会于 2017 年 4 月 10 日发布的《中国银监会关于银行业风险防控工作的指导意见》明确了银行业风险防控的重点领域，既包括信用风险、流动性风险、房地产领域风险、地方政府债务违约风险等传统领域风险，又包括债券波动风险、交叉金融产品风险、互联网金融风险、外部冲击风险等非传统领域风险。

③ 国际清算银行认为系统性风险是指金融体系作为一个整体可能存在的风险及其可能对金融体系本身和实体经济所造成的冲击。参见赵静等：《开放经济体面临的三类系统性风险：文献综述》，《公共管理评论》2014 年第 1 期。国际货币基金组织将“系统性风险”定义为一种可以摧毁金融服务的风险，可以影响全部或者部分金融系统和对于现实经济有着非常潜在的严重负面结果。IMF. Bank for International Settlements and Financial Stability Board. *Guidance to Assess the Systemic Importance of Financial Institutions, Markets and Instruments: Initial Considerations*. October, 2009.系统性风险主要集中在银行、金融市场和支付结算体系三个领域。参见胡海峰：《后金融危机时代系 (转下页)

险。错误界定系统性风险，并适用对应性的监管工具，不仅弱化了市场调整导致其失灵的信息和供需关系失衡的能力，而且往往使得规制事与愿违，加剧金融危机或市场不稳定性的严重程度。①

由于金融科技正处于极速发展中，它的很多特性并没有完全展现出来，现在难以对金融科技公司及其行为的本质做出确切界定，所以，前述路径一不适于对金融科技公司及其行为是否合法的认定，路径二相较于路径一更具有可操作性和务实性，即界定科技金融公司及其行为是否合法，应以其所涉的风险为切入口，但这未必可以推导出它们应当受制于宏观审慎监管的结论。因为金融科技介入的金融业务不与中央清算机制连接，尽管交易方之间的风险敞口增多，但未必会引发系统性风险。当前金融科技公司的业务行为所面临的主要风险是技术风险，这种风险是局部的、微观的，属于系统风险的范畴。由于技术具有的中立性，进而使得金融科技公司及其行为的合法性问题被消解。同时，监管者并不会对技术抱有特定的偏好，降低了监管者被“俘获”的可能性，在一定程度上消解了传统金融监管中的“监管俘获”问题。此外，金融科技公司提供的金融科技产品和服务既能弥补传统金融机构在这方面的不足，又能对其进行颠覆。这种补位的功能与创新的力量影响了监管逻辑和监管因素序列，弱化了监管者被“俘获”的可能性。②

(三) 金融科技之于“宏观审慎监管”：形成压力

由于金融科技业的典型特征是技术驱动型产业，产业要素更多地集中在新技术创新方面，尚没有完全形成一个稳定可期的金融业务模式，③所以金融科技

(接上页)统性风险及其测试评述》，《经济学动态》2012 年第 4 期。系统风险是指影响所有资产的、不能通过资产组合而消除的风险，由那些可能影响整个市场的风险因素所引起，一种无法通过分散投资而避免的风险。因此，系统性风险是市场风险引发的传导性危机，而系统风险是投资者本身投资的机会和损失。由于“大而不能倒”的逻辑，监管当局一般通过注入流动性的方式救市，避免因流动性匮乏而引发挤兑等风险事件的发生。由于系统风险是投资者自己承担的风险，监管机构救援买单就会引发道德危害。

① Milton Friedman. Have Monetary Policies Failed? *Am. Econ. Rev.*, Vol.62, No.11, 1972, p.12; Jane D'Arista. Financial Regulation in a Liberalized Global Environment, in John Eatwell & Lance Taylor eds. *International Capital Markets: Systems in Transition*. Oxford University Press, 2002, pp.75 - 76.

② RegTech 是金融科技的分支，没有严格定义，核心内容是指代“科技＋监管”，意指利用新技术更加有效和高效地解决监管和合规问题。金融科技的发展使得合规成本上升。由于针对金融科技的监管基于特定数据、流程或管理结构，RegTech 可以提出解决方案，集中多种监管，避免重复，降低成本，提高效率。监管科技的特点是敏捷性、高速度、集成和分析，目前主要集中于帮助企业完成自动化方面的合规任务，降低合规和报告方面的运营风险。

③ Douglas W. Arner, Jànos Barberis & Ross P. Buckley. The Evolution of Fintech: A New Post-Crisis Paradigm? *Georgetown Journal of International Law*, Vol.47, 2016, pp.1271 - 1319.

业暂时没有引发系统性风险的可能，对该行业适用宏观审慎监管原则的必要性存疑。

以互联网金融监管的范式为例，金融监管部门有将金融监管扩大化的倾向，这既与监管部门本身的监管动力和既得利益有关，也与金融监管部门对系统性风险做扩大化解读有关。例如，国务院办公厅于2016年10月13日发布《互联网金融风险专项整治工作实施方案》(以下简称《实施方案》)，要求从更加系统的角度开展风险防控，以重视风险的关联和传导。《实施方案》本身并没有认定互联网金融是否涉及系统性风险，却要求从更加系统的角度开展风险防控。[①] 换言之，实施方案的预设前提是互联网金融存在着类似于系统性风险的风险。网贷平台等新金融参与者与银行可能涉及的系统性风险的主要交集点是银行可能作为网贷平台的资金存管机构。根据银监会、工信部、工商总局等四部委于2016年8月17日发布的《网络借贷信息中介机构业务活动管理暂行办法》，网贷平台应当实行自身资金与出借人、借款人资金的隔离管理，应该选择符合条件的银行作为出借人与借款人的资金存管机构。[②] 但是，这样的交集点并不足以充分说明网贷平台等新金融机构必然带有系统性风险。更何况，网贷平台被限定为信息中介，而非信用中介，[③]不允许吸收存款，设立资金池进行非法集资，被禁止开展类似资产证券化业务或实现打包资产、证券化资产、信托资产、基金份额等形式的债券转让行为。[④] 因此，监管当局不宜适用宏观审慎监管原则。

从某种程度上看，针对金融科技的监管可能需要一定程度地回归微观审慎监管。商业银行的微观审慎管理制度是《巴塞尔协议Ⅱ》所确定的，主要是对商业银行风险的精细化管理。商业银行通过实施经济资本管理以实现精细化的管理要求，强调资本配置的效率。在使用经济资本对资产风险的增长进行约束的同时获取资本的回报。精细化的管理要求，使银行的非预期损失与经济资本精确对应，不存在可调节的空间。因此，借助经济资本与非预期损失完全对应的这一特点，使银行内部的各分支行、各业务条线，甚至各岗位的非预期损失能够被所处层次的经济资本限额所覆盖，加强和丰富了银行内部的风险控制手段，并且

① 《国务院办公厅关于印发互联网金融风险专项整治工作实施方案的通知》(国办发〔2016〕21号)，http://www.gov.cn/zhengce/content/2016-10/13/content_5118471.htm，最后访问日期：2017年7月26日。

② 《网络借贷信息中介机构业务活动管理暂行办法》第28条，http://www.miit.gov.cn/n1146295/n1146557/n1146624/c5218617/content.html，最后访问日期：2017年7月26日。

③ 《网络借贷信息中介机构业务活动管理暂行办法》第2条。

④ 《网络借贷信息中介机构业务活动管理暂行办法》第10条。

实现了风险控制和资本回报的有机统一。对此,新修订的《巴塞尔协议Ⅲ》作出了较全面的微观审慎管理制度。在此基础上,中国《商业银行业资本管理办法(试行)》引入《巴塞尔协议Ⅲ》的资本质量标准及资本监管要求,涵盖了最低资本要求、[①]储备资本要求和逆周期资本要求、[②]附加资本要求、[③]杠杆率监管要求,[④]以确保商业银行资本充分覆盖系统性风险和个体风险。[⑤] 但是,这些微观审慎监管的规定很难适用于金融科技企业。

金融监管当局必须认识到金融科技增加泡沫化和去泡沫化的双重特征。对金融科技的监管,也应该适用相宜的监管工具。以 P2P 为例,快速发展的金融科技已经遏制了 P2P 行业早期的野蛮生长。但是,从监管的角度看,去杠杆化仍然是监管当局必须面对的监管挑战。[⑥] 金融业的重要挑战是经济“脱实向虚”,大量资金流向同业拆借、金融投资和房地产投资,降低了金融资源流向实体经济的规模和增长,增大了金融体系的风险。数字技术和移动支付等科技金融的发展在消费需求侧和消费供给侧两端促进金融消费,为金融业的发展注入了活力,推动了网络消费和实体经济的发展。通过不同于传统银行和债券市场等负债渠道的平台把巨额储蓄转化为投资,可以降低社会杠杆率。

(四) 金融科技之于“消费者保护”:呼吁综合监管

一方面,当前处于大数据的发展蓬勃时代,合法性和安全性是大数据发挥价值的制约性因素之一。大数据创造的社会价值和经济价值应该遵从“隐私、公正、平等、自主”。[⑦] 区块链成为对互联网上的数据进行确权的成本最低的技术。此外,分布式账本技术(distributed ledger technology)的匿名性与金融科技对信息的使用和需求有所契合,两者显著影响金融活动中最基本的基础设施——“货

---

① 参见《商业银行业资本管理办法(试行)》第 23 条:“商业银行各级资本充足率不得低于如下最低要求:(一) 核心一级资本充足率不得低于 5%;(二) 一级资本充足率不得低于 6%;(三) 资本充足率不得低于 8%”。

② 参见《商业银行业资本管理办法(试行)》第 24 条:“商业银行应当在最低资本要求的基础上计提储备资本。储备资本要求为风险加权资产的 2.5%,由核心一级资本来满足。特定情况下,商业银行应当在最低资本要求和储备资本要求之上计提逆周期资本。逆周期资本要求为风险加权资产的 0%—2.5%,由核心一级资本来满足。逆周期资本的计提与运用规则另行规定”。

③ 参见《商业银行业资本管理办法(试行)》第 25 条:“系统重要性银行还应当计提附加资本。国内系统重要性银行附加资本要求为风险加权资产的 1%,由核心一级资本满足。国内系统重要性银行的认定标准另行规定。若国内银行被认定为全球系统重要性银行,所适用的附加资本要求不得低于巴塞尔委员会的统一规定”。

④ 参见《商业银行杠杆率管理办法(修订)》第 4 条:“商业银行并表和未并表的杠杆率均不得低于 4%”。

⑤ 王向荣:《商业银行经营管理》,上海人民出版社 2015 年版,第 62 页。

⑥ John H. Cochrane. Toward a Run-free Financial System, in Martin Neil Baily and John B. Taylor eds. *Across the Great Divide: New Perspectives on the Financial Crisis*. Hoover Press, 2014.

⑦ 《2014 年白宫大数据白皮书》。

币”和“分类账”。实名制的推行客观上便利了大数据功能的发挥。[①] 用户画像可以更加精准，用户黏性更高，每一个手机账号背后都是清晰可见的固定客户，涵盖了用户个人信息以及消费行为信息。在大数据的支撑下，有关消费者信息和权益在内的一系列数据的保护技术要求会越来越精深。

另一方面，目前的分业监管模式以机构监管为核心，可以处理传统金融业态所具有的银行中心化和系统性风险的特点，[②]监管对象侧重资金投向、负债成本和资产规模。受到此类监管的银行和保险公司表现出重资本和低风险偏好的特征，而间接融资体系是指金融机构以债务进行融资，具有杠杆性。金融科技有利于资金的供方和需方直接交易，直接融资的金融机构不承担资金和信息中介作用，直接融资是以买卖证券为核心的资本市场，市场决定性作用要求充分尊重证券买卖双方的自主交易权，不干涉交易价格，但是，施加外部监管必然影响直接融资的内生活力。如果使用针对银行的监管模式，无疑会通过资本充足率等规制工具补充资产负债风险，进而管制资金的中介交易价格，这会直接加重合规成本，改变金融科技业的风险偏好，产生制度性抑制的效果，降低金融科技的创新活力。

分业监管对金融科技所具有的多样性、综合性和跨界性（或混业性）的特征有些力不从心，金融科技提供的产品或服务模糊了金融分业经营的界线。消费者可以通过同一个平台购买银行理财、基金、保险等各种产品，而这些产品和数字金融平台具有明显的混业特征。金融科技的混业和跨界是行业和体系层面的，重构了金融子行业或业务的成本收益结构，比金融领域的综合化经营更为复杂。目前针对以银行为中心的间接融资的监管模式会造成金融监管真空和加重合规成本，这与金融科技从业主体、行为的交叉性和功能监管的条状分割格局格格不入，已有监管机构的职权划分无法有效触及金融科技业的主体和客体，监管协调更为紧迫，分业监管部门无法制定统一的规则和标准以规制金融科技业。分业监管部门之间的协调也会涉及更多的成本和监管失灵，故需要将现有的依据金融活动主体（金融机构产品或服务类型）确定监管管辖权的模式，转变为以金融业务和金融行为作为监管对象，以确立监管管辖权的模式。审慎监管模式

① 大数据的一大缺陷是信息的真实性问题。虽然网络是大数据的重要来源之一，但是网络本身充斥着虚假信息，原始信息搜集也无法避免虚假信息。对电信运营商或者社交网站而言，即使是实名制也无法完全保证数据质量。

② 具体而言，央行监管第三方支付、数字货币；银监会监管网络贷款；证监会监管众筹、智能投顾；保监会监管数字保险。

和原则不足以构成监管模式，确立针对此类特定支付方式的监管原则或许应该成为未来监管的一个可考虑的方案。①

(五) 金融科技之于中国的金融监管：坚守底线但趋于传统

相较于发达市场，中国金融科技企业没有固有的法律条文限制，难以从法教义主义的逻辑审视监管制度和金融体系的变革。

国务院办公厅于 2016 年 10 月 13 日公布的《互联网金融风险专项整治工作实施方案》对金融科技企业的资质提出了严格要求，不允许没有取得相应资质的平台从事相应的业务。在业务性质认定方面，其遵循实质大于形式的原则，更多地从交易结构方面确定业务的性质。由此，合法化就成为实施有效监管的第一步。中国人民银行于 2017 年 5 月 15 日成立了金融科技委员会，以加强金融科技工作的研究规划和统筹协调。委员会的成立有利于金融科技发展战略规划和政策指导，在货币政策、金融市场、金融稳定、支付清算等领域形成有利于金融科技发展的宏观金融环境，以及金融监管和金融创新制度。中国监管模式有很强的被动性，金融市场和市场主体蓬勃发展，监管当局对金融科技的监管还处在观望的阶段。除非逾越明文规定的底线原则，否则，金融科技事实上将处于监管灰色地带。

此外，金融科技的发展离不开实体经济的支持。区块链、大数据作为技术手段，与银行、互联网金融、大数据交易的结合需要实体经济的支撑，继而为实体经济服务。央行对金融科技的态度是划清金融和金融科技的界限。金融科技不直接从事金融业务，主要与持牌机构合作。换言之，只要涉及金融业务就需要牌照或遵照既有规则，在“互联网金融”与“金融科技”之间建立隔离系统。

国务院办公厅于 2016 年 10 月 13 日公布了《互联网金融风险专项整治工作实施方案》(以下简称《实施方案》)，并配备了包括中国人民银行在内的 17 个部委公布的 6 个细分领域的整治文件，对第三方支付、互联网金融、股权众筹等领域提出专项要求。《实施方案》和央行配套发布的《非银行支付机构风险专项整治工作实施方案》等文件从三个方面对第三方支付的风险进行防控：一是账户分类管理。根据开户时验证身份渠道的不同将账户分为三类，身份核实可靠性越高的渠道，相应账户的权限越大，支付机构可以提供由单纯的支付至理财的业务类别。用户中拥有高级账户的比例越高，支付机构开展业务的空间越大。二

① Marcel T. Rosner & Andrew Kang. Understanding and Regulating Twenty：First Century Payment Systems：The Ripple Case Study. *Michigan Law Review*, Vol.114, No.4, 2016, pp.649 - 682.

是账户安全管理。央行公布了专门的个人信息保护规范，并严厉打击电信诈骗，明确平台支付标记化技术，以降低敏感信息泄露的风险。三是资金安全管理。为持牌机构设定了明确统一的存管比例，并要求其将客户备付金按照该比例交存到指定机构专用存款账户，以严厉打击无牌机构，防止在监管之外实施危及客户资金安全的行为。[①]

值得一提的是，中国金融业面临的最大挑战是监管环境的变化。此前发布的《"十三五"科技创新规划》是助推中国企业在金融科技领域走在世界前列，进入发展黄金期。以《关于促进互联网金融健康发展的指导意见》为标志，互联网金融行业开始步入规范化发展的轨道，随后又有二十几个监管文件涉及互联网金融的各个细分领域。[②] 在中国，金融机构是牌照式监管。尽管并未明确是否要对 P2P、众筹等创新业态发放牌照，但监管的思路和趋势越来越向传统的金融监管靠拢。

四、适应金融创新的监管：一个基于创新逻辑的考察范式

（一）以"普惠金融"和"共享经济"理念重塑监管体制

普惠金融既是一种新的金融制度和金融概念，也是金融业发展的新阶段。具体而言，普惠金融是指在平等的基础上，以商业可持续性为原则，以风险可控为前提，以成本可负担为基础的一种面向所有大众的金融市场和活动。随着互联网技术和数值计算技术的发展，发展普惠金融存在技术上的可能性，这是因为有了新的技术，金融普惠化过程中的成本、产品、信用和风险控制问题就可以得到有效缓和，甚至最小化，有可能形成一个更为公平的金融服务环境。金融科技强化了金融作为底层基础或技术的支撑属性，[③]使金融成为一种基础设施，进而普及金融服务、产品和资源。二十国集团把包容定位为促进数字经济发展与合作的共同原则之一，将数字包容性和使用数字技术来提升包容性作为推进数字经济的关键要素，鼓励数字技术与制造业融合，促进互联网金融和分享经济等服务业的持续发展。[④]

然而，发展普惠金融面临着"普惠金融悖论"：金融服务的需求方希望以低成

---

① 《央行会同 13 部委印发〈非银行支付机构风险专项整治工作实施方案〉》，http://news.xinhuanet.com/finance/2016-10/13/c_129321391.htm，最后访问日期：2017 年 7 月 26 日。

② 中国人民银行等十部门发布《关于促进互联网金融健康发展的指导意见》。

③ 宋笛、杜涛：《博鳌嘉宾眼中的"金融科技"：是科技，还是金融?》，《经济观察报》2017 年 3 月 25 日。

④ 《二十国集团数字经济发展与合作倡议》，http://g20chn.org/hywj/dncgwj/201609/t20160920_3474.html，最后访问日期：2017 年 7 月 26 日。

本获得金融产品和服务，而金融服务的供给方希望以高收益提供金融服务和产品。向小微企业和低收入人群普及金融服务的困难在于成本高、效率低、商业可持续性不足、金融资源普及无法均衡。金融科技作为数字普惠金融的新模式恰好能够降低金融交易成本、提高金融资源配置效率、扩展金融服务辐射距离。网络的延伸扩大了金融服务的边界，网络效应保障了金融服务收益，使得金融科技在发展普惠金融业务上具有商业可持续性。当金融科技企业的收入大于其成本时，金融科技就可以解决普惠金融悖论。在金融科技发展初期，监管当局应该减少金融科技企业的合规负担，①降低其运营成本，以增加金融科技业态的商业可持续性。

监管者也面临"普惠金融监管悖论"。一方面，监管当局存在监管路径依赖问题，习惯于将新的经济模式纳入既有的规制机制之中，②适用既有的监管工具；另一方面，普惠金融模式不同于传统金融模式，监管当局存在类推困难，例如，出于限制活动主体考虑的许可制就无从推进和保护商事主体之间的协作、互助和共享，与共享理念相悖。在此背景下，以非法经营为逻辑的、以资质控制为主要方式的传统监管工具和手段的效果不仅存疑，而且增加交易成本。所以，政策制定者和监管机构需要深度理解金融科技带来的技术和行业创新，以及由此带来的效益和风险，尤其是通过新技术实现创新，构成一个独立的新兴产业。但是，现有的监管结构往往无法辨别共享经济交易类型的实质，传统监管模式会阻碍创新。③ 由于金融科技本质上与共享经济契合，而共享经济又大多在法律之外，与监管体制之间形成复杂的关系，④金融科技必然改变甚至重塑现有的法律法规架构和传统的监管生态和监管结构。⑤ 传统的政府监管分为经济性和社会性，前者主要针对自然垄断和过度竞争的领域；后者主要解决公共产品和不完全信息领域。⑥ 由于共享经济更多地涉及公共产品，监管范式可以适当地向社会

---

① HM Treasury. Regulatory Innovation Plan. http://www.gov.uk/government/publications/hm-treasury-regulatory-innovation-plan，最后访问日期：2017 年 7 月 26 日.

② 彭岳：《共享经济的法律规制问题：以互联网专车为例》，《行政法学研究》2016 年第 1 期。

③ Caron A Barry. Tax Regulation, Transportation Innovation, and the Sharing Economy. *University of Chicago Law Review Dialogue*, Vol.82, 2016, pp.69 - 94.但是，也有分析认为很多共享经济在中国并非共享，而是由科技公司主导的租赁模式，真正目的是获取数据，结果受益的不是大众，而是风险资本。频繁租赁的商品提供了大量关于用户习惯的统计数据，这些数据可以用于信用评分体系。共享成为一种被大量复制的商业模式。Louise Lucas. Sharing Economy Takes Mercantile Twist in China. *Financial Times*, 29 May, 2017.

④ Stephen R. Miller. First Principles for Regulating the Sharing Economy. *Harvard Journal on Legislation*, Vol.53, No.2, 2016, pp.147 - 202.

⑤ Stephen R. Miller. First Principles for Regulating the Sharing Economy. *Harvard Journal on Legislation*, Vol.53, No.2, 2016, pp.147 - 202.

⑥ 董炯：《政府管制研究：美国行政法学发展新趋势评价》，《行政法学研究》1998 年第 4 期。

性规制方式转变。

(二) 包容利益攸关者的自治性监管模式

金融科技表明，国家和市场可以相互增权，协同发展。金融科技构建了自主性的社会和市场空间，国家和市场之间的关系越发复杂。金融科技构建了活跃而富有生机的社团空间(associational space)。金融科技作为一种物质性基础设施(material infrastructure)，有利于国家和社会的相互增权，①以及公私部门之间的伙伴关系，最终促进发展型制度框架的形成。这种互动的关系是一种能促型管制模式(the enabling regulatory model)，②有效地把社会、市场和国家的需求联系起来，反映了金融市场所具有的"嵌入式自主性"(embedded autonomy)。③ 社群机制在某些特定的条件下可以在公共产品的提供和负外部性的抑制方面发挥有效的作用。④ 基于此，监管部门的管制广度和力度就成为一个值得讨论的议题。

随着平台经济(platform economy)的崛起，一种新的产业组织模式逐渐成形，能够有效地采用交叉补贴政策，对买方和卖方施加不同的价格策略并对它们产生不同影响。⑤ 平台合作主义进而组织社会力量，尊重劳动价值，重新连接个人、集体与社会，让劳动回归社会，建立以社区建设和社会公益为主导的劳动关系和形式。⑥

金融科技的创新面向的是消费者，但是监管和治理的解决方案取决于行业的利益攸关者。⑦ 利益攸关者应该以有利于消费者、金融市场和经济利益的产品和服务进行合作，注意效率、结构性完整度、安全性、透明度、可得性和合规性等方面的目标。快捷的支付、审计流程和合规系统对金融科技的创新和金融服务业的安全都有重要意义。金融科技公司应该意识到金融技术可能对现有金融

① Xu Wang. Mutual Empowerment of State and Society: Its Nature, Conditions, Mechanisms and Limits. *Comparative Politics*, Vol.31, No.2, 1999, pp.231 - 249.

② Neil Gilbert & Barbara Gilbert. *The Enabling State*. Oxford University Press, 1989.

③ Peter Evans. *Embedded Autonomy: States and Industrial Transformation*. Princeton University Press, 1995.

④ Elinor Ostrom. *Governing the Commons: The Evolution of Institutions for Collective Action*. Cambridge University Press, 1990.

⑤ Jean-Charles Rochet & Jean Tirole. Platform Competition in Two-sided Markets. *Journal of the European Economic Association*, Vol.1, No.4, 2003, pp.990 - 1029; David S Evans. The Antitrust Economics of Multi-Sided Platform Markets. *Yale Journal on Regulation*, Vol. 20, No. 2, 2003, pp.325 - 381.

⑥ Trebor Scholz. *Platform Cooperativism*. Rosa Luxemburg Stiftung, 2016.

⑦ 沈伟、余涛：《影子银行的监管逻辑和进路：以影子银行本质属性为切入点》，《学海》2017 年第 2 期。

基础设施造成的风险和对金融稳定性产生的危害。金融科技行业的利益攸关者应该合作鉴别并缓解潜在的对金融稳定性造成的风险，这种包容性的自我监管理念不仅与金融科技的普惠性和共享性相吻合，而且体现了构建包容性金融市场的发展理念。[①]

（三）倚重行为监管而非准入监管的选择

传统金融业倚重的是准入监管。商业银行准入制度主要是指银行业监督委员会对新设商业银行进行的一种限制性管理制度。商业银行的准入制度没有一个绝对的标准，各国往往根据国际通行标准，并结合自身需要制定，其中，主要且通常的参考标准有：一是银行数量是否符合经济发展的需要，银行提供的信用功能是否能满足经济的发展；二是新设银行的资本数量，资本数量的具体要求取决于各国监管机构的监管理念：既可以是以安全性和稳定性为主，也可以是基于降低资本门槛和鼓励商业银行间竞争的理念；三是对商业银行从业人员的要求，也会涉及一系列的业务准入要求，这类要求一般会关系商业银行的经营风险。我国的银行准入制度吸纳了上述的三种参考标准，具体体现为《商业银行法》中对机构准入、[②]业务准入、[③]人员准入[④]三方面的准入规则。商业银行准入制度的意义在于新设银行的“进入门槛”。

由于金融科技企业横跨多个金融子行业和金融子市场，具有复杂的内在关联性，金融科技企业因此具有系统重要性。金融监管当局应当以金融科技企业

---

① United Nations. Blue Book: Building Inclusive Financial Sectors for Development (2006). http://www.un.org/esa/ffd/msc/bluebook/index.htm.

② 参见《中国商业银行法》第二章“商业银行的设立和组织机构”，其主要内容包括机构设立由国务院银行业监督管理机构审查批准（第11条）；设立商业银行应具备的条件（第12条）；设立商业银行申请人应当向国务院银行业监督管理机构提交文件、资料（第14、15条）；经批准商业银行由国务院银行业监督管理机构颁发经营许可证，并凭该许可证向工商行政管理部门办理登记，领取营业执照（第16条）；商业银行的组织形式、组织机构适用《中华人民共和国公司法》（第17条）；设立商业银行分支机构的相关要求（第19—23条）。

③ 参见《中国商业银行法》第3条：“商业银行可以经营下列部分或者全部业务：（一）吸收公众存款；（二）发放短期、中期和长期贷款；（三）办理国内外结算；（四）办理票据承兑与贴现；（五）发行金融债券；（六）代理发行、代理兑付、承销政府债券；（七）买卖政府债券、金融债券；（八）从事同业拆借；（九）买卖、代理买卖外汇；（十）从事银行卡业务；（十一）提供信用证服务及担保；（十二）代理收付款项及代理保险业务；（十三）提供保管箱服务；（十四）经国务院银行业监督管理机构批准的其他业务。经营范围由商业银行章程规定，报国务院银行业监督管理机构批准。商业银行经中国人民银行批准，可以经营结汇、售汇业务。”

④ 参见《中国商业银行法》第27条：“有下列情形之一的，不得担任商业银行的董事、高级管理人员：（一）因犯有贪污、贿赂、侵占财产、挪用财产罪或者破坏社会经济秩序罪，被判处刑罚，或者因犯罪被剥夺政治权利的；（二）担任因经营不善破产清算的公司、企业的董事或者厂长、经理，并对该公司、企业的破产负有个人责任的；（三）担任因违法被吊销营业执照的公司、企业的法定代表人，并负有个人责任的；（四）个人所负数额较大的债务到期未清偿的。”

作为主要监管对象。金融科技企业不是具有信用中介功能的银行，其具有明显的金融脱媒化的特征，进而强化了机构监管和功能监管之间的分野。金融监管应当侧重行为监管，而非主体监管。

金融科技公司的合规具有内生性。通过技术创新满足合规要求，便利监管，降低法律合规与风险管理的成本是金融科技公司的合规路径。换言之，好的金融科技公司不仅有业务增长的技术优势，而且还有易于监管合规的技术优势。不同于传统金融的重要方面是，金融科技公司合规不再源自金融机构的外部约束压力，而是真正内生化为金融机构的发展动力。这些特点需要有全新的监管思路和面向。考虑到科技的特殊性，监管部门可以引入应对式监管、①行为监管和穿透式监管的合理性成分和理念。金融科技公司从事涉及金融的业务必然会有行业特有的问题，例如金融科技公司的金融业务和非金融业务之间的资金混同、使用客户信息、从事没有资质的证券业务、变相非法集资。除了信贷风险之外，金融科技公司还会有比较大的技术风险，监管部门需要对这些风险和问题有针对性的措施和应对，传统的行业监管和纵向监管需要改进。纵向的行业法规范可以向横向的行业法规范转变，规范需要进入监管立法。

（四）以事前预防而非事后惩罚抑制金融风险

虽然监管机构预设了事后惩戒可以达到调控经济行为的效果，但是金融科技的活动大多不发生在这样的预设逻辑之中。监管机构需要从三个方面与金融科技行业的参与者构建新的监管者和被监管者之间的关系，特别是事前预防的监管框架。首先，在数字化时代，为了促进金融包容，金融监管者应该与金融科技业保持近距离和开放的合作空间，以跨边界、层级和适应性的灵活方式和金融科技行业的参与者实现互动。② 监管者的监管思路应该是利用金融科技的技术创新推动金融业的开放和发展，而不是尽可能利用现有的金融监管框架束缚金融科技的发展。金融监管者应该利用金融科技的开放性适时减少和降低金融业的利率、汇率、市场准入、业务范围等方面的诸多限制，促进金融业竞争和体系活力，释放监管红利，促进金融资源配置的帕累托最优，为社会和实体经济提供高质量的、丰富的金融服务和产品。总体而言，法律法规需要重新梳理，在保留监

① 《新加坡金融科技沙盒监管指导方针》第1.3条指出："目前，在没有首先征求新加坡金融管理局的许可下，只要金融机构进行了尽职调查，且没有违反法律和监管要求，那么，它们就已经可以自由推出新的金融产品、服务或流程（金融服务）。"

② CPTM Smart Partners' Hub. Commonwealth Partnership for Technology Management Brief on Adaptive Flexibility Approaches to Financial Inclusion in a Digital Age: Recommendations and Proposals. October, 2016.

管原有传统行业目的的同时，给监管共享经济的新市场留有余地。[①] 监管当局应当适用原则导向的监管，而非规则导向的监管。

其次，依靠数据驱动和分析获得行业反馈，并且开发和使用能够帮助其灵活适应金融科技业态的工具。利用已有的金融消费者保护制度、信息披露制度和风险防范制度，引导金融科技业的参与者对合规的投入。更为重要的是，金融科技的数据和信息系统可以帮助构筑金融信用信息共享平台，[②]在现有法律和监管系统之外形成治理金融市场（特别是金融科技创新可能引发金融市场波动）的信息监管机制。[③]

再次，和行业参与者一起鉴别和缓和行业发展过程中的系统性风险，不过分夸大系统性风险的范围和疆界，利用系统性风险的存在可能性，为扩展监管管辖权和监管空间提供合理化依据。由于金融科技对实体经济和金融自由化有所益处，监管金融科技需要在稳定和发展之间找到适当的平衡，这个平衡点是以风险为依据的。一旦市场借款人（marketplace lenders）将贷款数量优先于贷款质量，便带来了潜在风险。在目前阶段，金融科技不宜被纳入传统金融的宏观审慎监管的范围。[④] 这是因为宏观审慎监管聚焦的是金融决策管理和金融稳定，而金融科技企业的活动更多地是关系市场行为是否公平、参与者是否受到保护。[⑤] 两者侧重明显有所差异。以风险为导向和标准的监管体系也有违比例原则。监管的密度应该与金融机构的风险量和复杂度成正比。[⑥] 监管部门应该通过风险管理和监管功能上的新技术的运用，防范和化解跨市场和交叉性的金融风险，以维护金融稳定。金融科技和金融创新的总体监管架构应该是一个更加具有支持性和灵活性的监管和执法约束框架。[⑦]

---

① Stephen R. Miller. First Principles for Regulating the Sharing Economy. *Harvard Journal on Legislation*, Vol.53, No.2, 2016, pp.147 - 202.

② Xu Duoqi. Implications of the Financial Crisis for China's Information Supervision and Curbing of Financial Corruption. *Social Sciences in China*, Vol.32, No.4, 2011, pp.207 - 220.

③ 许多奇：《信息监管：我国信贷资产证券化监管之最优选择》，《法学家》2011 年第 1 期。

④ 有观点认为，金融科技使得金融风险更加隐蔽、传播速度更快、传播范围更广，增加了系统性风险。由于金融科技的脱媒性和监管套利，金融规制失灵可能愈发严重。流动性风险、数据风险和信息安全风险既构成了金融科技的主要风险范畴，也构成了金融监管的理据。参见孙国峰：《从 FinTech 到 RegTech》，《清华金融评论》2017 年第 5 期。

⑤ 沈伟：《风险回应型的金融法和金融规制：一个面向金融市场的维度》，《东方法学》2016 年第 2 期。

⑥ Martin Eling & David Pankoke. Costs and Benefits of Financial Regulation: An Empirical Assessment for Insurance Companies. *Institute of Insurance Economics (IVW - HSG) Working Papers on Finance*, No. 20, 2014, http://ssrn.com/abstract=2577336.

⑦ HM Treasury. Regulatory Innovation Plan. http://www.gov.uk/government/publications/hm-treasury-regulatory-innovation-plan.

最后，虽然监管当局可以对金融科技可能引发的风险和负面效应进行合理关注，但不宜对金融科技施加过度监管。互联网属性是做流量和用户，不承担信用风险，业务规模与流量和用户成正比；金融属性是指要承担一定的信用风险，风控是核心。具体而言，针对金融科技的监管可以围绕系统性风险在三个方面展开：一是建立跟踪、监测和量化金融科技可能形成的系统性风险及其潜在影响的机制和框架；二是设计预防金融科技业发生系统性风险的标准、手段和规制工具，提出有针对性和应对性的措施；三是减少金融科技负外部性溢出，建立金融科技和其他金融行业的有效隔离，降低系统性风险对整体性的金融市场、金融治理框架和金融体系的冲击。

(五) 注重信息监管以加强金融透明度

金融科技公司的创新对金融稳定性有所影响甚至危害。网络安全、数据安全、隐私保护和金融服务业基础设施的完整性贯穿了行业发展和金融安全的始终，其中透明度是在扩大金融提供范围和防止违规之间寻求平衡的核心。透明度既是金融科技行业参与者向消费者提供产品和服务的目标，也是市场监管者采取监管举措的目标。由于金融科技运用信息技术和大数据，可以预见的是，监管部门会着力于信息方面的监管，强化信息披露制度。①

以信息披露为中心的监管主要体现在对 P2P 网贷的监管中。例如，厦门市于 2017 年 2 月 4 日率先在全国出台网贷管理办法。依据《网络借贷信息中介机构业务活动管理暂行办法》，厦门市委金融工作办公室发布《厦门市网络借贷信息中介机构备案管理暂行办法》，②实行网络借贷信息中介机构备案登记管理制度，③完善网贷机构基本统计信息。④ 网贷机构信息被要求在指定网站上进行公示。⑤ 涉及注册资本、合作的资金存管银行业金融机构、增值电信业务经营许可

① 沈伟、余涛：《互联网金融监管规则的内生逻辑及外部进路：以互联网金融仲裁为切入点》，《当代法学》2017 年第 1 期。

② 根据《网络借贷信息中介备案登记管理指引》(简称《备案指引》)，地方金融监管部门根据《备案指引》出台具体备案细则。但是，银监会没有明确哪一级的地方金融监管部门有备案登记权限。银监会于 2016 年 8 月 17 日颁布的《网络借贷信息中介机构业务活动管理暂行办法》第 2 条明确规定："本办法所称地方金融监管部门是指各省级人民政府承担地方金融监管职责的部门"。P2P 网贷的备案登记机构应该是省一级的地方金融监管部门，厦门市委金融办是市一级的金融监管部门，无权对 P2P 网贷平台的设立进行备案登记。

③ 此处不再是牌照管理，而是备案管理，主要审核网贷平台的资料是否齐全，对资本金、高管人员、股东没有限制。

④ 《厦门市网络借贷信息中介机构备案管理暂行办法》第 1 条。

⑤ 《厦门市网络借贷信息中介机构备案管理暂行办法》第 17 条。

等重要信息变更的,除了备案变更外,还要进行公示。[①] 厦门市委金融办有权根据相关监管规则,依据网贷机构备案材料、厦门市金融风险防控预警平台的信息数据以及评估参数等内容对网贷机构进行评估分类,并将评估分类结果在指定网站上公布。[②] 由于《网络借贷信息中介机构业务行动管理暂行办法》明确了网贷机构信息中介的本质属性,信息就成为监管部门重点监管对象和工具,备案信息会被用来建立金融风险防控预警平台、建立网贷机构档案,为后续日常监管提供依据。[③]

(六) 突出技术特征的技术化监管手段

金融科技是新技术驱动和监管升级对传统金融造成挤压而催生的混合体,能够扩展融资渠道,促进普惠金融,并且在更加广阔的维度重塑社会和金融服务的交互方式。传统金融的本质还是排他性。金融服务供需不平衡有力地解释了传统金融业总会有新的市场参与者,[④]体现为外部经济、规模效应和范围经济三重效应的金融科技的长尾效应,以及金融科技的内在关联性和复杂性表明现有的监管体系、工具和能力与金融科技的发展现实无法匹配。

为了适应金融科技给金融业带来的巨变,金融监管当局应该与时俱进,改变业已形成路径依赖的"看守式"监管模式,[⑤]采取回应性监管方式,[⑥]对金融市场的动态和不稳定的变化予以监管回应,这是因为金融科技跨界混业和参与多层次市场体系的业务属性使得分业分段式的看守式监管模式无法发挥预期效应。金融科技行业的复合业态、差别模式、创新速度、复杂风险使既有的监管手段和工具捉襟见肘。现有的金融监管法律法规以传统金融机构为监管对象,与变动的金融科技业不相适应。

监管当局不妨尝试探索新金融业态的内生规律,[⑦]利用金融纠纷解决机制,[⑧]形成以云计算、区块链、人工智能、大数据等技术为基础的数字化监管工

---

① 《厦门市网络借贷信息中介机构备案管理暂行办法》第 20 条。
② 《厦门市网络借贷信息中介机构备案管理暂行办法》第 18 条。
③ 《厦门市网络借贷信息中介机构备案管理暂行办法》第 19 条。
④ Thomas Philippon. The FinTech Opportunity. http://www.pages.stern.nyu.edu/~tphilipp/papers/FinTech.pdf.
⑤ 冯辉:《论"嵌入式监管":金融监管的理念创新及制度应用》,《政治与法律》2012 年第 8 期。
⑥ Lawrence G. Baxter. Adaptive Financial Regulation and RegTech: A Concept Article on Realistic Protection of Victims of Bank Failures. *Duke Law Journal*, Vol.66, 2016, p.567.
⑦ 沈伟、余涛:《互联网金融监管规则的内生逻辑及外部进路:以互联网金融仲裁为切入点》,《当代法学》2017 年第 1 期。
⑧ 余涛、沈伟:《游走于实然与应然之间的金融纠纷非诉讼调解机制》,《上海财经大学学报》2016 年第 1 期。

具，以及更新基础设施、[①]监管理念、丰富监管手段、提升监管效果的工具。[②] 监管机构可以逐渐从“准入监管”向“技术治理”转变，[③]在合规、报告和监控的自动化系统的开发、测试和部署方面有所行动，推行数字化，与金融科技的专业性相匹配。监管机构还可以通过数据基础、数据跟踪和推论，构建金融监管科技(RegTech)，以推进自动化监管，[④]通过监管技术（而不是监管体制）实现金融监管现代化。

五、结语

全球金融监管机构需要解决的普遍难题是构建一个能够对金融创新反应敏捷的监管系统。[⑤] 监管首先需要解决的是发展和规范之间的矛盾。金融监管的重点是金融市场中人（主体）的权利和义务，数据记录和技术实现只是具体手段。[⑥] 金融科技之所以会给现行金融监管带来挑战，是因为金融科技具有技术中立性，而监管者又难以对中立性的技术进行规制。但是，无论金融科技以什么形式出现，只要它在实质上经营的是金融业务，那么，都应该接受监管者的监管，这也正是我们所说的“穿透式”监管。“穿透式”监管的逻辑是更加注重金融机构的行为实质，通过对资金来源、中间环节和最终投向穿透连接起来，综合全链条信息判断业务属性和法律关系，形成相应的监管规则。[⑦] 以金融体系的基本功能，也就是金融机构从事的经营活动设计监管制度，不因业务活动由哪一个金融机构经营而变化，体现了功能监管和行为监管的要义。在行政执法不过度扩张和“穿透”的前提下，可以一定程度地压缩金融机构进行监管套利的空间和动机，实现对金融业务跨产品、跨机构和跨市场的协调。[⑧] 由于金融科技具有高度的技术性，这就决定了监管者必须采用科技监管手段才能满足对金融科技公司及

---

① HM Treasury. Regulatory Innovation Plan, http://www.gov.uk/government/publications/hm-treasury-regulatory-innovation-plan.

② 《英国计划推出房地产区块链等级制》，http://www.weiyangx.com/242941.html，最后访问日期：2017年7月26日。

③ 杨东：《互联网金融治理新思维》，《中国金融》2016年第23期。

④ Douglas W. Arner, Janos Barberis & Ross P. Buckley. FinTech, RegTech and the Reconceptionalization. https://ssrn.com/abstract=2847806.

⑤ 廖理：《序言：金融监管与金融科技创新》，《清华金融法律评论》2017年第1辑。

⑥ 陈道富：《关于我国金融科技本质和监管的思考》，《财经智库》2018年第1期。

⑦ “穿透式监管”最早出现于国务院办公厅于2016年发布的《互联网金融风险专项整治工作实施方案》，要求通过表面判定业务本质属性，确定监管职责，从而判断各主体应遵循的行为规则与监管要求。

⑧ 金融市场是否可以引入“穿透式监管”，学者的观点存在分歧。参见叶林、吴烨：《金融市场的“穿透式”监管论纲》，《法学》2017年第12期；苟文均：《穿透式监管与资产管理》，《中国金融》2017年第8期；邓峰：《对资本市场滥用“穿透式”监管，可能形成更严重系统损害》，《财经》2018年1月11日。

其行为监管的要求。所以，在金融科技蓬勃发展的背景下，金融监管体制一方面要以金融科技公司的行为实质来判定其行为是否需要监管；另一方面，又要用科技手段对金融科技公司及其行为进行监管，这两方面结合的最终结果就是监管科技（RegTech），例如，金融业务活动使用人工智能，金融监管也要运用人工智能，[①]被监管者的技术进步需要监管者技术的同步。

---

① 刘少军：《AI之惑：人工智能引发的金融法学思考》，《当代金融家》2017年第12期。

论证券犯罪预测

——从朱某某不法案炒股特征值解析谈起

钱世杰*

摘　要： 本文探讨如何利用数据分析技术预防证券犯罪。首先，以“朱某某不法案”为引子，说明可以透过犯罪事实分析，找出其中的特征值；其次，说明现行证券犯罪发掘机制的缺失，以及如何利用数据分析将事后侦办转变成事前预防；再次，介绍了筛选特征值与建立规则的步骤，并借由乐升公司不法案之案例分析说明通过判决解析筛选出特征值的过程；最后，综合现有的证券资料与常见指标，说明应如何挑选既有的指标辅助证券犯罪预防体系的构建，让主管机关或司法机关可以适时地进行预警，以达到预防犯罪的目的。虽然由于证券犯罪的案例有限，目前难以利用人工智能进行自动分析，但可辅以人工判读，逐步累积经验，并改善筛选架构，最终建立完整的证券犯罪防治体系。

关键词： 证券犯罪预防；数据分析；特征值筛选

一、引言：从弃保的五亿新台币谈起

朱某某，中国台湾地区国宝集团实际控制人，被控利用中国台湾地区国宝人寿股份有限公司资金炒作中国台湾地区龙邦国际兴业股份有限公司（股票代号：2514，简称龙邦公司）股价等罪行，涉嫌内线交易、炒作股价、违反“证券交易法”等，遭中国台湾地区法院判刑。目前，朱某某已弃保 5 亿新台币，并潜逃海外，已名列中国台湾地区调查局外逃通缉犯名单之上，[①]中国台湾地区高等法院亦于

---

*　钱世杰，中国台湾地区法学基金会执行长。

①　王圣藜：《变 5 亿！朱国荣弃保潜逃先没收 4 亿，法院今天裁定再加 1 亿》，https://udn.com/news/story/7321/7502511，最后访问日期：2024 年 4 月 12 日。

2023年9月28日发布通缉令,时效30年。[①]

依据朱某某炒作股票不法案(以下简称"朱某某不法案")的案情如下:朱某某为巩固经营权而以融资方式买入股票,于2016年,因一些客观因素导致其所持有的股价下跌,因股票市值跌破担保维持率,面临证券商追缴融资自备款差额之资金压力。然朱某某本就资金短缺,恐无力补足融资自备款差额,将使原持有的龙邦国际股票遭券商强制处分、卖出(俗称"断头"),致其无法直接掌控龙邦公司经营权的计划。中国台湾地区法院认定其明知龙邦公司股票系在公开交易市场交易之上市有价证券,对该公司股票不得有"证券交易法"第155条第1项第4款:"意图抬高或压低集中交易市场某种有价证券之交易价格,自行或以他人名义,对该有价证券,连续以高价买入或以低价卖出,而有影响市场价格或市场秩序之虞"的非法操纵股价行为,构成以"高买证券"的方式维护股价,涉嫌违反"证券交易法"。[②]

如图1朱某某炒作股票不法案示意,我们可以从"朱某某不法案"的判决内容中解析出一些信息。该判决指出朱某某可以有许多合法选择方案来维护公司股价,但其却选择了以违法方式来维持股价。[③] 推测原因可能是:其他合法方案有缓不济急、成本高等缺点,例如"经营公司"是长期方案,需要几年的光景才能让公司大幅度成长,无法解决当下股价下跌的燃眉之急;另外,以公司资金实施库藏股,但公司资金未必可以回购公司股票,最后只好选择成本低、违反"证券交易法"的"高买证券"炒作行为。

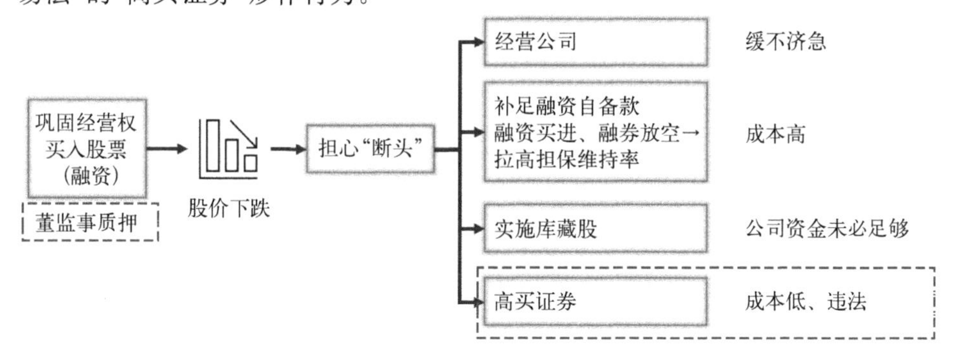

图1 "朱某某炒作股票不法案"示意

---

① 吴政峰:《朱国荣弃保5亿潜逃,高院发布通缉时效30年》,https://news.ltn.com.tw/news/society/breakingnews/4444044,最后访问日期:2024年4月12日。

② 中国台湾台北地方法院105年度金重诉字第8号刑事判决书。

③ 中国台湾台北地方法院105年度金重诉字第8号刑事判决书。

股价反映了公司的基本面，良好的基本面通常会反映在股价上，而基本面不佳则可能导致股价下跌。然而，股价的涨跌受到多种因素的影响，并不完全受基本面的影响，其中一种影响股价的因素是市场操纵行为，这种行为扭曲了市场价格的正常运作。为了防止人为操纵导致的交易不实与价格失真，以及保护投资者不受损害，维护金融市场秩序，我国台湾地区“证券交易法”第 155 条设有相关规范，通常被称为“反操纵条款”。这些规范旨在禁止市场操纵行为，以确保市场公平、透明，进而促进经济的健康发展。

在传统的证券犯罪侦查手段中，通常依赖“股市监视机制”“检举”以及“新闻报道”来揭露违法行为，然而，这些方法往往无法全面捕捉所有的非法活动。在当前信息发达、公开证券资料随手可得的数据时代，这些丰富的证券数据资料未能被司法人员充分运用于犯罪侦查中，导致侦办技术的滞后，使得犯罪分子能够逃避法律的制裁，肆无忌惮地操纵市场，把证券市场变成了一个弱肉强食、信息严重失衡的场域。

犯罪调查技术的迅速发展已经成为趋势。对于证券犯罪的打击，需要具备高度专业的财经知识，包括会计、信息和数据分析等跨领域技能，方能准确地披露证券市场中的不法行为。尽管数据分析技术已相当成熟，而且有许多公开数据可供利用，但目前对于证券犯罪的发现仍然局限在股市监视机制、检举与新闻报道等传统手段上。希望通过本文的分析，能够激发更多有志之士投入到证券犯罪数据分析的工作中。

二、传统证券犯罪发掘机制

(一) 事前预防与事后侦办

我国台湾地区针对涉及证券不法行为的部分，由中国台湾证券交易所等依其所制定的“中国台湾地区证券交易所股份有限公司实施股市监视制度办法”，系统化持续监视所有有价证券的交易活动，例如侦测有异常价量变化采取相关措施，后续发现任何涉及财报不实、内线交易、操纵股价、掏空、炒作等违反“证券交易法”及相关法令的不法情事，除由中国台湾金融证券管理委员会证券期货局进行相关行政调查及裁处外，如果涉及刑事不法的情形，将移送中国台湾地检署进行刑事侦查或起诉(见图 2)。[1]

① 中国台湾证券交易所股份有限公司等：《2022 年证券暨期货市场执法报告》，https://www.sfb.gov.tw/ch/home.jsp? id=1025&parentpath=08，最后访问日期：2024 年 4 月 12 日。

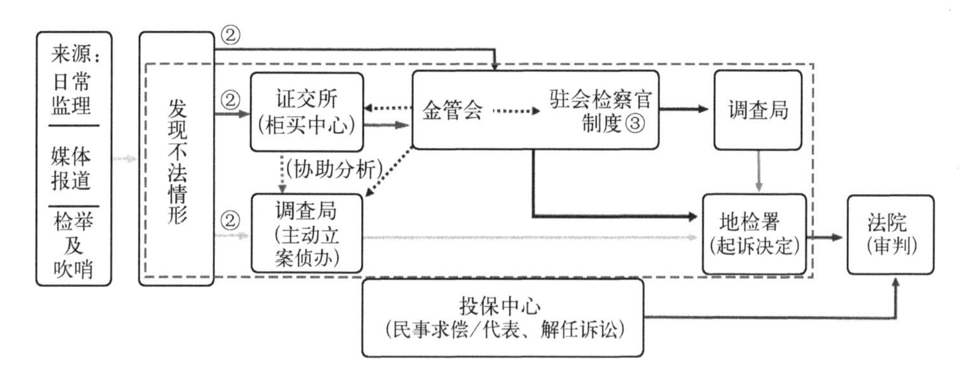

图 2　办理不法案件流程

根据上述流程，可以观察在侦测异常价量后才启动相关程序；换句话说，当犯罪进行中或完成后才开始调查，再加上调查需要时间，这对已受损害的小股东可能来不及。正如俗话所说，预防胜于治疗。如果能够提前发现蛛丝马迹以辅助执法者发现潜在的征兆，就可以达到预防证券犯罪的目的。

此外，“有价证券监视报告函送侦办案件作业要点”（以下简称“函送侦办要点”）是中国台湾证券交易所为举报移送违反中国台湾地区“证券交易法”第 155 条第 1 项各款行为案件所拟定的内部标准。该《函送侦办要点》被视为中国台湾证券交易所判定个股是否受到人为操纵的标准，而在实务上，检察官往往依赖中国台湾证券交易所的监视报告和股票交易意见分析书来协助确认是否有股价操纵行为。

然而，首先，该函送侦办要点的内容并未向公众公开，法律从业人员也无法从法学相关检索系统中查得原文，只能从相关司法判决中获知相关内容。这一机制往往引起争议，因为有可能违反罪刑法定主义。① 其次，从侦查技术的角度来看，函送标准是否由专业人士讨论而出，具体标准是否过于狭隘？这些问题都涉及函送案件因标准设计不当而无法有效打击证券犯罪。

（二）科技带来预测可能性

2002 年上映的美国电影《少数派报告》（*Minority Report*），故事背景设定在未来的 2054 年，地点为华盛顿特区。在这个未来世界里，存在着一项名为“先知系统”的科技，其能够预知并阻止谋杀案的发生。这个系统依赖于 3 名拥有预知能力的“预知者”，他们能够预见犯罪发生前的画面。汤姆 · 克鲁斯饰演的主角

---

① 许兆庆、邱若晔：《操纵股价制度的检讨：以意图活络表象的冲洗买卖及意图炒作股价的连续买卖为中心》，《财产法暨经济法杂志》2020 年第 60 期，第 104—105 页。

约翰·安达顿是“先知部”的一位警探，负责根据这些预知来逮捕未来的凶手。然而，故事的转折点出现在安达顿自己被预知为未来的杀人犯，迫不得已，他只能开始逃亡，并试图清除自己的罪名，与此同时，他还发现了预知系统的漏洞与阴谋。

虽然这部电影靠先知，但是现实打击犯罪则可以借助许多科技分析系统，提前发现犯罪可能发生的区域，以降低犯罪率。例如，PredPol 计划就是一个典型案例，它主要针对住宅盗窃、汽车盗窃等进行预测。[①] 研究人员发现犯罪行为会遵循“近乎重复理论”（near repeat theory），就像地震后的余震一样，同样的犯罪行为可能会在相同的地区重复发生。因此，他们使用相同的算法来进行犯罪地点的预测，以加强可能发生犯罪地点的巡查。

此外，在人工智能迅速发展的今天，还有许多利用机器学习等技术设计的预测犯罪系统。这些系统能够分析大量的数据，找出犯罪的模式和趋势，为执法部门提供更准确的信息，帮助其有效地预防犯罪，保护公众安全。

（三）预测应提早至原因或准备阶段

本文以自身侦办案件的经验为例，说明利用法院判决所描述的犯罪事实，结合对于证券犯罪行为的认知，找出可以通过数据筛选出的特征值，进而建立证券犯罪类型化或异常行为模块规则，并通过现行数据进行分析，预先发现具有可疑的证券犯罪行为，让司法人员能够提前发现并理解“日常监管数据”中无法解析的现象；未来当案例数达到一定数量时，甚至可以进行系统完备的证券犯罪预防工作。

虽然现行司法人员对于证券犯罪类型化或模块规则已有一定的认知，例如有学者认为“操作股价六步惯常手法”包括锁定目标、开始买进、营造荣景、震荡洗盘、轧空、股价打回原点等六个步骤。[②] 然而，本文所阐述的“操作股价六步惯常手法”是炒股中的阶段，而且本文希望把时间线拉得更早，以探究进行炒股的原因或准备阶段，这样才能从事后侦办发展至事前预防。

三、特征值与筛选规则之执行概念

（一）人类行为是可以预测

我们是否能够预测一个人或一群人未来的行为？

以一个人弯下腰、跪地的动作为例，假如我们仅能看到上半身的动作，我们

---

① 王正嘉：《预测性警察活动在犯罪侦防运用与问题》，《刑事政策与犯罪防治研究专刊》2020 年第 25 期，第 25—26 页。

② 廖大颖：《意图影响股票交易价格之炒作行为》，《月旦法学教室》2022 年第 238 期，第 33 页。

可能会猜测这个人正在绑鞋带，或者准备起跑，然而，当我们观察到后续的动作，例如屁股翘起，头向前看，那么，更有可能是准备起跑；相反，如果看到两只手在底下不知道在摸什么，那可能只是在绑鞋带。

换句话说，仅通过观察弯腰、跪地的动作，我们可以初步预估某个人未来可能的行为，而如果我们能够观察到其他动作或客观变化，也就是多一些特征，则可以更精确地预测对方的下一步准备做什么。在投资市场中也是如此，如果我们能够预测一群投资人的动向就可以赚取利润。从预防犯罪的角度看，如果能预测犯罪者的下一步行为，则可以预防犯罪。

举例来说，一些投资人擅长追涨停的股票，其赚取利润的方式是利用一般投资人的"有限关注"特性，因为涨停的股票会吸引一般投资人的注意，而一般投资人看到股价涨停，除了关注该股票外，还会期待自己买入时能赚大钱。这种操作方式又被称为"隔日冲"，利用人们买入行为的偏差来进行套利，[①]因此只要能了解人类的习性，就可以预测人类行为的下一步。

特征工程(feature engineering)是一个重要的步骤，它涉及选择、转换、提取、组合和操作原始资料，以产生分析或预测建模所需的变量。通过特征工程，可以将大量的属性精简为较少的预测变量。[②] 然而，人类行为的预测需要大量的数据和良好的特征工程，[③]只是如今中国台湾地区证券犯罪的案例数量较少，难以形成完善的相关资料，因此我们需要依靠人的经验来辅助分析，相较于近期盛行的人工智能分析，处理效益上会比较差，但这是一个开端。

(二) 羊群效应的反向观察

在金融市场中引用了社会心理学中的一个重要理论——"羊群效应"，这主要是指一群投资人类似于一群羊，会集体放弃自身的判断，而追随大众决策的现象。[④] 在炒作过程中，主力与中小散户的买卖行为正好相反。主力(领头羊)会提前慢慢买进、建立部位，等到一般投资人(羊群)进场时，主力已部署完毕，然后迅速卖出获利。然而，本文并非在预测广大投资人的下一步行动，而是反向观察

---

① 陆蓉：《为何卖掉就涨，买了就跌?》，台湾三采文化出版事业有限公司 2020 年版，第 166—173 页。

② Forecast Global. Feature Engineering. https://corporatefinanceinstitute.com/resources/data-science/feature-engineering/，最后访问日期，2024 年 4 月 12 日。

③ Kanter, J. M. & Veeramachaneni, K. Deep Feature Synthesis: Towards Automating Data Science Endeavors. IEEE International Conference on Data Science and Advanced Analytics (DSAA), Paris, France, 2015, pp.1-10. https://groups.csail.mit.edu/EVO-DesignOpt/groupWebSite/uploads/Site/DSAA_DSM_2015.pdf，最后访问日期：2024 年 4 月 12 日。

④ 陆蓉：《为何卖掉就涨，买了就跌?》，台湾三采文化出版事业有限公司 2020 年版，第 177—183 页。

并预测少数证券犯罪者的行为。我们研究如何预测证券犯罪即将发生，即从证券犯罪行为的模式中找出特征值，然后根据这些特征值找出相应的数据，利用数据进行筛选，以找出可能发生特定证券犯罪的公司。

换个更容易理解的方式来说明，就像一家超市从业者可以根据消费者的消费记录而推断出女性是否怀孕生子。例如，从大量数据中可以发现怀孕妇女 2 月买测孕纸、6 月买婴儿推车、10 月买尿布的行为模式。当发现某位消费者开始买验孕剂、婴儿推车时，就可以推知她可能怀孕了，进而寄送相关的育儿产品广告。①

本文的目标是分析各种证券犯罪的行为模式。当犯罪者的行为模式中出现特征值时，就可以推知可能会发生哪一种犯罪行为。相较于传统的犯罪发现模式，该种行为模式需要等到犯罪者完成犯罪后才开始调查，正如要等到孕妇生产后才知道她怀孕。我们希望通过第一阶段的数据筛选，即在犯罪者刚想要犯罪时就能预测其未来可能的行动，然后进行第二阶段的人工分析，通过其他客观事实更精确地找出犯罪类型和行为模式，以进行预防措施(见图 3)。

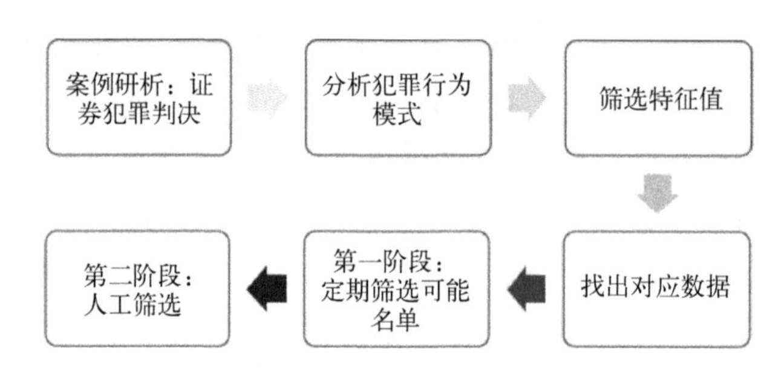

图 3 预先发掘证券犯罪之流程

（三）筛选特征值与建立规则的步骤

首先，我们需要进行案例分析，从判决书、文献或其他相关资料中了解证券犯罪的流程。这是一个相对复杂且烦琐的工作，并需要研读许多法院判决进行分析，但幸运的是，由于生成式人工智能(例如 ChatGPT)的协助，可以快速梳理判决内容与犯罪流程。

以“朱某某炒作股票不法案”为例，可以从判决中整理出犯罪过程如下：“朱某某为巩固其经营权，在资金有限情况下以融资买入股票。然而，由于客观环境不佳导致股市下跌，为避免融资持股遭到‘断头平仓’，朱某某必须采取措施维护

① ［美］艾瑞克·席格：《预测分析时代：让数据告诉你，谁会买、谁说谎、谁会离职、谁会死！》，陈琇玲译，台湾大牌出版、远足文化事业股份有限公司 2014 年版，第 74—78 页。

股价。由于公司资金不足，无法实施库藏股，因此，存在违法高买股价的风险。”

与传统的“股市监视制度”不同，对于朱某某案，我们仅能关注价格、成交量、周转率等指标，无法充分观察到犯罪行为的完整过程，因此，本文旨在从整个犯罪过程的描述中筛选出可用于数据分析的特征值，以判断公司的意图和行为。从这个案例判决中可以整理出以下三个筛选因子：① 杠杆：包括融资和董事监察的质押。② 库藏股：包括公司是否公告实施库藏股计划，以及公司财务状况(例如资产负债表、现金流量表)是否能支持库藏股。③ 股价：观察股价是否出现下跌趋势，导致有“断头压力”。

换言之，当发现股价下跌、融资和质押比率过高，或者公司无法实施库藏股时，公司经营者、大股东或主力交易者可能会采取高买操作以维护股价。

相比于传统的犯罪发现方法，本文提出了一种较为大胆的策略，即在犯罪者准备犯罪时就能发现潜在风险，可针对董监质押或融资使用率过高的上市公司进行疏导处置，例如发函提醒各公司(并不针对个别公司)：“近期股市大幅波动，董监质押比过高之公司恐有‘断头’的风险，特此提醒应循合法渠道维护股价，避免有违法拉抬股价之行为发生。”或者采用政府部门常用的策略，将证券犯罪扼杀于“摇篮”中(见图 4)。未来，当证券犯罪累积案例增多时，我们可以在此基础上进行系统化分析或建立人工智能算法，让系统进行机器学习，以达到更有效地维护证券交易市场的公平性。

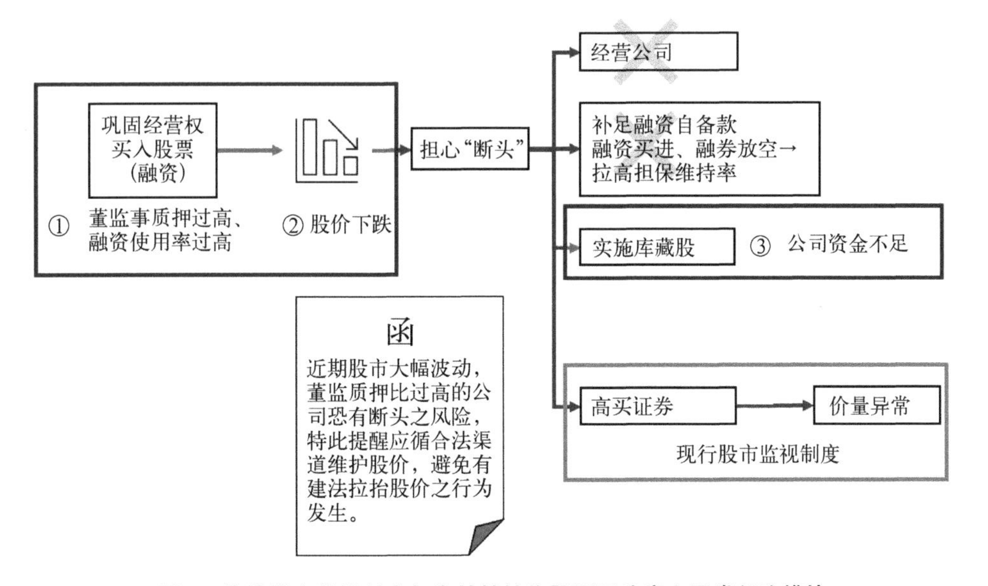

图 4　传统股市监视制度与朱某某炒作股票不法案之异常行为模块

四、案例分析：中国台湾乐升公司不法案

（一）中国台湾乐升公司不法案摘要

许多公司经营层向外展现出一副不懈努力的形象，让小股民相信它们的努力，因此小股民乐于投资于这些公司。然而，真的如此吗？许某某时任中国台湾乐升科技股份有限公司（简称乐升公司）董事长，他否认参与不法行为，声称未从中牟利。[①] 其辩称自己是无辜的，并无意伤害股东，其所为都是为了挽救乐升公司。[②]

2016 年 5 月 31 日，乐升公司突然宣布其策略投资人——日商百尺竿头将以每股 128 元新台币（溢价 22%）的价格公开收购乐升公司 25.71%的股权。乐升公司的独立董事组成的审议委员会评估后认为，此收购价格公平合理，并且投资审议委员会也通过了此次收购案。然而，当所有收购条件已达成，只待百尺竿头汇入资金完成收购时，百尺竿头突然宣布因无法筹措到资金而放弃收购，使得这成为中国台湾地区发生的首例公开收购违约交割的案例。[③]

为什么会发生这样的公开收购失败？当一家公司宣布进行公开收购并提出溢价收购条件时，因为有不错的价差利润，市场将会对此买进，导致股价维持在高位。然而，公开收购需要大笔的收购资金，最终，因未能筹措到所需资金而导致整个公开收购案失败，最终使乐升的股票最终下市。

时任董事长的许某某在事发前，已面临多重股价不可下跌的压力，而且还有引发一系列违约、招致更大损害的风险。然而，在中国台湾地区司法机关尚未调查时，没有人意识到乐升公司已经危机四伏，直到中国台湾地区司法机关介入调查时才使整个事件曝光。事件发生后，经检视当时的相关数据，曾试图找出爆发证券犯罪案件前是否有特征值的出现，以便提前预防、避免证券犯罪的发生，减少股民的损失。

（二）判决解析

首先，我们来解析判决内容，[④]将乐升不法案的案情进行整理（见表 1）：“为

---

① 吴政峰：《越判越轻！乐升案坑杀 2 万股民，许金龙刑度 18 年降到 10 年》，https://news.ltn.com.tw/news/society/breakingnews/4119280，最后访问日期：2024 年 4 月 12 日。

② 张文川：《许金龙辩称是替死鬼，法官：一再只手遮天》，https://news.ltn.com.tw/news/society/breakingnews/2330789，最后访问日期：2024 年 4 月 12 日。

③ 《深化公司治理观念教案教学指引：乐陞公开收购案》，https://cgc.twse.com.tw/trainMaterial/listCh，最后访问日期：2024 年 4 月 12 日。

④ 中国台湾高等法院 109 年度金上重更一字第 2 号刑事判决书。

了谋取更多利益，乐升公司采用融资杠杆操作，然而，不幸遭遇 2015 年的股灾，导致一连串的连锁反应。为了解决股价下跌的问题，公司被迫使用各种不利条款以筹措资金，进一步恶化了财务状况，使得无法承受股价下跌的压力更加明显。在艰难支撑了一段时间后，一直未能看到好转的迹象，最终，公司走上了一条冒险之路，设立了一家假外商公司来对自家公司进行公开收购，期望借此拉抬股价。然而，这一计划未能如愿，因为实际上并没有资金进行收购，最终导致收购计划破产，股价持续下跌，直至公司被迫下市，造成众多股东的损失。”

表 1　乐升公司维持股价的压力原因与手段

维持股价的压力原因	维持股价的手段
1. 为了加倍赚钱，使用杠杆操作，2015 年市场价格大幅度下跌，某大股东不得已出售乐升股票以筹措资金，迫使乐升股价下跌，导致恶性循环 2. 与第三方签订保证 120 元(新台币)股价的协议，但需变卖其他股票，故产生一个矛盾现象，如何在卖股票的同时又能维持股价在一定价位 3. 来自融资、质押、大股东等的还款压力，在市场下跌之际，更容易让压力倍增	1. 多次私募，导致股本膨胀，EPS 变差，难以靠公司经营变好来维持股价 2. 公司本身已经没有足够资金实施库藏股，以捍卫股价 3. 炒作股价，由杨某某(挪用股票百亿案的杨某甲)操盘 4. 融资、质押，向大股东等借钱方式都用上了 5. 最后，采取公开收购策略

(三) 筛选出特征值

此犯罪过程与“朱某某不法案”颇为相似，这也是因为股价下跌导致了一系列后果，包括融资、质押以及必须保证股价等因素。面对股价下跌的压力，为了捍卫股价，犯罪行为者采取了类似的手段，例如通过融资等方式来炒作股价，甚至不择手段地寻找资金来拉抬股价。然而，由于客观环境对股价不利，最终只好走上了公开收购的虚假之路(见图 5)。

从“朱某某不法案”和“乐升公司不法案”这两起案件的观察中，可以得出以下结论：当股价下跌时，可能具备以下条件之一或多个：① 杠杆操作(如图 5①③)；② 股价下跌(如图 5②)；③ 公司资金不足(如图 5④)。

符合上列三项因素，有时候可能只有其中两项，或另有其他原因(可以逐步将不同案件“类型化”)。这些因素的存在可能预示着公司的基本面无法支撑当前的股价，很可能会发生高买超操作等违法行为，因此有必要提前进行疏导和预防。对于个人投资者而言，应该避免购买这些股票，即使有利差的公开收购也应

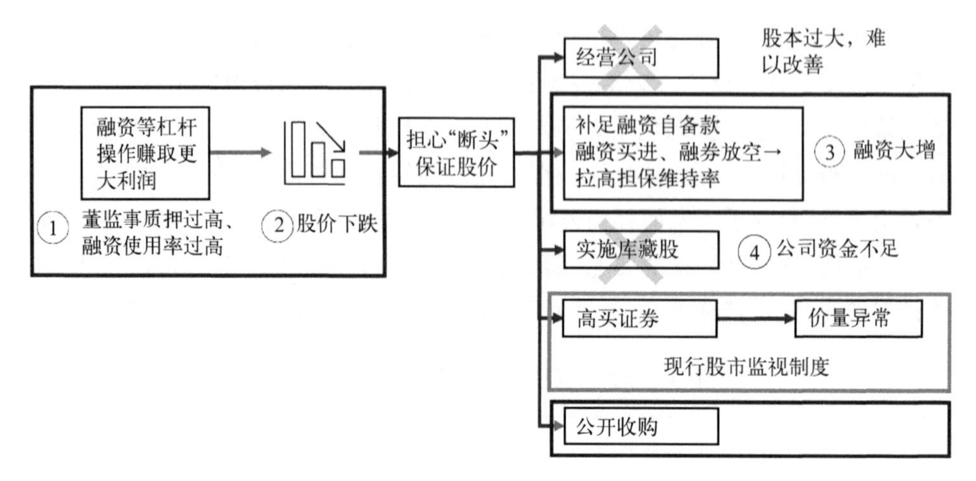

图 5 "乐升公司不法案"异常行为模块

该避免参与其中。针对个别案件，已进行相关修法。进行公开收购必须出具银行的《履约保证》或财务顾问公司的《财务确认书》，始得进行公开收购。①

五、建构防止证券犯罪的领先指标

（一）搜集上市公司基础资料

常见的资料可以分成结构化资料与非结构化资料。结构化资料是完全符合资料表的资料，包括数字、简要文字和日期等资料类型；而非结构化资料则形式自由，不必遵循标准格式，例如图像、音频、视频、电子邮件、电子表格和文字处理文档等。②

证券犯罪的资料有许多属于结构化资料，有些资料还有固定渠道可以搜集"数据"形态的资料，例如公开信息观测站，或者是民间自行将相关数据加值化的网站，例如 Goodinfo.com，这些网站都可以协助搜集与上市公司有关的数据资料。

对于分析工作而言，不需要额外加工处理的数据资料对系统建置最为便利。另外，若没有数据资料，仅需稍作加值处理，即可将资料转换成数值形态。例如，获得所有上市公司董事长姓名资料后，可计算出相同董事长管理的上市公司数量。参照表 2 公司董事长拥有公司数（数据加值化范例），例如徐某某担任 6 家

① 魏乔怡：《乐升条款出炉，公开收购更严了》，https://www.chinatimes.com/newspapers/20160929000042-260202，最后访问日期：2024 年 4 月 12 日。

② 《了解资料特征 Part1：结构化与非结构化资料》，https://ithelp.ithome.com.tw/articles/10200157，最后访问日期：2024 年 4 月 12 日。

上市公司的董事长，原始资料仅包含公司代号、公司名称、董事长等三个栏位。经过加值处理后，即可得出董事长管理的公司数为6家。

表2　公司董事长拥有公司数(数据加值化范例)

公司代号	公司名称	董 事 长	董事长公司数
1102	亚泥	徐某某	6
1402	远东新	徐某某	6
1710	东联	徐某某	6
2606	裕民	徐某某	6
2903	远百	徐某某	6
4904	远传	徐某某	6

以上述“朱某某不法案”与“乐升不法案”的案例，当筛选出特征值后，就可以定期搜集相关资料，例如利用goodinfo.tw网站定期搜集：① 融资使用率；② 全体董监质押比；③ 股价变动(可以使用“移动平均线”)；④ 库藏股的资料(见表3)。[①] 将①—④的资料搜集完毕后就可以利用各种分析工具进行解析(例如最简单的Excel)，当验证这些特征值确实可以预先发现证券犯罪发生时，可以再将这一流程自动化，以减轻人力负担。

表3　高买证券罪定期搜集资料

公司代号	名　称	成　交	融资使用(%)	全体董监质押(%)	20日均线(元)
1101	台泥	32.15	0.86	0	32.72↘
1102	亚泥	39.45	0.17	4.55	40.01↘
1103	嘉泥	17.95	0.83	0	18.22↘
1210	大成	58.2	0.64	4.53	57.6↗
1213	大饮	7.1	—	0	7.1↗

① 《库藏股统计汇总表》，https://mops.twse.com.tw/mops/web/t35sc09，最后访问日期：2024年4月12日。

（二）财务信息重点专区的七大指标

“朱某某不法案”与“乐升不法案”均涉及高买证券罪，除了高买证券罪之外，还有很多证券犯罪类型，因此，未来还需要更广泛的类型化。

掌握了从哪些网站获得资料来源后，接着就要开始了解有哪些资料有助于我们分析“未来”“现在”或者“过去”发生的各种类型证券犯罪行为。本文着眼于希望能够“预测未来”可能发生的证券犯罪行为。在开始研究之初，笔者并非先从法院判决找寻特征值，而是从“财务分析”这一领域切入，寻找一些可能指示公司状况不佳的特征值。

“财务分析”是财经领域中一门重要的课程，通过多项财务指标来了解一家公司的财务状况，包括财务结构、偿债能力、经营能力、获利能力、现金流量等。例如，负债占资产比率＝负债总额÷资产总额，或者是检视偿债能力的流动比率＝流动资产÷流动负债。

然而，财务分析仅是从财报中呈现公司的财务状况，即使是好公司有时也会有不如人意的表现，并不一定能发现地雷股或证券犯罪行为的指标。因此，需要结合其他特征值来建构有效的筛选规则。

尽管财务分析提供了多项指标，但不能直接找到具有异常行为的公司。在研究涉及证券犯罪行为的规则时，可用资料较少。笔者在建立相关指标之初，确实感到挫折，因为无法直接找到有涉及证券犯罪异常行为的公司。然而，笔者发现了一些有关“地雷股”筛选的原则，例如公开信息观测站提供了“财务信息重点专区”，提出了七大指标（见表 4 公开信息观测站“财务信息重点专区”七大指标）。[①]

表 4　公开信息观测站“财务信息重点专区”七大指标

编　号	指　标　内　容
指标 1	变更交易方法或停止买卖者（有关交易方法变更的实施日期，以本公司公告日为准）
指标 2	近期财务报告每股净值低于 10 元，且最近连续三个会计年度亏损者
指标 3	近期财务报告每股净值低于 10 元，且负债比率高于 60%及流动比率小于 1 者（金融保险业除外）

① 《公开资讯观测站“财务资讯重点专区”》，https://mops.twse.com.tw/mops/web/t211sb01_q1，最后访问日期：2024 年 4 月 12 日。

续 表

编 号	指 标 内 容
指标 4	近期财务报告每股净值低于 10 元，且最近两个会计年度及近期的营业活动净现金流量均为负数者
指标 5	最近月份资金贷与他人余额占近期财务报告净值比率达 30%以上者（金融保险业除外）
指标 6	最近月份背书保证余额占近期财务报告净值比率达 150%以上者（金融保险业除外）
指标 7	其他经中国台湾地区证券交易所综合考量应公布者

如同财务分析的相关指标，上述七大指标比较偏重财务恶化状况，例如变更交易方法，常见者如净值低于财务报告所列示股本二分之一者、会计师出具继续经营能力存在重大不确定性的查核报告、继续经营假设存在重大疑问的核阅报告，或出具保留意见的查核报告或保留式的核阅报告者等。这些指标所显示的公司代表情况异常严重，然而，这些指标还是偏重财务分析，并且如同景气指标中的落后指标并不是一开始就能发现异常行为。况且，不好的公司不代表一定有证券犯罪行为，因此，这些财务分析指标难以直接成为证券犯罪的特征值。

(三) 公司治理九大警讯

综观学界与实务界，仅有少数提出如同景气指标中的“领先指标”，例如有学者提出公司治理的九项警讯[①]（见表 5 叶银华教授提出公司治理的九项警讯），偏重找出“地雷股”，与发掘证券犯罪较为接近。

表 5 叶银华教授提出公司治理的九项警讯

警 讯	是否能够数据化分析？ ○可数据化 ●经处理后始可数据分析 X 难以进行数据分析
警讯一：控制股东直接持股比率持续下降或直接持股太低	● 10%大股东持股数据变化，但 10%大股东未必是控制股东
警讯二：董事会趋于家族与内部化，控制股东的权力与承诺偏离程度扩大	● 董监事持股（但是否家族与内部化，仍需人工判读）

① 叶银华：《如何避开地雷股》，https://www.thenewslens.com/article/154321，最后访问日期：2024 年 4 月 12 日。

续　表

警　讯	是否能够数据化分析？ ○可数据化 ●经处理后始可数据分析 X难以进行数据分析
警讯三：大股东、机构投资人持续卖股票	○10%大股东、三大法人
警讯四：董事、监察人、财务等主管有多人辞职与更换会计师	● 必须要通过一定程序转换，才可以将非结构化资料变成结构化资料
警讯五：无效率的转投资与设立许多投资公司	X
警讯六：公司存在许多重大且异常的关系人交易	X
警讯七：控制股东与董事会股权质押比率过高或介入股市	○董监事质押
警讯八：公司经常发布重要信息澄清媒体报道或海外主要子公司、控制股东有债信问题	● 发布重要信息澄清媒体报道：必须要通过一定程序转换，才可以将非结构化资料变成结构化资料 X海外主要子公司、控制股东有债信问题
警讯九：有虚增盈余、激进认列营收与假造财报的倾向	○

该学者所提的九项警讯，例如控制股东直接持股比率持续下降或直接持股太低、董事会趋于家族与内部化、控制股东的权力与承诺偏离程度扩大等，虽然这些可能是证券犯罪的现象之一，但不是主要现象。笔者在研究本议题时发现可参考的指标有限，因此尝试将该学者与其他值得参考的指标进行数据化。

九大指标中有部分指标可以找到相关数据，例如公开信息观测站可以抓取10%大股东持股数据变化、三大法人的持股变化，然而，这些指标大多数无法顺利取得数据资料，有些指标需要耗费较大的人力，或需进行一定流程才能取得资料或转换为数据资料，如上表所示，董事、监察人、财务等有多人辞职与更换会计师。虽然可以在公开信息观测站找到相关资料，但是必须费气力才能抓取与筛选相关资料，并非单纯数据资料；此外，在处理上还需要进行一些程序，例如将辞职设为1，无辞职设为0，始得转换成较易处理的数据。

若无法建立抓取资料的流程，则需逐步搜集相关资料，例如无效率的转投资与设立许多投资公司，所谓“无效率”可能需要具体个案判断，通过公告、新闻等资料逐渐整理，但难以通过一定的流程进行资料筛选。

由于笔者希望建立的是证券犯罪预警系统，最佳的模式是建立证券犯罪类型化，且这些类型化都有特征值，可以进行数据筛选，每周或定期筛选一次资料，并将可能发生的证券犯罪类型提供中国台湾地区司法人员参考，进行预先疏处以防止证券犯罪的发生。如上所述，“财务信息重点专区”提出类似的七大指标，偏重财务状况，学者所提的九项警讯指标偏向于证券犯罪的原因，两者尚难成立证券犯罪的情形，只有结合其他特征值进行筛选。

(四) 上市公司异常的负向指标

有鉴于上述分析的项目均非以证券犯罪为标的，笔者开始从证券犯罪的判决中寻找特征值；通过长期搜集大量判决资料，参考判决中所描述的证券犯罪行为，开始将证券犯罪类型化，同时参考许多财务分析、“财务信息重点专区”七大指标，以及公司治理九大警讯等，逐步整理出一些上市公司异常的负向指标。尽管这些指标所代表的行为未必直接构成证券犯罪，但可能是证券犯罪的前兆，或可能导致小股东权益受损的情况(见表 6)。

表 6　上市公司异常的负向指标

负　向　指　标	概　要　说　明
发行可转换公司债 市场出现好消息(尤其是无基本数据支撑)，搭配可转换公司债进行大量转换	一般系针对特定人发行，“乐升不法案”亦有发行，对小股东不利；虽未必属于不法行为，但可能是“压垮骆驼的稻草”之一 借由好消息来抬高可转换公司债转换后的获利
融资使用率	过高者，疑似借由筹码操控股价
10%大股东、董监持股变动	大股东可能知悉企业营运现况，例如有风吹草动而抛售持股，或者是异常变动
实施库藏股 库藏股，搭配公开收购 库藏股，搭配减资 库藏股，搭配融资或质押、股价下跌	为了不明原因而实施库藏股，例如有大股东要抛售持股，但买盘不够，所以实施库藏股来增加买盘 将股票拉高、超过公开收购价格，完成公开收购 可能是拉升股价的前奏 避免股票遭“断头”

续 表

负向指标	概要说明
财务异常指标，例如① 获利高、营业活动现金流低；② 可转换公司债转换末段，实施库藏股；③ 不符合比例：营收成长、应收成长不符合比例；④ 获利质量不佳：应收账款、存货异常增加；⑤ 债务比例过高	很多人因为财务不实而不愿投资股票，若能通过财务分析了解异常原因，不仅可以避开有风险的投资标的，而且可以找到许多投资契机
营业活动现金流不足，搭配增资、借贷、发行公司债，执意配息 发行公司债＋实施库藏股	可能系营运不佳，但为维持股价、掏空公司资产采取的措施 一个是流入，另一个是流出，这可能是矛盾的，也可能是“借钱捍卫股价”的行为特征
中国台湾地区司法警察机关搜索前的异常放空	可以在得知中国台湾地区司法警察机关对特定上市公司进行搜索后，从融券、认售权证、股票期货得知异常放空的量，了解有无搜索消息外泄(内线交易)的情况。

依据上述负向指标，进一步建立筛选规则，寻找相关数据并根据其出现的周期，建立一套数据筛选的标准作业流程。我们将从超过 1 700 家上市公司中找出有疑问的公司，并通过实际发生的案例持续确认和修正上述筛选规则的细节和类型(参见图 6)。

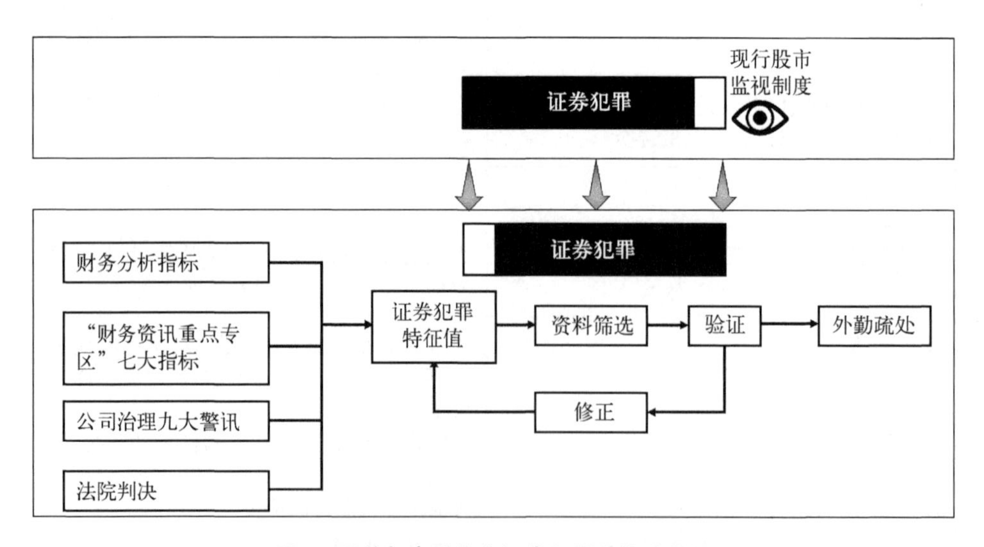

图 6 预防与事后侦办证券犯罪思维流程图

正如早期某药品广告所说:“先讲求不伤身体,再讲求疗效”。在投资前,先将那些存在疑问的股票排除在外,然后,从排除疑虑的股票中挑选出基本面稳固、具有发展趋势的公司进行投资。这样做不仅能有效减少投资失败的风险,避免踩到“地雷股”,而且能通过筛选标准来洞悉公司管理层、大股东或其他市场主要参与者的策略思维,预测其行为模式。

(五) 善用人工智能 GPTs 协助分析

相关指标筛选出来的上市公司,通常只代表公司财务困境,或者是存在未来可能的倒闭因素,以及难以用数据分析的特征值。因此,笔者主要依赖搜集大量的判决,以厘清证券犯罪的原因和行为过程,并找出其特征值。

在此过程中,证券犯罪相关判决通常比较复杂。2022 年年末,ChatGPT 推出后,其擅长的文本分析和对话功能对证券犯罪的判决分析起到了重要作用。[①]以下是相关的实务经验。

一是学习如何正确设置提示语(prompt)。国外正在发展“法律提示工程”(legal prompt engineering,LPE),这是一种结合法律专业知识和语言模型技术的方法,其目的是设计那些能够产生具有法律意义、准确性和实用性的模型回应的提示。例如,如何正确询问以获取法律意见,或如何配置模型以生成法律文件或进行法律分析等。[②]

二是回应稳定性。提示语的设计需要回应稳定,不要出现大幅度的差异,建议可以加入“确认程序”,让每一步都经过使用者的确认,以提高内容回应的稳定性。

三是回应正确性。“使用 ChatGPT,分析的判决是否错误百出?”这是一个常见的问题,有了 ChatGPT 的帮助,并不代表完全不需要做事情,而是在设计提示语时,通过“确认程序”的设计,使用者由过去的分析资料承办人转变为审核者,以确认 ChatGPT 是否落实完成任务。

四是一个提示语取代多个提示语。“法律提示工程”(LPE)除了希望能设计出稳定与正确回应的提示语之外,还希望能简化提示语,整合成一个提示语指令,或者是更进一步设计成 GPTs 的形式(类似手机 App 的客制化机器人模

① Stephanie Francis Ward. Some Law Schools Already are Using ChatGPT to Teach Legal Research and Writing. *JUL ABAJ*, Vol.109, 2023, p.38.

② Dietrich Trautmann, Alina Petrova, & Frank Schilder. Legal Prompt Engineering for Multilingual Legal Judgement Prediction, https://arxiv.org/pdf/2212.02199.pdf. 最后访问日期:2024 年 4 月 12 日。

型）。可参考笔者设计的《台湾刑事判决分析系统》中的 GPTs，以提升分析判决的效率。[①]

六、结论

在上述内容中，我们探讨了如何利用数据分析方法来预防证券犯罪的方法。这种方法尤其对于投资者和市场监管机构来说，提供了一个更全面、有效的方式来识别可能存在问题的公司或股票，并可提前预防犯罪，减少潜在的投资损失。

（一）通过犯罪案例建立可筛选的规则

首先，本文谈到了证券犯罪的两个案例，“朱某某不法案”和“乐升公司不法案”。这两个案例都涉及股价操纵和其他不法行为，并且在股价下跌时，公司管理层为了维持股价而选择了合法或非法手段，例如融资操作、实施库藏股、公开收购等。这些案例凸显了在金融市场中存在的风险，并强调了需要更有效的方法来预防和检测这些行为。

其次，探讨了如何利用结构化和非结构化数据来进行数据分析。结构化数据包括数字和日期等资料，而非结构化数据则包括图像、音频、文档等形式多样的资料。我们讨论了如何从不同来源收集这些数据，并将其转化为可供分析的格式，包括从公开信息观测站等数据源抓取资料，以及如何处理非结构化数据以进行分析。

最后，本文进一步探讨了一些负面指标和警讯，用来评估公司是否存在潜在的风险。这些指标包括融资使用率、大股东持股变动、实施库藏股、财务异常等，这些都是可能提示公司存在问题的迹象。通过分析这些指标，投资者可以更好地了解公司的财务状况和管理层的行为，以辅助证券犯罪的调查，对于投资人而言，则有助于做出更明智的投资决策。

（二）由于案例少，故难以利用自动进行分析

虽然本文探讨了如何利用数据分析方法来预防证券犯罪和降低投资风险的重要性，但我们也必须承认，这一领域的特殊性可能会对数据分析带来一些挑战。因为案例样本相对较少且资料取得不完整，人工智能和机器学习分析未必能在这个领域中轻松地被套用。

首先，证券犯罪案例通常是少数精心策划的事件，因此可用的案例数据相对

---

① 《台湾刑事判决分析系统》，https://chat.openai.com/g/g-VHXRqI1cF-taiwanxing-shi-pan-jue-fen-xi-xi-tong，最后访问日期：2024 年 4 月 12 日。

有限，这使得在建立精确的模型或算法时可能会受到限制，因为机器学习模型通常需要大量的数据来进行训练和预测。在这种情况下，人工智能和机器学习的效率可能会受到挑战，因为它们难以在缺乏足够数量和质量的数据的情况下取得显著效果。

其次，证券犯罪案例的资料取得也可能受到限制，因为这些事件通常涉及敏感和机密信息，这可能导致一些关键资料无法被公开或取得，进而影响了数据分析的完整性和准确性。在这种情况下，我们可能需要依赖人工调查和分析，以获取更多的资料与分析结果。

综上，虽然数据分析在预防证券犯罪和降低投资风险方面具有潜力，但我们必须谨慎处理，并认识到在这一领域中可能存在的限制。在使用数据分析方法时，我们应该谨慎评估数据的可用性和质量，并与人工调查相结合，以确保我们能够更全面地理解和应对证券犯罪的挑战，这将有助于建立更安全、公平和稳定的金融市场，保护投资者的权益。

稳定币的交易风险与监管*

徐珮菱**

摘　要：本文着重于稳定币在当前金融科技创新领域中的独特地位，以及其与传统货币间的相似性与差异性。稳定币结合货币与科技，具备可程式化及资产数字代币化的特性，并在跨境支付与去中心化金融等领域具有显著的发展潜力。目前稳定币在各国普遍面临规范模糊、监管不足的挑战，在其发行、交易和防堵非法活动方面有待立法完善。本文通过分析稳定币交易中的主要风险，例如流动性危机、系统安全漏洞，以及资产储备透明度不足等问题，提出可借鉴新加坡与欧盟稳定币立法的建议，即通过确保资产储备的透明度、保障消费者权益，以及对交易所进行资产管理与治理规范，可有助于防范稳定币风险。

关键词：虚拟资产；稳定币；赎回权；资产储备；欧盟 MiCA

一、引言

（一）稳定币——金融创新的双面刃

稳定币（stablecoins）是一种旨在维持固定价值的虚拟资产，其提供相对稳定的价值储存和交易方式。在其固定价格的优势中，改善虚拟资产可能因价格波动大而在民众日常交易中受限的问题，将有助于吸引投资者及金融机构进行交易与应用。而与完全去中心化的比特币相比，稳定币具有较为中心化的特征。[①] 比特币使用区块链（blockchain）、杂凑函数（hash）、工作量证明（proof of

---

* 本文曾刊登于《月旦民商法杂志》2023 年第 82 期。

** 徐珮菱，中信金融管理学院科技金融研究所副教授兼所长。

① 稳定币的中心化程度可能因其底层技术而有所不同，由于它们可以是无许可的（即任何人都可以读写的底层交易账本），或采取许可制（只有选定的实体可以读写交易账本）。它们也可以是公开的（任何人都可以使用交易账本进行交易），或私有的（只有选定的实体可以发起交易），因此去中心化程度不一。FATF. FATF Report to the G20. www.fatf-gafi.org/publications/virtualassets/documents/report-g20-so-called-stablecoins-june-2020.html.

work)与节点(nodes)奖励等机制生产比特币;稳定币由某一中心管理其产出与销毁,在管理与交易过程中可能因不够透明而影响民众对其的信赖程度。

稳定币的市值,排名第一的是泰达币(tether, USDT),其在2023年9月达到829亿美元;第二名的USDC市值则达到260亿美元;第三名是DAI(53亿美元);第四名是安稳定币(31亿美元)。技术创新带来新型交易方式,伴随新兴科技而来的是新兴风险。[①] 稳定币通常以一种或多种资产作为担保,资产和机制可能因市场变化而受到影响进而对稳定币产生波动,除此之外,稳定币亦有信用风险、系统风险、挤兑风险、监管风险及资安风险,例如智慧合约可能因缺陷而遭到黑客攻击。[②]

(二) 虚拟资产与信任机制

稳定币风险的重大历史案件当属2022年5月爆发的TerraUSD(UST)与Luna崩盘事件,直至当下仍让投资人心有余悸。TerraUSD自2022年5月开始偏离与美元1∶1的挂钩关系,而当时旨在维持稳定价格的算法和交易者激励措施皆未能按原定计划发挥保护作用。背后原因可能出自遭受黑客攻击,或有投资人大量抛售导致算法失灵,支持TerraUSD的Terra区块链及其姊妹币Luna也因此价格崩盘,此事件甚至让最大稳定币Tether一度与美元脱钩。

稳定币有促进普惠金融的深厚潜力,且公共部门与私部门进行例如"合成型CBDC"的合作,[③]虽有较传统金融服务的优势,但是如何建立适当的消费者保护、避免影响金融稳定、提升信息透明度,与维持市场流动性的相关问题皆有待监管妥善因应。稳定币交易在监管不足的情形下透明度待加强,亦可能助长意图利用其监管空白而进行非法交易的行为,进而影响投资人的信赖,酿成"柠檬市场"(lemon market)效应,故如何评估风险进行监管与治理,将左右稳定币的信任机制是否足够强大,亦同时攸关其长远发展。稳定币跨境支付、数字化以及可编程的特色具有全球性影响力,这也引发了对法律与监管,以及对金融稳定与货币政策的基本问题。本文拟从稳定币交易方式及其风险,探讨监管与治理的相关问题。

---

① 瑞士保险公司SONAR于2015年提出多项新兴风险之发展趋势,其中大数据分析、物联网、电子销售与重大货币实验皆在其中。参见郑灿堂:《风险管理理论与实务》,五南出版社2022年版,第18页。

② 智慧合约攻击案件例如闪电贷攻击(Flash Loans),以及2023年7月去中心化交易所Curve Finance因黑客利用Curve以太坊智慧合约程序语言Vyper的漏洞攻击平台,并造成近4 700万美元的损失。

③ World Economic Forum. *Digital Currency Governance Consortium White Paper Series: Compendium Report*. Nov.21, 2021.

二、稳定币的类型与交易场景

（一）稳定币的特征与类型

稳定币在防制洗钱金融行动工作组织（Financial Action Task Force on Money Laundering，FATF）的报告中，经常被称为“所谓的稳定币”（so-called stablecoins），这个词在FATF的指引中代表特定的虚拟资产类型。金融稳定委员会（Financial Stability Board，FSB）认为，稳定币并无普遍且通用的法律定义，其特征为与特定资产或一组资产锚定以维持价值的稳定。[①] FATF之所以被称为“所谓的稳定币”与其就稳定币价值的稳定机制，或认为为营销商业的术语而存在不确定的真正意义有关，但是概括稳定币锚定的基础资产范围包括单一法定货币或一篮子法定货币，亦可使用虚拟资产、有价证券、贵金属等商品，甚至房地产进行价值锚定。[②] 世界经济论坛报告将“稳定币”定义为广泛的数字货币术语，通常是利用分散式账册技术（DLT）的数字货币，旨在与另一种资产（通常是主权货币及商品）或与一篮子货币锚定以维持其价值稳定相区别。为实现价值稳定目标，稳定币价值可能与美元等主权货币、其他虚拟资产或商品锚定，或由算法支持。[③] 依据其稳定价值的资产与机制，目前稳定币可分为四种：① 法定货币支持的稳定币；② 商品支持的稳定币；③ 以虚拟通货支持的稳定币；④ 算法稳定币。

由法定货币支持的稳定币，其价值通常与特定法定货币（例如美元、欧元等）1∶1进行锚定，亦可与一篮子法定货币（例如同时与英镑、美元、欧元等）锚定。此类型稳定币通常由一中心化的实体机构或组织进行发行及管理，并于注册的银行账户内保留相应数量的法定货币作为担保。近年常在我国台湾地区的法拍会上出现的泰达币（Tether，USDT）是当前法定货币支持稳定币中最著名且市值最高者。[④] 第二类由商品支持的稳定币，是一种将其价值与特定商品（例如黄金、银、石油及钻石等）挂钩的虚拟资产。此种稳定币的主要优势在于其提供将

---

① Financial Action Task Force. Updated Guidance for a Risk-Based Approach to Virtual Assets and Virtual Asset Service Providers (2021). at 11, http://www.fatf-gafi.org/publications/fatfrecommendations/documents/Updated-Guidance-RBA-VA-VASP.html.

② FATF. FATF Report to the G20. www.fatf-gafi.org/publications/virtualassets/documents/report-g20-so-called-stablecoins-june-2020.html.

③ World Economic Forum. *Digital Currency Governance Consortium White Paper Series: Compendium Report*. Nov.13, 2021.

④ Tether: Fiat currencies on the Bitcoin blockchain. https://tether.to/en/whitepaper.

虚拟资产与实体资产相连结的方式，例如 PAX Gold(PAXG)是与 1 盎司黄金等值的稳定币，Digix Gold(DGX)则为以 1 克黄金锚定 1 DGX 的虚拟资产。[①] 第三类由虚拟通货为支撑的稳定币，其价值是以其他虚拟通货(例如以太币及比特币等)资产进行锚定，此类型稳定币通常采用智慧合约和去中心化的运作机制来维持其价值稳定。在虚拟资产稳定币中，DAI 是以以太币为担保的去中心化的稳定币。而算法稳定币，则不依赖于任何实体资产或虚拟通货作为担保，它们使用一组内建的经济模型和算法来自动调整其供应量，从而维持其价值的稳定性，[②]例如 Ampleforth(AMPL)则属算法稳定币，其供应量会根据市场需求而自动调整。[③]

(二) 稳定币的应用场景

1. 跨境支付

假设一家日本公司需要支付其在美国供应商的一笔款项，此笔交易必然包括两部分：可相互操作性(interoperability)和外汇。可相互操作性的部分，包括向最初在不同信任网络上的受款人转账，以及在本案例中的跨境情形下特有的外汇兑换部分。[④] 传统交易涉及多家银行与货币兑换，交易及时间成本较高，稳定币可简化此流程。日本公司可购买等额的 USDC(以美元挂钩的稳定币)，并将其直接发送至美国供应商的数字钱包。供应商可将 USDC 兑换成当地货币，整笔交易过程仅需几分钟至几小时，相较于传统的跨境支付则可大幅提升效率，并降低成本。

2. 资产交易

假设有一位新加坡投资人 A 要购买一栋价值 100 万美元的不动产。在传统交易模式下，通常会涉及烦琐的法律程序、银行转账，以及货币兑换。过程耗时，而且将产生高额的交易成本(例如手续费、时间及汇差)，但是如果 A 投资人采用 Tether 币交易，则可简化此过程。A 投资人可先购买等值的稳定币，并将其转移至卖方的数字钱包。由于稳定币的价值相对稳定，双方皆无须担心价格

---

① Anthony C. Eufemio, Kai C. Chng, Shaun Djie. Digix's Whitepaper: The Gold Standard in CryptoAssets. https://whitepaper.io/coin/digix-gold.

② Dietrich Bullmann, Jonas Klemm & Andrea Pinna. In Search for Stability in Crypto-Assets: Are Stablecoins the Solution? *ECB Occasional Paper*, No.230, 2019.

③ Evan Kuo, Brandon Iles & Manny Rincon Cruz. Ampleforth: A New Synthetic Commodity. https://whitepaper.io/document/585/ampleforth-whitepaper.

④ Tobias Adrian, Rodney Garratt, Dong He & Tommaso Mancini-Griffoli. Trust Bridges and Money Flows. *BIS Working Papers*, No.1112, 2023.

波动。同时买卖不动产的交易纪录可储存于区块链上，提升跨国交易的透明度，减少欺诈情形发生。交易完成后，智慧合约可自动执行付款，卖方亦可选择将稳定币兑换成其他法定货币。资产的流动性可借由稳定币提供的更快速与低成本的交易方式，从而获得有效提升。

3. 去中心化金融(Defi)

稳定币在去中心化金融(Defi)中亦为重要的抵押品，Defi 的借贷平台在以太坊为重要的智慧合约应用，假设 A 拥有以太币(ETH)并想参与 Defi 借贷平台以赚取利息，A 可使用 ETH 作为抵押品，并在借贷平台 MarkerDAO 生成一定数量的稳定币 DAI。[①] 当 A 持有 DAI 币，则可将其用于多种 Defi 活动，例如投资或在其他 Defi 协议中担任造市者，同时亦可保留其 ETH 抵押品，实现效益。DAI 币是健全去中心化杠杆交易平台的必需品，使用者可以通过将 ETH 抵押在 CDP(Maker DAI 定义的债务智慧合约)中，产生对应的代币 DAI，即 DAI 的产生来自使用者抵押的 ETH。DAI 为稳定币，MakerDAO 的运作机制使 DAI 的价格维持在 1 美元。[②]

三、稳定币的交易风险

稳定币即为通过锚定法定货币、资产、权利或以算法维持其价值稳定的虚拟资产，近年在金融市场获得广泛的关注及应用。从跨境支付、资产交易，再到去中心化金融(DeFi)的应用，稳定币对货币与金融交易产生新变革，并使投资人免于虚拟资产价格波动性的担忧，但是稳定币仍存在交易风险，从价格机制到监管环境，乃至智慧合约的安全性，稳定币交易涉及多个层面的风险因素。

(一) 系统风险(systemic risk)

稳定币如果作为支付工具，其有效性依赖于可信赖且精准的所有权移转机制。稳定币的移转层面通常包括：① 在单一钱包提供者的账户；② 在分散式账册中涉及不同钱包的用户。稳定币的移转可与传统支付系统并行，分散式账册和传统支付系统在支付流程中有相同之处，包括支付的初始化、信息验证，以及交易最终的结算等。[③]

① 徐珮菱、高培勋：《去中心化金融之法律规范研究：以 Defi 借贷为核心》，《高大法学论丛》2020 年第 1 期。

② 徐佩菱、高培勋：《去中心化金融之法律规范研究：以 Defi 借贷为核心》，《高大法学论丛》2020 年第 1 期。

③ President's Working Group on Financial Markets, Federal Deposit Insurance Corporation & Office of the Comptroller of the Currency. https://home.treasury.gov/system/files/136/StableCoinReport_Nov.1_508.pdf.

目前，多数流通的稳定币基于公共区块链技术，这种技术带来了其自身的优缺点。例如，公共区块链通过节点运营者的通信和交易验证来达成分类账更新的共识。然而，这种设计通常需要较高的计算资源，从而限制了网络的交易吞吐量，并增加了成本及能源消耗。[①]

而稳定币的所有权移转机制，与其所应用的区块链技术类型，对其作为支付工具的过程产生了重要影响。相较于非许可制区块链，许可制区块链提供了更高程度的可控性和可预测性，因为它们对于参与网络和执行交易者有完全的决定权。许可制的设计虽然可能降低透明度及安全性，但它同时亦可能达成更迅速及可预测的交易结算。[②]

（二）挤兑风险（liquidity squeeze risk）

稳定币具有与货币市场基金相似的结构特色与弱点，例如在资产与负债之间的期限及流动性不一致。稳定币白皮书通常声明可按照面值进行赎回，只是赎回权利是否能获得明确保障则有待确认，同时缺少明确可负责因应赎回执行的实体。稳定币对赎回权利的模糊地带，使民众对稳定币产生了怀疑。

另一问题是用户的赎回权是否有充足的资产储备与适当的资产流动性予以支撑。假如用户对稳定币发行者因储备资产的管理或营运不当，或因价格波动、流动性不足、其他保护不足等因素而无法兑现赎回承诺导致信任崩塌，则可能触发破坏性之资金挤兑现象。[③] 而稳定币在虚拟资产市场流动与生态系统中具备核心作用，如果有主要稳定币发生挤兑，则可能迅速扩散至整个虚拟资产市场。[④]

稳定币的挤兑现象也可能通过大规模赎回其储备资产包括政府债券及商业票据等传统资产来影响金融体系。以算法稳定币 TerraUSD 的崩盘为例，该事件凸显了虚拟资产生态系统内风险的传染性。在该事件引发的市场压力下，Tether 作为最大的稳定币暂时失去了其锚定价值。面对超过其市值 10%的大规模资金外流，Tether 不得不进行储备资产的清算以完成赎回，其他主要的抵

---

① President's Working Group on Financial Markets. Federal Deposit Insurance Corporation & Office of the Comptroller of the Currency. *Report on Stablecoins*. https://home.treasury.gov/system/files/136/StableCoinReport_Nov1_508.pdf.

② President's Working Group on Financial Markets. Federal Deposit Insurance Corporation & Office of the Comptroller of the Currency. *Report on Stablecoins*. https://home.treasury.gov/system/files/136/StableCoinReport_Nov1_508.pdf.

③ Financial Stability Board. Assessment of Risks to Financial Stability from Crypto-Assets. Feb. 16, 2022.

④ 当大量用户或投资者试图同时将他们的资产（例如稳定币、银行存款等）兑换成现金或其他流动资产时，可能会导致机构（例如银行或稳定币发行者）面临流动性危机。这种情况可能会使该机构无法满足所有兑换要求，从而引发更广泛的金融不稳定或传染效应。

押稳定币也同时经历了资金的小幅流入。[①]

（三）营运风险（operational risk）

稳定币通常是在交易客户或第三方从发行者处收取的法定货币交换中创建或铸造的。多数稳定币提出承诺，即稳定币可依据持有者请求以等值的法定货币相互兑换。只是有关稳定币储备资产的组成与透明度有待确立标准。发行者公开的储备资产信息，在不同稳定币架构之间亦可能不一致，因此产生稳定币的营运风险。某些稳定币将其储备资产主要存放于经保险的金融机构或美国国库券中，而其他稳定币则可能选择将储备资产投资于风险较高的资产，例如商业票据、公司债券、市政债券以及其他数字资产。[②]

（四）兑换风险（exchange risk）

稳定币的兑换机制存在显著的变异性，涉及谁有资格将稳定币提交给发行者以进行兑换，还包括是否对可兑换的货币数量设有限制。依据稳定币的相关协议，某些发行者甚至有权将兑换付款时间延迟至 7 天，甚至在特定情况下暂停兑换行为，引入兑换时间不确定等风险因素。此外，稳定币在用户权利方面也表现出差异：一些稳定币提供用户对发行者的索赔权，而有些稳定币则不提供直接的兑换权。用户的兑换权利可能受不同稳定币的协议架构，或其他因素的影响，包括将兑换收益转移至传统银行体系的权益，[③]例如稳定币的储备资产存放在经保险存款机构中的活期存款中，可确保存款人请求兑换等值美元的权利。因索赔在一定金额范围内受到保险保障，且可在清算过程中享有优先权，故发行机构可能因此获得紧急流动性支持，并持续受到监管机构的监督，以降低其资产负债及营运风险。[④]

（五）洗钱与资恐风险（money laundering and terrorist financing risk）

稳定币声称能够相对于某个或某些参考资产保持稳定的价值，例如 FATF

---

① Alexandra Born and Josep M. Vendrell Simón. A Deep Dive into Crypto Financial Risks: Stablecoins. *DeFi and Climate Transition Risk*. https://www.ecb.europa.eu/pub/financial-stability/macroprudential-bulletin/html/ecb.mpbu202207_1～750842714e.en.html (2023).

② President's Working Group on Financial Markets. Federal Deposit Insurance Corporation & Office of the Comptroller of the Currency. *Report on Stablecoins*. https://home.treasury.gov/system/files/136/StableCoinReport_Nov1_508.pdf.

③ President's Working Group on Financial Markets. Federal Deposit Insurance Corporation & Office of the Comptroller of the Currency. *Report on Stablecoins*. https://home.treasury.gov/system/files/136/StableCoinReport_Nov1_508.pdf.

④ President's Working Group on Financial Markets. Federal Deposit Insurance Corporation & Office of the Comptroller of the Currency. *Report on Stablecoins*. https://home.treasury.gov/system/files/136/StableCoinReport_Nov1_508.pdf.

(金融行动特别组织)向 G20 的报告中指出,由于其潜在的匿名性、全球覆盖范围以及用于层次化非法资金的能力,它们与某些虚拟资产(VAs)有着许多相同的洗钱(Money Laundering,ML)或恐怖主义融资(Terrorist Financing,TF)的风险。然而,某些稳定币项目可能有更大的大规模普及的潜力,这可能会加剧 ML 或 TF 的风险。

因此,尽管大规模普及是所有虚拟资产都需要考虑的一个相关因素,但在评估稳定币的 ML 或 TF 风险时,它是一个特别需要考虑的因素。大规模普及是一个重要的 ML 或 TF 风险因素,因为犯罪分子使用虚拟资产作为交换手段的能力在很大程度上取决于它是否可以自由兑换和流通,而大规模普及可能会促成这一点。

此外,如果一种虚拟资产达到足够的全球普及程度,以致它可以作为一种交换媒介和价值储存手段,而不需要使用虚拟资产服务提供商(Virtual Asset Service Provider,VASP)或其他有责任的实体,那么,缺乏(不足)的反洗钱或反资恐(Anti-Money Laundering, AML or Combating the Financing of Terrorism, CFT)控制和合规性可能会加剧 ML 或 TF 的风险。①

(六) 小结

稳定币本质上仍须有信用机制予以支撑,其价值稳定性与交易合法性两项关键要素是建立信任必须满足的重点。② 稳定币接收者须确保他们收到的稳定币确实能保障其财产价值的稳定,并且可在任何时间以相对的面值兑换为现金。此赎回标准(redemption criteria)则取决于支撑货币的资产,以及其治理、法律和营运架构,其中也包括网络安全的相关保障措施。此外,资金接收者必须受信赖以满足金融完整性的要求。③ 终端用户须接受客户的尽职调查,且交易必须被监控。④

随着 FinTech 带来的金融交易模式转变,从 USDT 到 libra(天秤币)的稳定币发展带动央行数字货币(CBDC)的发展,皆成为货币数字化的重要历史进程,同时凸显稳定币在与公共部门合作时所产生有关货币功能、金融稳定、促进普惠

---

① FATF. Updated Guidance for a Risk-Based Approach to Virtual Assets and Virtual Asset Service Providers. http://www.fatf-gafi.org/publications/fatfrecommendations/documents/Updated-Guidance-RBA-VA-VASP.html.

② Tobias Adrian, Rodney Garratt, Dong He & Tommaso Mancini-Griffoli. Trust Bridges and Money Flows. *BIS Working Papers*, No.1112, 2023, p.11.

③ Adrian, Tobias and Tommaso Mancini-Griffoli. The Rise of Digital Money. IMF Fintech Notes 2019/001. *International Monetary Fund*, 2019, p.4.

④ Tobias Adrian, Rodney Garratt, Dong He & Tommaso Mancini-Griffoli. Trust Bridges and Money Flows. *BIS Working Papers*, No.1112, 2023, p.11.

金融以及 Web 3.0 跨境交易与合作需探讨的问题。各国认识到稳定币具有重大经济潜力。因此包括欧盟、美国、新加坡、英国、日本及中国香港地区在内的多个区域皆已启动稳定币的公众咨询与法治化过程，以便在这一新兴领域取得先行优势，本文将以新加坡与欧盟的稳定币立法，探讨具体就稳定币风险的防范与监管模式。

四、新加坡对稳定币的监管

新加坡金融管理局(Monetary Authority of Singapore，MAS)于 2023 年 8 月 15 日公布其最终确定的稳定币监管架构，从而成为全球首批将稳定币整合到其本土监管环境中的司法区域。新加坡《支付服务法》(*Payment Services Act*，*PS Act*)被纳入"稳定币发行服务"(stablecoin issuance service)，其主要目的是确保稳定币具有高度的价值稳定性。新加坡 MAS 对稳定币的定义与金融稳定委员会(Financial Stability Board，FSB)相同，稳定币是一种虚拟资产，其目的是维持与一种特定资产(通常为法定货币或商品)或一组资产相对稳定的价值。[①] MAS 就稳定币的监管有三个主要指导目标：① 支持稳定币之增值与发展支付应用；② 采取与目标适合之逐步监管方式；③ 维持开放制度以接纳不同形式之稳定币，包括由银行发行的稳定币。[②]

(一) 稳定币的监管架构

MAS 就稳定币之监管重点归纳为四大部分：① 价值稳定性(value stability)；② 资本与审慎要求(capital and prudential requirements)；③ 赎回(redemption)；④ 披露(disclosure)。

在价值稳定性之目标下，包括以下监管重点：① 储备资产须为低风险、高流动性的资产；② 储备资产的价值须始终大于或等于流通中稳定币(single-currency stablecoin，SCS)的 100%；③ 储备资产须存放于合格托管人的独立账户中。而在资本与审慎要求(capital and prudential requirements)之下，稳定币发行者最低基础资本应有新加坡币 100 万元，须有足够的流动资产以因应营运支出，且不允许从事非发行的业务。在赎回(redemption)部分，架构中说明赎回须有直接明确的法律规定，并按面值进行，赎回时间不得晚于 5 个工作日，且赎

① Monetary Authority of Singapore. Consultation Paper on Proposed Regulatory Approach for Stablecoin-Related Activities. *Working Paper*, No.9, 2022, p.4.

② Monetary Authority of Singapore. Consultation Paper on Proposed Regulatory Approach for Stablecoin-Related Activities. *Working Paper*, No.9, 2022, p.4.

回条件应合理，且须事前披露。在信息披露（disclosure）的重点监管下，稳定币发行者应在线发布白皮书，并披露价值稳定机制以及涉及稳定币持有者的权利等重要关键信息。[①] MAS 的稳定币监管框架旨在促进稳定币成为可信赖的数字交易媒介，并担任法定货币及数字资产生态系之间的桥梁。[②]

（二）新加坡的具体监管方式

MAS 除率先发布监管架构外，还同步回应了 2019 年 12 月 23 日—2022 年 12 月 21 日就货币与 DPTs 咨询公众意见的调查意见，其中包括稳定币（数字支付代币，digital payment tokens）的发展潜力及相应监管问题的处理。

1. 确立稳定币监管范围

在监管咨询中重要的前提，即为确认稳定币是否需纳入监管范围，由于稳定币的类型不仅限于单一货币锚定的稳定币，而且新加坡称之为单一货币稳定币（SCS），此种稳定币与新加坡币或十国集团（G10）的货币挂钩。此范围的界定涉及稳定币的技术与应用范围，MAS 认为即使不是 SCS，仍应属于 2019 年《支付服务法》（*PS Act*）下 DPT 的监管范围。就质疑稳定币监管范围过狭的质疑，MAS 将保留 SCS 的监管范畴，即仅限与新加坡币或 G10 货币挂钩，且在新加坡发行的 SCS。MAS 认为这些法定货币对于稳定币的价值储备至关重要。只有其他类型的稳定币不会因此被禁止在新加坡发行、使用或流通，包括在新加坡境外发行或与其他货币及资产挂钩的 SCS，仍属 DPT 监管的范畴。[③]

2. 发行量与发行者之分级管理

新加坡将稳定币发行者分为银行与非银行，如果 SCS 的发行者为非银行，且 SCS 的发行流通量不超过 500 万元新加坡币，则无需获得主要支付机构（major payment institution license，MPI）的许可证，也无需遵守 SCS 框架下的 SCS 发行者要求。而针对已经受到新加坡银行法的审慎监管的银行，其通过将银行负债代币化（tokenizing）来发行 SCS，MAS 初步认为将不对这些银行额外要求 SCS 的储备支持。[④]

---

① Monetary Authority of Singapore. MAS Finalises Stablecoin Regulatory Framework. https://www.mas.gov.sg/，最后访问日期：2023 年 9 月 24 日。

② Monetary Authority of Singapore. MAS Finalises Stablecoin Regulatory Framework. https://www.mas.gov.sg/，最后访问日期：2023 年 9 月 24 日。

③ Monetary Authority of Singapore. Response to Public Consultation on Proposed Regulatory Approach for Stablecoin-Related Activities：Response to Feedback Received. *Working Paper*, No.9, 2023, p.4.

④ Monetary Authority of Singapore. Response to Public Consultation on Proposed Regulatory Approach for Stablecoin-Related Activities：Response to Feedback Received. *Working Paper*, No.9, 2023, pp.6－7.

3. 稳定币储备资产的监管

(1) 降低储备资产风险的框架。MAS将建立简单的储备资产框架，并据此要求SCS发行者维持低风险的资产储备组合。同时SCS发行者亦被要求持续遵守健全并有弹性的储备资产风险管理政策，涵盖信用、流动性及集中风险等面向。在特定情形下，SCS发行者应向MAS披露他们确保储备资产的估值随时能至少达到流通中SCS的100%。①

(2) 储备资产的隔离及保管。新加坡金融管理局(MAS)提议SCS发行者必须将用于支持SCS的所有储备资产存放在与其非储备资产分开的隔离账户中，同时储备资产只能存放在获得在新加坡提供保管服务许可的金融机构中。MAS也同意允许由海外保管人保管资产，前提是这些保管人具有最低A－的信用评级，并在新加坡有一个由MAS监管以提供保管服务的分行。②

(3) 对储备资产的审计。由于SCS框架是为监管有大量SCS流通的发行者而设计，目的是达到SCS价值的高度透明，并建立信任机制，因此MAS将对储备资产每月独立查核一次，并将查核结果在发行者的网站上公布。③

4. 确保投资人可兑换为法定货币的权利

MAS决定继续实施这一要求，即SCS发行者必须在五个工作日内将受MAS监管的SCS的面值退还给持有人。这一兑换时间表旨在在确保对用户需求迅速回应与给予SCS发行者在各种压力情境下有序完成兑换之间找到一个平衡点。在特殊情况下，例如市场压力高涨时，MAS可能会指示SCS发行者在特定时间内清算储备资产以满足兑换需求。在正常业务状况下，兑换应迅速且不应不必要地延迟。MAS特别指出，这一时间限制仅适用于直接与SCS发行者进行兑换的当事人。④

5. 发行者的资本充足性

MAS要求SCS发行者应随时持有流动资产，其价值为年度营运费用的

---

① Monetary Authority of Singapore. Response to Public Consultation on Proposed Regulatory Approach for Stablecoin-Related Activities: Response to Feedback Received. *Working Paper*, No.9, 2022, p.8.

② Monetary Authority of Singapore. Response to Public Consultation on Proposed Regulatory Approach for Stablecoin-Related Activities: Response to Feedback Received. *Working Paper*, No.9, 2022, p.9.

③ Monetary Authority of Singapore. Response to Public Consultation on Proposed Regulatory Approach for Stablecoin-Related Activities: Response to Feedback Received. *Working Paper*, No.9, 2022, pp.9-10.

④ Monetary Authority of Singapore. Response to Public Consultation on Proposed Regulatory Approach for Stablecoin-Related Activities: Response to Feedback Received. *Working Paper*, No.9, 2022, p.12.

50%或 SCS 发行者受评估为实现恢复或有序清算所需的金额中较高者，并对 SCS 进行业务限制，即发行者不得从事可能对其自身产生额外风险的其他活动，包括对其他公司的投资与贷款、SCS 及其他数字支付代币（DPT）的贷款或抵押，以及 DPT 的交易。MAS 对 SCS 发行者的基础资本要求标准相对较高，以确保 SCS 发行者实践长期经营业务的财务承诺。[①]

五、欧盟对稳定币的监管法规——MiCA

（一）MiCA 对稳定币的分类与分级监管

1. 电子货币代币与资产锚定型代币

欧盟《虚拟资产市场监管法规》（*Market in Crypto-assets*，*MiCA*）于 2023 年 5 月 16 日通过，是全球第一个综合性的虚拟资产法规。[②] 该法律的立法目的是为提供透明且全面性的制度框架，以保障虚拟资产投资者的利益、确保金融市场的稳定，并提升虚拟资产市场的吸引力。[③] MiCA 在第 3 条第 1 项第 5 款将虚拟资产（crypto-asset）定义为一种数字形式的价值或权益，通过分散式账册或相似的技术进行电子传输与储存，虚拟资产是范围广大的统称，其可涵盖稳定币与比特币等多数虚拟资产，不包括 NFT。[④]

在 MiCA 之规范架构下，虚拟资产主要划分为三大类型，第一类为“电子货币代币”（e-money tokens），意指透过参考单一法定货币来稳定其价值，*MiCA* 将与单一法币挂钩（referencing one single fiat currency）且用于支付的稳定币，归类为“电子货币代币”（e-money token，EMT），适用现行电子货币的法律架构，例如 USDT、USDC 及 BUSD 等。第二类型为“资产锚定型代币”（asset-referenced tokens，ART），*MiCA* 第 3 条第 6 项将其定义为：一种虚拟资产，非属电子货币代币，并通过参考其他价值或权利（或其组合）来维持稳定价值。[⑤] 此类型涵盖除 EMT 以外，所有由资产或算法支持其价值的虚拟资产，既包括以

① Monetary Authority of Singapore. Response to Public Consultation on Proposed Regulatory Approach for Stablecoin-Related Activities: Response to Feedback Received. *Working Paper*, No.9, 2022, p.11.

② *MiCA* 的生效时间依第 149 条规定，自欧洲联盟官方公报中发布的第 20 天起生效（2024 年 12 月 30 日起适用），但主要规范资产挂钩型代币的第三章自 2024 年 6 月 30 日起适用。同条并规定部分条文自 2023 年 6 月 29 日起即开始适用。*MiCA* 的全部内容具有约束力，并在所有会员国直接适用。

③ European Union. *Markets in Crypto-Asset Regulation*. approved May 16, 2023.

④ *MiCA* 自第三章（Titles III）Asset-Referenced Tokens 第 16 条为资产挂钩型代币的规范。虚拟资产三大类型，依照章别逐类型进行规范。

⑤ European Union. *Markets in Crypto-Asset Regulation*. approved May 16, 2023, art. 3, para. 6.

一篮子法定货币(多种法定货币)、商品、虚拟资产锚定价值的稳定币,也包括算法稳定币。EMT 与 ART 皆属于稳定币,第三类型(Crypto-assets other than asset-referenced tokens or e-money tokens)包括除资产锚定型代币及电子货币代币以外的虚拟资产,可涵盖各种类型之虚拟资产,包括功能型代币(utility tokens)。[①]

2. 分级监管的标准

(1) 重要性标准。针对 ART 和 EMT,*MiCA* 规定"重要性"(significant)的分级管理标准,ART 和 EMT 需达到特定的标准：ART 达到第 43 条规定的标准,则属重要 ART;EMT 则根据第 56 条规定,在特定情形下符合 43 条第 1 项所规定的至少三项标准属于重要 EMT。重要的 ART 与 EMT 皆须遵守更严格的审慎、治理与流动性要求。在客户数、发行量、交易量及跨境使用量等规模达到重要性标准的稳定币,*MiCA* 对发行人有更高的监管标准,包括对流动性、互通性及自有资金等要求。ART 与 EMT 达到重要标准需符合以下七项指标中的至少三项：① 持有者的数量超过 1 000 万;② 其发行价值、市值或发行者的资产储备规模超过 50 亿欧元;③ 每日平均交易数量和总交易价值分别超过 250 万笔交易和 5 亿欧元;④ 发行者是一家根据欧洲议会和理事会 2022/1925 号规定[Regulation (EU) 2022/1925]被指定为守门员机构(gatekeeper)的核心平台服务提供商;⑤ 在全球范围内的活动是否被认为具有重要性,包括使用代币进行支付与汇款;⑥ 代币或其发行者与整个金融体系联结的程度;⑦ 该发行者同时发行至少一种其他资产参考代币(asset-referenced token)或电子货币代币(e-money token),并提供至少一种加密资产服务。[②] 同条第 2 项则规定符合第 1 项至少三项标准所涵盖的期间：一是在本条第 4 项所提到的首份信息报告涵盖的期间内,依据第 21 条取得授权或依据第 17 条取得虚拟资产白皮书批准后;二是在本条第 4 项所提到的至少两份连续信息报告所涵盖的期间内。

(2) 依业者服务项目分级监管。对于虚拟资产业者的分级规定,*MiCA* 在附件四中详细列明依据提供不同服务项目的虚拟资产业者,并设定最低资本额要求,共分为三个类型。第一类型的虚拟资产业者服务项目包括：代表客户提供虚拟资产的移转服务、代表客户接收和传输虚拟资产的订单、提供有关虚拟资产的建议等,最低资本额要求为 5 万欧元。第二类型的虚拟资产业者服务项目

---

① European Union. *Markets in Crypto-Asset Regulation*. approved May 16, 2023.

② European Union. *Markets in Crypto-Asset Regulation*. May 16, 2023, art. 43, para. 1.

包括：将虚拟资产兑换为资金、为客户提供虚拟资产之保管及管理，或将虚拟资产兑换为其他虚拟资产等，最低资本额要求为 12.5 万欧元。第三类型则为虚拟资产服务提供者获得类型项下的任何虚拟资产服务，以及经营虚拟资产的交易平台，其最低资本额要求为 15 万欧元。

（二）资产锚定型代币的发行与审核

属于资产锚定型代币的稳定币，其公开发售或将此种虚拟资产列入交易业务，皆需事先向主管机关申请授权，经主管机关批准后方得进行，当然也有例外规定。[①] 就发行者的条件，以及相关程序的审核，*MiCA* 皆有详细规范。

1. 发行者的条件

有关发行者的条件，*MiCA* 第 16 条规定："除非符合以下条件，否则任何人不得在联盟内向公众提供资产锚定型代币或申请交易许可：为在欧盟设立之法人或其他实体，并已依据第 21 条由会员国之主管机构授权；(b)符合第 17 条之信贷机构。……依据第 1 项(a)款之规定，其他实体仅在其法律形式可为第三方利益提供与法人相当之保护标准，并且受到适合其法律形式相应之审慎监管时，才能发行资产锚定型代币。"同条第 2 项则规定不适用第 1 项之例外情形："(a) 在12 个月之期间内，计算至每个日历日之末尾，由发行人发行的资产锚定型代币之平均未偿还价值从未超过 500 万欧元，或等值之其他法定货币，且发行人未与其他获豁免之发行人建立网络相连；(b) 资产锚定型代币之公开发售仅针对合格投资者，且只能由此类合格投资者持有。"例外情形即为当资产锚定型代币的发行人仅对合格之投资者发行，或其公开发售金额低于 500 万欧元时，则不应适用申请授权的要求。即使资产锚定型代币之发行者在符合例外规定的情形，仍应起草虚拟资产白皮书，以告知投资人有关资产锚定型代币的特性及风险，并应在其发布前通知主管机关。[②] 针对管理阶层与股东的要求，*MiCA* 第 18 条规定：申请人须证明其管理阶层和股东具有良好的声誉，并具备适当的知识、技能和经验。

2. 申请发行的程序

申请资产锚定型代币的发行授权需遵循程序与要求，并于 *MiCA* 第 18 条有详细规范，其主要涵盖以下几项主要部分：① 有关申请的主体及主管机关：申请人需向其所在会员国的主管机构提交授权申请。② 申请文件的内容：申请

---

① European Union. *Markets in Crypto-Asset Regulation*. approved May 16, 2023, L 150/48.
② European Union. *Markets in Crypto-Asset Regulation*. approved May 16, 2023, L 150/48.

人必须翔实披露申请人地址、法人实体识别码、营运计划、商业模式、公司治理及合规内控的具体方案等多方面详细信息。申请人需提供法律意见，以确认其资产锚定型代币不属于本法规定范围外的虚拟资产或电子货币代币。依据同条第6项及第7项的规定，就监管与实施技术标准，EBA（欧洲银行管理局）将与ESMA（欧洲证券和市场管理局）和ECB（欧洲中央银行）合作，进一步明确提出第2项所定申请中所需包含的监管技术和标准。①

3. 主管机关审核的程序

MiCA 第20条详细规定主管机关在评估资产锚定型代币授权申请时，应采取的程序和步骤，以确保评估过程的透明与严谨，同时也提供跨机构合作的框架，主要包括：初步评估（initial assessment）、全面评价（comprehensive evaluation）、暂停和延期（suspension and extension）、跨机构沟通（inter-agency communication）、非约束性意见（non-binding opinions）等相关细化规定。②

（三）信息披露的相关规定

1. 白皮书内容规范与持续公开

为确保零售持有人的权益，资产锚定型代币的发行者自始至终都应向代币的持有者提供完整、公平、清晰且无误导的信息。依据 *MiCA* 第19条第1项的规定，资产锚定型代币的白皮书应包括有关发行人资料、资产锚定型代币的信息、向大众发售资产锚定型代币及进入其交易的相关信息、有关资产锚定型代币的相关权利与义务、基础信息、风险说明，以及资产储备信息。储备资产的投资政策、储备资产的保管，以及提供持有者的权利相关信息皆须翔实揭露。③ 前述的风险声明（risk disclosure）应清晰且明确，白皮书应以主管会员国的官方语言或国际金融界通用的语言撰写，并应以机器可读的格式提供，以简洁和易于理解的形式呈现。此外，第19条还规定了资产锚定型代币对未来价值限制（future value limitation），即不应包含有关虚拟资产未来价值的任何宣称，同条第4项规定白皮书应包含以下清晰明确的声明：① 资产锚定型代币可能部分或全部失去其价值；② 资产锚定型代币可能并非可转让；③ 资产锚定型代币可能不具有流动性；④ 资产锚定型代币非97/9/EC指令规定的投资者赔偿计划所涵盖；

---

① European Union. *Markets in Crypto-Asset Regulation*. approved May 16, 2023, art. 18. EBA应于2024年6月30日前将第18条所规定的相关监管技术标准、实施技术标准、申请表的表格、模板及程序草案提交给委员会，以确保整个欧盟会员国监管的统一性。

② European Union. *Markets in Crypto-Asset Regulation*. approved May 16, 2023, art. 20.

③ European Union. *Markets in Crypto-Asset Regulation*. approved May 16, 2023. L. 150/49.

⑤ 资产锚定型代币不受 2014/49/EU 指令规定的存款担保计划保护。

白皮书的相关信息应持续公开，依据 *MiCA* 第 28 条的规定："白皮书的公开发行人应于其网站上公开经核准的白皮书，并应持续公开，直至代币不再由大众持有。"第 30 条规定相关应持续提供的信息，包括在其官网上公开易见之处，应以清晰、正确且透明的方式，披露流通中的资产参考代币总数量，以及第 36 条所提及的资产储备价值与组成，且此类信息应至少每月更新一次。此外第 30 条亦规定，第 36 条规范的资产储备审计报告，任何已经或可能对资产锚定型代币的价值，或对第 36 条所规范的资产储备产生重大影响的事件，皆应清晰正确予以披露。[①]

2. 继续公开事项

(1) 季度报告。*MiCA* 第 22 条针对资产锚定型代币(asset-referenced tokens)的季度报告进行详细规定。该条款主要规范七大重点：一是季度报告(quarterly reporting)：对于发行价值超过 1 亿欧元的资产锚定型代币，发行人需向主管机关提供季度报告，内容包括持有人数量、代币价值和资产储备规模，以及相关季度内每日交易的平均数量和总价值。二是弹性规范(flexible regulation)：主管机关可要求发行价值低于 1 亿欧元的资产锚定型代币亦遵循相同的报告义务。三是信息提供(information provision)：与资产锚定型代币相关的虚拟资产服务提供商需向发行人提供准备报告所需的信息。四是信息共享(information sharing)：主管机关需与欧洲中央银行(ECB)和其他相关中央银行共享收到的信息。五是专家评估(expert assessment)：ECB 可向主管机关提供其对相关交易的季度平均数量和总价值的估计。六是技术标准(technical standard)：欧洲银行管理局(EBA)将与 ECB 密切合作，制定用于估算交易的季度平均数量和总价值的方法。七是实施技术标准(implementing technical standard)：EBA 将制定用于报告的标准表格、格式和模板。[②]

(2) 重大变更之通知。发行人在获得授权或白皮书批准后，有业务相关事项的变更可能对代币持有者或潜在持有人的购买决策有重要影响。依据 *MiCA* 第 25 条规定，白皮书变更应于预定变更生效前至少 30 个工作日通知其所在会员国的主管机关。主管机关收到变更后的白皮书草案后，有 30 个工作日予以批准或拒

---

① European Union. *Markets in Crypto-Asset Regulation*. approved May 16, 2023, Annex II "Disclosure Items for the Crypto-Asset White Paper for an Asset-Referenced Token"有详细的规定。

② European Union. *Markets in Crypto-Asset Regulation*. approved May 16, 2023, art. 22.

绝。需通知变更的重要事项包括：治理安排(governance arrangements)、资产储备和保管(reserve assets and custody)、持有人权益(rights of holders)、发行和赎回机制(issuance and redemption mechanisms)、交易验证协议(transaction validation protocols)、分散式账册技术的运作(functioning of DLT)、流动性确保机制(liquidity mechanisms)、投诉处理程序(complaints-handling procedures)、反洗钱和反恐怖融资风险评估(AML and CFT risk assessment)等。

3. 提供正确信息义务

资产锚定型代币(asset-referenced tokens)的发行人以及其管理、监督机构成员对于白皮书(crypto-asset white paper)中提供的信息，应确保其正确性。*MiCA* 第 26 条规定了不完整或误导性信息的民事赔偿责任(liability for incomplete or misleading information)，且明确以契约排除或限制责任无效(contractual exclusion or limitation of liability is invalid)。

(四) 稳定币发行者的治理

依据 *MiCA* 第 32 条规定，资产锚定型代币发行者应建立可识别、防止、管理及披露可能因与其股东或成员，或与任何直接或间接持有的股东或成员、与其管理阶层的成员、员工、资产锚定型代币的持有人或第三方服务提供商的关系而产生的利益冲突。[①] *MiCA* 第 27 条规定发行人应以诚实、公平及专业方式行事，并应以公平、清晰和无误导的方式与代币持有人和潜在持有人沟通。此外，发行人应以代币持有者的利益最大化行事。资产锚定型代币的发行者应具备健全的治理方式，包括明确、透明且一致的责任划分清晰组织结构，以及用于识别、管理、监控和报告其所面临或可能面临的风险之有效程序。[②] 第 34 条规定："发行人应具备健全的治理安排，包括清晰的组织结构、有效的风险管理过程和充分的内部控制机制。管理层成员应具有良好的声誉和适当的知识、技能和经验。"

(五) 储备资产的管理

稳定币的价值储备与其所披露的信息相对应，是建立市场信赖的重要环节，亦须确保其透明度以保障投资人权益。欧盟 *MiCA* 规范资产锚定型代币的发行者应建立并维护与责任相对应之风险资产储备。当财务危机发生导致发行者无法履行对持有人义务时，这些资产储备应用于对资产锚定型代币持有者的利益偿还。为防止资产锚定型代币的价值损失，第 38 条规定发行者应将储备资产

① European Union. *Markets in Crypto-Asset Regulation*. approved May 16, 2023. L. 150/49.
② European Union. *Markets in Crypto-Asset Regulation*. approved May 16, 2023. L. 150/49.

投资于安全、低风险且市场集中和信用风险最小的资产中，且如果有亏损皆由发行人承担。[①] 资产锚定型代币发行者应始终为持有者提供以非电子货币形式赎回资产锚定型代币的选项。另为降低资产锚定型代币作为价值储存的风险，*MiCA* 第 40 条规定："资产锚定型代币的发行人不得授予与资产锚定型代币相关的利息。"第 36 条规定发行人有维持资产储备的义务，该储备必须能覆盖与资产相关的风险及流动性风险。发行人对于资产储备的操作必须与发行者的资产分离。有关监管技术标准，欧洲银行管理局（EBA）将与欧洲证券和市场管理局（ESMA）和欧洲中央银行（ECB）合作，并已于 2024 年 6 月 30 日发布监管技术标准草案，以进一步明确细化要求。

（六）赎回权的保障

资产锚定型代币的发行者应准备复原计划，以在资产储备要求未达到规范标准时采取相关措施，包括赎回请求导致资产储备暂时失衡的情形。主管机关应有权暂停资产锚定型代币的赎回，以保护资产锚定型代币持有人及金融稳定的利益。有关赎回权的保护，资产锚定型代币发行者应制定赎回代币之程序计划，以确保在发行者无法履行义务时，包括在停止发行资产锚定型代币的情形下，仍能保障资产锚定型代币持有者权利获得保护。*MiCA* 第 39 条规定赎回权（right of redemption），保障资产锚定型代币的持有人有永久赎回权，可以随时要求发行人赎回其持有的代币。发行人有责任建立、维护并实施明确且详细的赎回政策和程序，以确保赎回过程的透明性及可预测性。另外，如果持有人要求赎回，则赎回过程不应收取任何费用，这项规定对保护消费者和持有人的利益至关重要。第 37 条则规范资产保管及程序，发行者应确保资产储备随时可用，以满足持有人的赎回要求。发行人应谨慎选择及审查托管储备资产的服务提供商。有关赎回权保障的相关规范，使稳定币能够得到严谨的赎回程序保障，以增加投资人对持有代币的信任。

六、结语

稳定币的诸多与传统货币高度相似的特性与功能，加上其有别于传统货币的优势，包括可快速进行跨境交易、可程序化编辑、可作为资产数字化的代币以及在去中心化金融中作为重要抵押品等，使稳定币与法定货币在法律监管与治理模式下，能够相互产生新形态的金融交易模式。只是当前稳定币在多数国家

---

① European Union. *Markets in Crypto-Asset Regulation*. approved May 16, 2023, art. 43 - 45.

规范不明，欠缺针对其发行、交易的监管技术与标准，加上利用虚拟资产诈骗之案件层出不穷，市场上更是发生了例如 FTX、JPEX 等虚拟资产交易所的案例，导致虚拟资产需通过适当的监管与健全的法律架构予以规范，以防止虚拟资产的柠檬市场（lemon market）效应的产生。笔者认为稳定币的数项交易风险，例如挤兑风险、系统安全风险以及价值储备的透明度不足，导致无法遏制不法分子破坏市场信赖，皆可通过妥善因应风险的立法予以监管，以防范消费者的权益受到损失。中国台湾地区正处于推动虚拟资产专法、成立虚拟资产服务事业公会的重要阶段，虚拟资产市场的蓬勃发展与建立市场信赖息息相关。稳定币于虚拟资产市场市值占比极高，除了支付功能，其与法定数字货币、金融服务结合的发展亦指日可待，针对资产储备的透明度、法律对消费者的赎回权应予以明确保障。此外，对虚拟资产交易所的资产管理及治理方式明确规范，或许能成为辅助稳定币发展的重要基础。

量子金融应用的“矛”与“盾”

梁静姮*

摘　要: 科技驱动金融,量子运算带来新挑战和机遇。本文首先分析量子计算机具有并行处理的优势,但受NISQ限制,其有快速但不精确的特点,此外,量子金融的应用需权衡速度优势与安全挑战。在量子金融应用背景下存在“矛”和“盾”的问题,“矛”主要针对量子金融下的风险管控、衍生金融工具、投资组合优化等问题寻求积极的法律对策;“盾”代表了在量子金融下的权利保障方向,防患于未然、保护金融密钥、保护加密货币等如何在法律中对应有效的规范。

关键词: 量子金融;金融法;加密货币;量子纠缠

一、量子计算的金融应用概述

(一) 科技驱动金融之利剑——量子运算

20世纪50年代计算机问世,如今其已无需人工干预便可直接为金融市场提供服务,依赖信息和技术系统的金融服务供给不断上涨。[①] 在大部分情况下,金融业提供的基本服务仍具有稳定性,然而信息科技的加入影响了金融市场参与者之间的关系。

澳门特别行政区在第13/2023号法律《金融体系法律制度》中新增了“有限制业务银行”牌照,在此之前,澳门的银行牌照只设有单一全能的银行牌照。2023年的《金融体系法律制度》让我们看到了若缺乏创新和对消费者态度的理解,会使银行的“竞争对手”在创新金融领域占上风。灵活的银行牌照更有利于创新金融产品的开发。科技的发展正在促使消费者对金融服务,从产品驱动转

---

* 梁静姮,澳门大学法学院民法学博士、高级导师、法学士学位课程(中葡双语授课)课程主任、中文法学士学位课程主任。

① Washington D. C. U. S. Congress, Office of Technology Assessment. *Effects of Information Technology on Financial Services Systems*, Technical Information Unit, 1984, p.191.

向市场驱动和科技驱动。

金融法律制度的发展过去主要关注如何保护金融服务体系中消费者的权利和待遇，而现在隐含着以科技为基础的系统对消费者产生潜在影响。量子计算即将改变我们技术驱动的世界。[①] 凭借量子物理学中神秘的机械力量，这些基于量子纠缠状态的计算机有潜力在各个领域推动社会进步，包括金融领域，但任何事物都有其两面性。例如，虽然量子计算机能利用其特性来解决前所未有的最复杂的问题，然而，量子运算的这种特性，也对金融体系构成了安全威胁。因为数字加密目前取决于某些数学问题的计算难度，例如对大数进行因式分解，而使用量子计算机来解决这些问题会变得更加容易。[②] 这些公式是当今的公共加密系统的基础，用于保护重要的数据和网络，包括银行和金融市场，以及政府最敏感的信息。[③] 量子计算机可以通过破解加密危及金融交易系统等安全。

（二）量子计算的优缺点

随着量子计算技术逐渐成熟，投资银行高盛集团（Goldman Sachs）认为，量子计算机有可能在五年内应用于金融业。[④] 量子计算由于其纠缠特性，在解决高纬度问题上有其天生优势，又有隧穿概率，不会限于局部最小值中。[⑤] 在量子力学中，每个光子都处于"叠加"状态，直到在银幕上被侦测到，它会同时行进至所有可能的路径。[⑥] 这些叠加与其他物体纠缠在一起，意味着它们的最终输出在数学上是相关的，量子的这种性质被称为"纠缠"。[⑦] 量子运算的叠加和纠缠特性产生了极为突出的运算优势。[⑧] 根据量子定律，电子进入状态叠加，其中电子的行为就好像同时处于两种状态，所使用的每个量子位元可以同时叠加 0 和

---

① Arthur Herman, Alexander Butler. *Prosperity at Risk: The Quantum Computer Threat to the US Financial System*. Hudson Institute, 2023, pp.9 – 10.

② Jon R. Lindsay. Surviving the Quantum Cryptocalypse. *Strategic Studies Quarterly*, Vol. 14, No. 2 2020, p.49.

③ Arthur Herman, Alexander Butler. *Prosperity at Risk: The Quantum Computer Threat to the US Financial System*. Hudson Institute, 2023, p.10.

④ The giant Wall Street Investment Bank is Working on Computer Algorithms that may be Used on Hardware and it Could be Available Within the Next 5 years, in Financial Markets could be Using Quantum Computing Within 5 years. https://techhq.com/2021/05/financial-markets-could-be-using-quantum-computing-within-5-years-says-goldman-sachs/，最后访问日期：2024 年 1 月 18 日。

⑤ 张庆瑞：《量子大趋势》，中译出版社 2023 年版，第 189 页。

⑥ Anjali Rawat, Hitesh Rawat, Jaideep Patel, Rajesh Kumar Chakrawarti, Romil Rawat, Sanjaya Kumar Sarangi, Vivek Bhardwaj. *Quantum Computing in Cybersecurity*. Wiley, 2023, p.432.

⑦ Anjali Rawat, Hitesh Rawat, Jaideep Patel, Rajesh Kumar Chakrawarti, Romil Rawat, Sanjaya Kumar Sarangi, Vivek Bhardwaj. *Quantum Computing in Cybersecurity*. Wiley, 2023, p.432.

⑧ Amit Josh, Nilanjan Dey, Simon Fong. ICT Analysis and Applications: Proceedings of ICT4SD. *Springer Nature* (Singapore), Vol.2, 2020, p.242.

1,因此,量子计算机可以进行的计算量为 2m,其中,m 是使用的量子位元数量。[①] 量子计算机相对于经典的计算机而言,其实现了真正的并行处理。量子位元之间相互作用的方式是通过量子纠缠实现的。

纠缠是一个过程,借助纠缠性质,一个粒子的自旋(向上或向下)可以与另一个粒子的自旋相关;由于叠加现象,预期元素同时处于向上自旋和向下自旋两种状态。[②] 这种机制目前还没有实际的解释可以得到学界的一致认同,大多是理论结合猜想,而且 2022 年的诺贝尔物理学奖的得主也告诉我们,当年爱因斯坦的猜想是有误的……虽然未能完全解释清楚这个现象,但我们能加以利用。量子纠缠可以使得相距无限远的量子位元能相互作用。[③] 它们用量子位元代替二进制,在这里的叠加状态将包含所有的路径,然后我们将“折叠”该状态,以揭示最有可能到达终点的路径。

量子算法可以比经典算法更快地在无序资料集中寻找统计资料,它可用于加速解决某些问题或更快地执行某些任务,但其目前的问题受到“嘈杂的中尺度量子”(Noisy Intermediate-Scale Quantum,NISQ)的限制,其特点是量子处理器包含多达 1 000 个量子位,但这些量子位元还不够先进,既无法实现容错,也不够大,无法实现量子优势。[④] 也就是说,虽然量子演算的速度非常快,但是无法避免结果有误差,甚至有偏颇。

(三) 量子计算的金融应用

本文讨论的量子金融,是指将量子计算机应用于金融和经济学的领域的情况。讨论量子计算机应用于金融业中的优势和可能面对的问题,在法律规范中应该如何应对。

对于金融行业来说,量子计算机是一把双刃剑。优势是快,但其也对银行等金融机构进行安全交易所依赖的传统加密系统构成了潜在威胁。为了应对此问题,业界正在开发抗量子加密技术来保护金融交易等。金融机构需要确保用户

---

① Amit Josh, Nilanjan Dey, Simon Fong. ICT Analysis and Applications: Proceedings of ICT4SD. *Springer Nature* (Singapore), Vol.2, 2020, p.242.

② Amit Josh, Nilanjan Dey, Simon Fong. ICT Analysis and Applications: Proceedings of ICT4SD. *Springer Nature* (Singapore), Vol.2, 2020, p.242.

③ Amit Josh, Nilanjan Dey, Simon Fong. ICT Analysis and Applications: Proceedings of ICT4SD. *Springer Nature* (Singapore), Vol.2, 2020, p.242.

④ Bartlomiej Kolodziejczyk. Scaling Quantum Computing Technologies: Opportunities, Challenges and Policy Interventions. https://sdgs.un.org/sites/default/files/2023-05/A2-%20Bart%20Kolodziejczyk%20-%20Scaling%20quantum%20computing%20technologies.pdf. 最后访问日期：2024 年 1 月 19 日。

能继续信任金融行业所管理的海量交易和资料。

同时，量子演算无法避免一些结果的误差，那么，在相关的法律制度中，我们就容错又应该拟定一个怎样的范围？误差到何种程度属于瑕疵？为了区别于一般的产品，此处我们可以参考软件上的瑕疵，即软件产品瑕疵，可以理解为产品的实际性能偏离其应有的性能。[①] 因此量子金融产品的瑕疵，也可以将该瑕疵是否使该金融产品偏离了其应有的性能作为重要的参考标准。

当然，技术还在不断地发展，算法无法避免的误差，在考虑其法律责任中所秉持的“度”不能一概而论，需要具体问题具体分析。

二、“矛”与“盾”的概述

在量子金融应用的背景下，“矛”和“盾”指的是赋能和增强这些应用能力的两个重要面向。

一方面，“矛”代表了量子金融应用的“攻击力”。量子运算带来了前所未有的运算能力，利用叠加和纠缠等量子现象，与经典计算机相比以指数速度执行复杂的计算。这种巨大的运算能力可以在金融领域进行高效的最佳化、模拟和风险分析。量子算法，例如用于素因子分解的 Shor 算法和用于搜寻问题的 Grover 算法，在解决经典计算机难以解决的计算挑战方面发挥着至关重要的作用。这些算法可应用于投资组合最佳化、期权定价和风险管理等任务，从而实现更准确、更有效率的财务决策过程。

另一方面，“盾”代表了量子金融应用的“防御力”。量子技术提供更强的安全和隐私措施，这在金融领域至关重要。例如，量子密码学利用量子力学原理提供安全的通信通道，并保护敏感的金融信息免遭窃听和黑客攻击。抗量子密码技术正在开发中，以防范未来能够打破目前加密标准的量子计算机所带来的潜在威胁。通过实施抗量子加密算法和安全通信协议，金融机构可以确保其资料、交易和通信网络的完整性和机密性。

“矛”和“盾”共同赋能量子金融应用，为复杂的金融运算提供先进的运算能力，并提供强大的安全措施来保护敏感的金融数据。这些进步有可能彻底改变金融业的各个方面，包括风险管理、投资组合优化、欺诈侦测、安全交易和资料隐私。

---

① Diwakar Education Hub. *Ugc Net unit-6 Computer Science Software Engineering Book with 600 Question Answer as Per Updated Syllabus*. Diwakar Education Hub., 2022, p.218.

三、量子金融的“矛”——有的放矢

量子计算的速度非常快，虽然通常可以找到正确方向，但无法避免结果的误差。因此，对于一些特定的金融应用，在可容忍范围内的误差下，速度与决策方向比误差更重要。[①] 一些主流的金融公司，例如摩根大通(J.P. Morgan)、[②]高盛集团[③]均成立了量子部门来研发量子金融应用；中国经济信息社新华财经联合本源量子共同发布了“量子金融应用”，[④]同时，本源量子研发量子支持矢量机(QSVM)，[⑤]将其运用到股票的振幅预测、多因子选股模型等金融领域实际场景，并完成算法验证。

量子计算在金融领域应用越来越广泛，主要包括：风险管控(risk control)、衍生性商品定价(derivatives pricing)、投资组合优化(portfolio optimization)等。[⑥] 事实上，这些运用都是把量子计算机与人工智能结合，量子人工智能是对未来量子计算的探索。

(一) 风险管控——算法治理

风险管控是金融体系其中一个关键环节，风险价值(value at risk)是金融业中量化市场风险的指标。[⑦] 华尔街的知名投资银行摩根大通要求业务部门于每日交易结束后 15 分钟内(即每天的下午 4 时 15 分)提交市场行情变动的风险报告，量化银行在其所有业务领域所面临的风险水平，这份报告就是著名的“4:15 report”。[⑧] 目前计算风险价值最普遍的方法是蒙特卡罗(Monte Carlo)模式，但由于蒙特卡罗模式需要对每个采样市场场景中的投资组合进行重估，若加速蒙

---

① 张庆瑞：《量子大趋势》，中译出版社 2023 年版，第 189 页。
② https://www.jpmorgan.com/technology/applied-research，最后访问日期：2024 年 1 月 19 日。
③ https://www.goldmansachs.com/careers/possibilities/quantum-computing/，最后访问日期：2024 年 1 月 19 日。
④ 王春霞：《本源量子金融应用正式上线》，https://www.cnfin.com/hb-lb/detail/20220130/3528024_1.html，最后访问日期：2024 年 1 月 19 日。
⑤ QSVM 是一种用于二元分类任务的量子机器学习算法。它基于经典支援矢量机(SVM)算法，但采用量子算法来加速训练并改善结果。Nongmeikapam Brajabidhu Singh. *Cracking Quantum Computing Interview: A Comprehensive Guide to Quantum Computing Interview Preparation*. Self Published, 2023, p.196.
⑥ 张庆瑞：《量子大趋势》，中译出版社 2023 年版，第 189 页。
⑦ S. Desmetre, R. Korn. *FPGA Based Accelerators for Financial Applications*. Springer International Publishing, 2015, p.18.
⑧ Gillian Tett. *Fool's Gold: How the Bold Dream of a Small Tribe at J.P. Morgan Was Corrupted by Wall Street Greed and Unleashed a Catastrophe*. Free Press, 2009, p.33.

特卡罗模式需要加快每个重估速度，[①]这一计算瓶颈导致该计算能力有限，因此，需要经常在准确度和速度间进行取舍。

若速度提升能够解决问题，那么，量子计算机与金融业的风险管控将是绝配。

IBM利用了“量子风险分析”的优势，推出了适用量子幅度估算方法（quantum amplitude estimation，QAE）来分析金融风险，比起蒙特卡罗模式，利用叠加和纠缠特性，可以大大缩短计算时间。[②] 量子计算机进入金融领域也有利于消除银行系统内的腐败和操纵行为。

西班牙的凯克萨银行（Caixa Bank）在西班牙有很多数字货币客户，其使用IBM的Qiskit进行量子金融开发，对两个特制资产组合进行财务风险评估。[③]凯克萨银行认为，量子计算机有利于其寻找金融资料建模方法，并隔离关键的全球风险因素，以进行更好的投资。[④]

但量子计算机运用于风险管控中，目前并没有直接的证据显示其预测绝对精准。对于量子计算而言，商业上相关的风险计算面临着特殊挑战，主要有以下几方面的原因。

一是风险因素的数量及其相关结构。结构和量子计算机的关系与结构和经典计算机的关系非常不同，它们属于不同的工程任务，暂时还不能避免量子元免受从环境中拾取的随机错误的影响。当前的量子计算机被称为“嘈杂的中级量子计算机”，通常具有不到100个ph量子位元。[⑤] 这对于大规模实际应用来说可能是一个严重的限制因素。

二是金融风险计算通常需要大量的风险因素，这些因素被建模为相关随机变量。这在一定程度上是一个算法问题。

三是量子计算机在金融风险管控中并非简单的分类和归类，它们还做出了更复杂的判断和决定，包括金融信息分类、适当性评估、风险核算以及实时监控

---

① Paul Glasserman, Philip Heidelberger and Perwez Shahabuddin. Efficient Monte Carlo Methods for Value-at-Risk. *IBM T.J. Watson Research Center*, 2000, p.5.

② Chris Jay Hoofnagle, Simson L. Garfinkel. *Law and Policy for the Quantum Age*. Cambridge University Press, 2022, p.252.

③ 张庆瑞：《量子大趋势》，中译出版社2023年版，第190页。

④ Karl Flinders. CaixaBank Uses Hybrid of Conventional and Quantum Computers to Classify Risk. https://www. computerweekly. com/news/252481845/CaixaBank-uses-hybrid-of-conventional-and-quantum-computers-to-classify-risk，最后访问日期：2024年2月15日。

⑤ Eduardo Reck Miranda. *Quantum Computer Music: Foundations, Methods and Advanced Concepts*. Springer, 2022. p.323.

和监管。这种预测算法治理术超越了传统计算机对事实的程序和规则的应用，主要是基于概率逻辑来计算将来的事实。算法的归责主体性暂时还未能很好地反映在法律上。

四是算法权力运作有可能偏离了人类领导者的意图，产生了一种非理性的理性，它吸纳并有效利用人类确定的权力来控制、约束、监督和“授权”。[①] 虽然法律对其进行规范并不容易，但是金融机构需要做到的并不是把量子计算机拦住，而是要在使用量子计算机的同时依然得到大众的信任。

为了寻求关于信任概念的跨学科通识，曾经有学者提出了一个在社会科学中经常被引用的定义：“信任是一种心理状态，包括基于对他人意图或行为的积极期望而愿意接受脆弱性的意愿。”[②]法律可以协助监督金融机构在量子时代的运行，以保护公共利益和投资者的利益。法律对于金融机构在量子时代的监督可以针对以下部分。

一是技术。将量子计算技术引入金融机构的组织流程，虽然每次量子计算非常快，可以比经典计算机更快得到一个独立的结果或者决策，但是量子计算机的特点是其可以同时进行运算，因此，其结果或者决策也更接近人类思考的结果。为了保障其基础设施整合的良好，就金融机构的规模，建议法律强制性规定一个对量子计算机专业维护的较短周期。在欧盟的《人工智能法案》(*Artificial Intelligence Act*, *AI Act*)中，直接在第 9 条中规定了对人工智能的风险管理体系，这样的规定旨在保护量子金融的安全性和稳健性，并对投资者和金融市场的有序发展进行保护。

二是专业技能。法律应促进每一个金融机构都能拥有一位或以上的量子计算机专家，该专家在未来应该得到政府的资格认证，金融机构既可以单设持牌上岗的职位，也可以聘任独立专业的第三方负责。因为金融系统既需要知道如何使用量子计算系统的专家，也需要确保量子计算机在风险管控中被正确使用。虽然前文提到量子计算也需要容错的空间，但此处的容错不包括把量子计算机有意无意地用于错的设置中的情形。

三是信息关系。量子计算机相对于经典的计算机而言，能建立更多的组织信息关系，以及更快产生更多的信息。量子资料可以被视为包含在量子位元中

---

① Paul Henman：《算法治理和算法治理术迈向机械判断》，Marc Schuilenburg、Rik Peeters：《算法社会：技术、权力和知识》，王延川、栗鹏飞译，商务印书馆 2023 年版，第 38 页。

② Eike A. Langenberg. *Guanxi and Business Strategy*: *Theory and Implications for Multinational Companies in China*. Physica-Verlag HD, 2007, p.107.

用于计算机化的资料包，然而，观察和储存量子资料具有挑战性，因为存在叠加和纠缠。[①] 量子资料这种噪声的特点，要求正确分析和解释这些资料的阶段需要应用机器学习，这难免影响金融机构内的信息关系。在量子金融的时代下，笔者建议法律厘清并明确规定哪些信息必须要对公众公布，以及公布的时间间隔。显然，按此规定的信息公布要比现在公布的信息更多、更快，但法律仍需要将其限制在一个合理的范围内。若金融信息公布过多、过快，可能会对金融市场带来不稳定的风险，投资者可能无法及时消化和理解大量的信息，从而导致市场波动和价格剧烈变化，同时，过快的信息公布可能导致投资者和市场参与者面临信息超载的问题，而大量的信息可能使人们难以筛选和理解重要的信息，从而造成决策困难和错误。

对于量子风险管控，若法律做到以上三点，将有助于加强公众对量子金融风险管控的信任。这种信任不仅取决于量子技术的性质，而且更多的是取决于指导量子计算机使用的专家、量子计算机能在正确的装置且在合理的时间输出信息，以及量子计算机的及时维护。

(二) 衍生性金融工具——隐性监管

截至目前，还没有一个统一的定义可以涵盖“风险”这样一个复杂且多功能的概念。商人、法学家、科学家、投资者和金融服务机构等都不能简单地从自己专业的层面对“风险”作出一个定义，尤其在量子金融时代，“风险”变得更多元化。不过在金融的每个领域都离不开风险的评估，风险与价格是金融的永恒话题，而应用了量子计算机的“衍生性金融工具”更与此息息相关。“衍生性金融工具”是由资产目标物上衍生出来的金融工具。几乎所有的金融工具(广义的衍生性金融工具)都可以根据其收益函数分为线性或非线性的，前一类包括股票、产品、货币和其他资产，其损益与其价格成正比；[②]后一类非线性资产包括衍生金融工具(狭义的衍生金融工具)，其价格取决于基础资产的价格，这些工具的损益与相关资产价格之间的关系并非线性的，期权(Option)是非线性的主要代表之一，[③]且期权的应用非常广泛。因此本文以其为例进行探讨。

通常期权的价格变动也使用蒙特卡罗方法进行模拟，计算出特定价格的概

---

① Cem Dilmegani. In-Depth Guide to Quantum Artificial Intelligence in 2024. https://research.aimultiple.com/quantum-ai/，最后访问日期：2024 年 2 月 18 日。

② Sergey Izraylevich, Vadim Tsudikman. *Automated Option Trading: Create, Optimize and Test Automated Trading Systems*. Pearson Education, 2012, p.135.

③ Sergey Izraylevich. *Vadim Tsudikman. Automated Option Trading: Create, Optimize and Test Automated Trading Systems*. Pearson Education, 2012, p.136.

率后，对未来的走势进行预测。[①] 用经典计算机计算衍生金融工具的产品定价需要数个小时，甚至更久，IBM 和摩根大通合作研究将量子幅度估计用在期权定价上，量子计算与传统的计算方式相比，可以大幅提升期权定价的能力。[②] 但是，在享受量子计算机对期权高速定价的同时，并不能排除其争议，其中较明显的是量子计算机可能比经典计算机的估价存在更严重的偏见。虽然量子计算机对金融体系中相关定价的介入将推动人工和机器学习的发展，但也可能会加剧因算法使用不当而导致的偏见和不良结果的现有风险，进而引发诉讼风险。

有报告指出量子计算机的“偏见”主要相对于经典计算机而言，但是因它们的硬件引起偏向性也可能因为存在的相关性[③]。人类有偏见，量子计算机也有偏见，因为人工智能学习和运算的系统主要依赖于人的设置和输入，其实量子运算就是量子计算机和人工智能的结合，我们迫切需要了解这项技术的潜在影响，并对其进行监管。

2023 年 12 月 8 日，欧洲议会、欧盟成员国和欧盟委员会三方就《人工智能法案》(*Artificial Intelligence Act*, *AI Act*)达成协议。法案旨在为人工智能引入一个共同的监管和法律框架。除军事用途外，法案范围涵盖所有人工智能类型的范畴，因此也会对特定应用的量子运算产生影响。该法案的目标是确保欧洲能够以正确的方式应对各种人工智能，同时对高风险领域提出了具体要求。

该法案将人工智能分成了四个风险类别：不可接受的风险、高风险、有限风险和最小风险。[④] 大多数的 AI 系统属于最小风险，诸如推荐系统或垃圾邮件过滤机制等，相关供应商不必承担义务。高风险系统则涵盖关键基础设施、执法或公领域系统、生物辨识与情绪辨识系统等，它们必须遵守严格的要求，例如具备风险缓解系统、资料集、活动纪录、详细的文件人工监督等。至于不可接受的风险指的是可操纵人类行为以规避自由意志的系统或程序，也将在某些应用中禁止生物辨识。透明度风险要求人们必须能够辨识与之交流的对象或内容是否源

① Dirk P. Kroese, Thomas Taimre, Zdravko I. Botev. *Handbook of Monte Carlo Methods*. Wiley, 2013, p.526.

② Nikitas Stamatopoulos, Daniel J. Egger, Yue Sun, Christa Zoufal, Raban Iten, Ning Shen, Stefan Woerner. Option Pricing using Quantum Computers. *Quantum*, Vol.4, 2020, p.291.

③ Heese R., Wolter M., Mücke S. et al. *On the Effects of Biased Quantum Random Numbers on the Initialization of Artificial Neural Networks*. Springer, 2024.

④ Proposal for a Regulation of the European Parliament and of the Council Laying Down Harmonised Rules on Artificial Intelligence (Artificial Intelligence Act) and Amending Certain Union Legislative Acts (Com/2021/206 final).

自 AI。未遵守 *AI Act* 的业者将被罚款，最高款项为 3 500 万欧元或年营收的 7%。[①]

针对金融系统，法案规定对于受监管的信贷机构提供或使用的人工智能系统，应指定负责监管欧盟金融服务立法的主管部门作为监督主管部门，以确保协调一致地执行该法案和欧盟的金融服务立法，人工智能系统在某种程度上受到与信贷机构内部治理体系相关的隐性监管。[②] 这种隐性监管受到执行金融服务立法的当局（包括欧洲中央银行，应指定为主管当局）负责监督其实施，包括对受监管和监督的金融机构提供或使用的人工智能系统进行市场监督。[③] 人工智能的监督离不开人，但是对于量子计算机的监督，对人类来说其实是一大挑战。

（三）投资组合优化——量子保险

每项投资都会带来一定程度的风险——根本问题是回报是否能证明该投资是合理的。因此，管理多样化的金融资产组合需要采取具有挑战性的平衡行为，以便以尽可能低的风险获得最大的回报，这可能是一项极其复杂的壮举。但怎样才是最好的投资组合？

1990 年，诺贝尔经济奖得主哈里·马科维茨（Harry Markowitz）提出投资组合选择理论，发展了"一种关于不确定性下家庭和企业金融资产配置的理论"。[④] 事实上，该理论源于其 1952 年的论文《投资组合选择》（Portfolio Selection），[⑤]虽然几十年过去了，但其颇具影响力的理论仍然是量化投资组合选择的中心理论。量子计算机的介入能帮助投资人更迅速地找到投资的实时最优化组合，大大改善了现在经典计算机有时面临的变量过多、运算时间过长等问题。而且量子计算机的效率能帮助投资人加速找到全局最优的投资组合，而不只是局部最优。

量子初创公司 Multiverse 与西班牙银行 BBVA 和 Bankia 合作，利用量子计算来优化投资组合，并提出量子计算方法。Multiverse 为金融领域开发基于

---

① 欧盟《人工智能法案》第 71 条。

② Directive 2013/36/EU of the European Parliament and of the Council of 26 June 2013 on Access to the Activity of Credit Institutions and the Prudential Supervision of Credit Institutions and Investment Firms, amending Directive 2002/87/EC and repealing Directives 2006/48/EC and 2006/49/EC Text with EEA relevance, OJ L. 176, 27.6.2013, pp.338 - 436.

③ 欧盟《人工智能法案》第 63 条。

④ Bernd Scherer, Kenneth Winston. *The Oxford Handbook of Quantitative Asset Management*. Oxford Academic, 2012, p.7.

⑤ Harry Markowitz. Portfolio Selection. *The Journal of Finance*, Vol. 7, No. 1,1952, pp.77 - 91.

量子运算的解决方案的领先者——结合了经典计算和量子运算优势的 D-Wave 混合求解器服务。[①] “只有 D-Wave 的混合求解器服务和 Tensor Network 的经典系统才能为 XXL 资料集提供解决方案。D-Wave 方法花了 171 秒解决问题，而 Tensor Networks 的系统需要一天以上的时间才能运作。”[②]这就是量子计算机和先进的经典计算机在分析优化投资组合中的差别，时间就是量子计算机的突破点。

2022 年 1 月，新华财经联合本源量子共同发布了第一个量子金融应用，并在新华财经 App 上线，其目前有“量子期权定价”“量子风险分析”“量子投资组合优化”和“量子期权策略收益期望”四个功能。2022 年 3 月，玻色量子与光大科技、北京量子信息科学研究院联合发布了量子计算投资组合产品——“天工经世：量子计算量化策略平台”，基于哈里·马科维茨的理论解决了投资组合配比的优化问题。

越来越多金融机构尝试涉足量子金融，瑞银集团（UBS）之前与初创量子公司 QxBranch 合作，致力于研究量子算法在外汇交易和套利方面的应用，但 2023 年 5 月瑞银集团前数据主管表示，瑞银在得出结论认为量子计算相对于现有技术没有显著优势后，放弃了利用量子计算进行交易的多年努力。[③] 瑞银集团前首席数据长李·富尔默（Lee Fulmer）在最近的一次会议上表示，瑞银正试图利用量子运算来加速银行现有的交易模式，以提高竞争优势。“在投资银行业，你的生死只在微秒之内：所有这些努力的最终结果是我们发现我们并没有得到实质性的提升。”[④]其他金融服务公司正在其业务的其他领域测试量子，但结果各不相同：法国农业信贷银行今年早些时候成功完成了两项现实世界的实验，发现它可以使用量子实现“更快的估值和更准确的风险评估”技术，而法国银行正准备保护自己免受破坏加密的量子策略的影响。与此同时，万事达卡正在尝试

---

① Multiverse Computing：Optimizing Financial Portfolios with Quantum Computing，D-Wave Systems Inc. https://www.dwavesys.com/media/5qahck2o/multiverse_case_study_v8.pdf，最后访问日期：2024 年 2 月 18 日。

② Multiverse Computing：Optimizing Financial Portfolios with Quantum Computing，2021 D-Wave Systems Inc. https://www.dwavesys.com/media/5qahck2o/multiverse_case_study_v8.pdf，最后访问日期：2024 年 2 月 18 日。

③ Luke Clancy. UBS Found No Advantage in Quantum Computing：Ex Data Chief. https://www.risk.net/risk-management/7956765/ubs-found-no-advantage-in-quantum-computing-ex-data-chief，最后访问日期：2024 年 2 月 18 日。

④ UBS' Experimentation with Quantum Computing for Trading Found No Significant Advantage Over Existing Technologies，According to Its Former Head of Data. https://insightsdistilled.com/editions/may-23/ubs-quantum-computing-experimentation-lee-fulmer/，最后访问日期：2024 年 2 月 18 日。

使用量子运算来改善其忠诚度和奖励计划，汇丰银行、摩根大通和 Ally 也有自己的测试。[①]

可见，量子金融在投资组合优化的事宜上，并非听到“一边倒”的好声音。无论如何，通过使用量子运算来模拟这些投资的市场条件，可以更准确地估计其预期回报和风险，从而形成更具弹性的投资组合。然后，投资者和交易者可以利用这些信息做出更明智的决策。

在投资组合优化的事宜上，人机互动值得被关注。量子脑网络整合了神经技术、人工智能和质量控制，以增强人脑和量子计算机之间的连接性。[②] 个人的投资喜好、个人的财务组成、个人面对风险能力等信息将越来越暴露于量子计算机中。虽然我们追求的是量子计算机在协助进行投资分析时，能确保系统安全、透明、可追溯、非歧视和环境友善等，但是量子计算机的运算速度太快了，现阶段几乎不可能实现人工监督，即使 2023 年 12 月 8 日欧盟通过了《人工智能法案》，但该法案强调的仍是人工监督，其规定的是人工智能系统应该由人类而不是自动化来监督，以防止有害结果。英国《2021 年国家安全与投资法案》(*National Security and Investment Act 2021*)[③]涵盖了包括量子技术在内的 17 个敏感领域，政府有权审查并阻止可能损害英国国家安全的收购。虽然此处提到了量子计算机，但依然由人工审查。可是，目前对于量子计算机而言，要做到人工监督或者审查不太容易。

面对这样一个高速但难以进行人工有力监督的系统，是否某些金融机构暂时摒弃对其进行利用的原因？在这种情况下，若真的需要使用量子计算机进行投资组合优化，面对这样一个难以预测的风险，将来是否有可能运用“保险”的形式来应对，并建立一种“量子保险合同”，以风险分摊的模式应对将会出现的未知数？虽然对于量子计算机我们暂时难以用人工进行有效的监督，但对于量子投资组合优化的金融服务，我们不排除金融机构可以与相关保险公司合作，为该项

---

① UBS' Experimentation with Quantum Computing for Trading Found No Significant Advantage Over Existing Technologies, According to Its Former Head of Data. https://insightsdistilled.com/editions/may-23/ubs-quantum-computing-experimentation-lee-fulmer/，最后访问日期：2024 年 2 月 18 日。

② E.R. Miranda, S. Venkatesh, J.D. Martin-Guerrero, C. Hernani-Morales, L. Lamata, and E. Solano. An Approach to Interfacing the Brain with Quantum Computers: Practical Steps and Caveats. *Int. Journ. of Unconventional Computing*, Vol.17, No.3, 2022, pp.1528–1531; Eduardo R. Miranda, José D. Martin-Guerrero, Satvik Venkatesh, Carlos HernaniMorales, Lucas Lamata and Enrique Solano. Quantum Brain Networks: A Perspective. *Electronics*, Vol.11, No.10, 2022.

③ *National Security and Investment Act* (2021), https://www.legislation.gov.uk/ukpga/2021/25/contents/enacted，最后访问日期：2024 年 2 月 19 日。

服务提供一种特别的“量子保险合同”,并在合同中列出系列可能发生的风险事项,以确保用户利益得到一定的保护。

四、量子金融之“盾”——捍卫权利

(一) 防患于未然——前置监管

鉴于量子金融的系统非常快,并非一般的计算机能够进行监管,因此前置式监管显得非常有意义。[①] 此处前置监管的目标是在确保金融市场引入量子技术的同时监管仍然有效,并能妥善处理量子金融市场的风险。本文尝试从以下几方面提出建议。

第一,对运用量子计算机进行金融业务的金融机构颁发专门的许可,获得此类执照的金融科技公司可以在全国范围内营运,该许可的作用主要在于赋予金融机构一些义务,尤其是需要确保客户理解量子金融的风险。使用量子计算机的金融机构应当是最能对量子计算机进行前置监管的实体,并且相关金融机构也是最有能力确保客户存在充足资本来承受相关风险的单位。就量子金融机构制定特别的许可,“赋予使用量子计算机的金融机构更多义务,是罗马法古老原则(哪里有舒服哪里就有不舒服)”。[②] 当从某种情况或事实中获得优势,则必须为该情况或事实提供有利的条件。量子金融机构在该情况下,为使用量子金融提供有利的条件责无旁贷。当然,该前置监管不能仅靠金融机构的自我监管,这种自我监管只是前置监管的第一步。

第二,“金融产品的复杂性还会产生市场挤压和风险‘传染’蔓延的问题”,[③]“用来估计动态关联的传统数学模型最多只是提供一些近似的数据。错误的假设极易导致投资者混乱,使市场对产品失去信心。”[④]量子金融有可能使现有的金融产品风险加剧,从而更容易导致投资者混乱。因此,在金融机构自我监管的基础上,政府金融管理部门的监管则显得尤为重要。量子金融这种新技术下的

---

① 该观点是笔者在 2024 年 2 月 25 日香港大学法学院举行的“第七届海峡两岸暨港澳地区金融法论坛”中,受到蔡宗翰教授的启发而形成。

② Umberto Albanese. *Massime, Enunciazioni e Formule Giuridiche Latine: Traduzione, Commento e Riferimenti Sistematici Alla Legislazione Italiana*. Hoepli, 1993, p.387.

③ 沈伟:《复杂结构金融产品的规制及其改进路径:以香港雷曼兄弟迷你债券事件为切入点》,沈伟、[美] 罗伯塔·罗玛诺等:《后金融危机时代的金融监管:中美的视角》,法律出版社 2016 年版,第 153 页。

④ 沈伟:《复杂结构金融产品的规制及其改进路径:以香港雷曼兄弟迷你债券事件为切入点》,沈伟、[美] 罗伯塔·罗玛诺等:《后金融危机时代的金融监管:中美的视角》,法律出版社 2016 年版,第 153 页。

业务，是在原有金融业务的基础上，利用量子计算机达到更快的速度，但未能有效避免数据偏颇出现。因此，对政府金融管理部门而言，是否能在旧的监管制度中对其进行有效的前置监管？事实上，现有的监管制度会面临一些挑战，例如，需要加强专业知识团队的建设，量子金融是一个复杂且快速发展的领域，需要对量子力学和金融系统有深入的了解。政府金融管理部门可能暂时还没有足够的专业知识人员来有效监督和规范量子金融活动。现有的监管框架可能没有专门解决与量子金融相关的独特方面和风险的规定。笔者建议将来制定法规，包括对于量子计算和量子加密等技术的使用和应用的指导和限制，将更有利于政府部门对量子金融进行监管。就技术方面而言，政府金融管理部门也需要跟上量子计算机的技术进步，才能相应地调整其预监管方法。

对量子金融的有效预监管，需要政府部门、监管机构与产业专家之间的密切协作与配合。然而，在现有监管体系内建立此类合作并确保有效的信息共享可能具有挑战性，或许构建量子金融专家委员会是将来监管制度所需要重点考虑的。

（二）保护金融密钥——后量子密码

金融市场上私人网络和金融机构网络之间的联系日渐深入，其中金融数据具有非常重要的价值。自 2021 年以来，哈德逊研究所（Hudson Institute）的量子联盟计划一直在针对未来量子计算机攻击的定量成本进行一系列计量经济学研究。[①]

量子计算机对金融系统的解密攻击与传统网络攻击的威胁不同，量子黑客在很大程度上是无法被侦测到的，因为隐蔽的量子入侵看起来合法且经过授权，只要入侵者希望继续访问数据和网络，入侵行为就能持续发生。[②] 这与必须依赖一次对一个目标进行一系列试错攻击的经典黑客不同，量子攻击将无所不在，因为它可以无限期地保持无法检测的状态，无论是持续的资料外泄还是全面的破坏性网络世界末日，量子攻击可以是介于两者之间的任何形式存在。

在金融体系中，利用量子技术的侵权与一般的侵权不同。因为量子侵权的侵权行为无法检测，侵权时间无法确定，但企业和政府对金融投资者、金融客户有法律责任，必须保护敏感信息的机密性。无论这些信息是金融用户的

---

① Alexander W. Butler, Arthur Herman. *Prosperity at Risk: The Quantum Computer Threat to the US Financial System*. Hudson Institute, 2023, p.9.

② Alexander W. Butler, Arthur Herman. *Prosperity at Risk: The Quantum Computer Threat to the US Financial System*. Hudson Institute, 2023, p.10.

财务记录，还是严格的金融机密。量子侵权使外人不仅能了解这些资料，而且能使用机器学习提取一般模式，甚至向资料流程中插入虚假或误导性信息（恶意软件）。[①]

潘建伟院士曾经说过，如果要实现一个三百位大数的质因数分解，用传统计算机来算的话需要 15 万年，但用量子计算机来算的话只需要 1 秒钟。[②] 如果用 1 秒钟就实现了大数的质因数分解，那几乎可以破解世界上所有的银行密码，所以量子计算机出现之后，对金融体系甚至人类社会的冲击是非常大的。量子技术的快速发展需要制定新的法律来应对其带来的独特挑战。现有的法律法规，例如美国的《电子通信隐私法》（*Electronic Communication Privacy Act of 1986*，*ECPA*）和欧盟的《通用数据保护条例》（*General Data Protection Regulation*，*GDPR*），在量子时代可能不够用。立法者必须采取积极措施，确保遵守金融资料保护的法规，并尽可能在量子侵权之前保护客户的资料，这可能涉及对防量子密码算法的投资。此外，立法者必须努力创建全面且适应性强的法律框架，以应对量子技术带来的独特挑战。

2022 年 12 月，美国总统拜登将《量子计算网络安全准备法案》（*Quantum Computing Cybersecurity Preparedness Act*）[③]确认为法律，其认为量子解密（即量子计算机绕过现有资料保护措施的能力）可能会对政府构成威胁。该法案解决了行政机关信息科技系统向后量子密码学的迁移问题。后量子密码学是一种足够强大的加密技术，可以抵御未来开发的量子计算机的攻击，该法案不适用于国家安全系统。法案规定管理和预算办公室（OMB）应发布有关信息科技向后量子密码学迁移的指南。每个执行机关必须维护其使用的易被量子计算机解密的信息技术。在美国国家标准与技术研究院（NIST）发布后量子密码标准后，OMB 应发布指南，要求各执行机关制定计划，将本机关的信息技术迁移到后量子密码。

建议在金融法律体系中也尝试对量子计算网络安全进行规范。最直接和简单的方法可以参考美国的《量子计算网络安全准备法案》，即用法律强制性规定把金融系统中的密码都迁移到后量子密码，以维护金融体系资料的安全。

---

① *Quantum Safe Cryptography and Security: An Introduction, Benefits, Enablers and Challenges*. ETSI (European Telecommunications Standards Institute).

② 方俊明：《中科院潘建伟：已实现 255 个光子计算原型机——处理特定问题比经典超算快千万亿倍 量子科技有三个阶段目标》，《香港文汇报》2023 年 5 月 14 日，第 A9 版。

③ H.R.7535：*Quantum Computing Cybersecurity Preparedness Act*.

(三) 保护加密货币——从比特到量子比特

量子计算机将一切引导至新领域。在保护加密货币的问题上，能否做到在“矛”出现之前先准备好“盾”？传统计算机的最小信息单位是比特(bit)，它的值或者是1，或者是0，就像一个开关一样；量子计算机在信息存储和运算使用中的最小信息单位是量子比特，例如电子和光子等亚原子粒子[①]比特，正是这些粒子所具有的非同寻常的属性为量子比特带来了超级计算的处理能力。[②] Google科学家Hartmut Neven表示，该公司打算在2029年之前投资数十亿美元建造一台商业级量子计算机，执行大规模、无错误的商业和科学计算。[③] 若这种情况实现，对加密货币又将带来一种怎样的冲击？

尽管区块链技术是一项相对的创新，但加密货币这些数字资产以及由其驱动的整个去中心化应用程序生态系统，现在正面临着量子运算带来的挑战。虚拟货币例如比特币和其他适用区块链技术应用的安全性在于其加密的强度很高，不容易被传统计算机破解，但随着擅长于复杂运算及密码破解的量子计算机技术渐趋成熟，对其造成冲击是必然的。

例如现行的比特币协定，利用生成一个特定的随机数(nonce)作为新区块链生成的必要条件之一，[④]处理区块的个人和计算机就是“矿工”，只有当其是第一个创建满足特定要求的“哈希”时才会获得奖励。抢先完成“哈希”的竞争非常激烈，因为第一个完成“哈希”的人将获得一定数量的比特币奖励。[⑤] 如果量子计算机加入挖矿的行列，并且展现出压倒性超出其他矿工的计算能力，整个比特币市场就有可能瓦解。

虽然开发量子计算机的真正目标是能够解决世界上最复杂的问题，但它们可能会被滥用，例如其对公共区块链和加密货币网络造成严重破坏。为了回答区块链是否能够在量子运算中生存的问题，该技术需要在未来十年内发展成为防量子的分散式账本系统(其实“防量子”算法已经出现了，不过计算成本非常

---

① 此处是否真的是“粒子”，学界存在争议。

② 李开复、陈楸帆：《AI未来进行式》，浙江人民出版社2022年版，第304页。

③ Sara Castellanos. Google Aims for Commercial-Grade Quantum Computer by 2029-Tech Giant is One of Many Companies Racing to Build a Business Around the Nascent Technology. https://www.wsj.com/articles/google-aims-for-commercial-grade-quantum-computer-by-2029-11621359156，最后访问日期：2024年2月12日。

④ 林明宜：《量子计算机的原理、挑战与未来冲击》，https://www.narlabs.org.tw/xcscience/cont?xsmsid=0I148638629329404252&sid=0M103505917643100370&sq=%E9%87%8F%E5%AD%90%E9%9B%BB%E8%85%A6，最后访问日期：2024年2月12日。

⑤ McDonald, Oonagh. Introduction: Bitcoin Beginnings. in *Cryptocurrencies: Money, Trust and Regulation*. Agenda Publishing, 2021, p.4.

高，暂时不会用于商业化或比特币中），[①]否则量子计算机可能会在未来 10—15 年内变得强大到足以攻击加密货币。[②]

若有人用量子计算机窃取了别人的比特币，失主难以报案或者起诉偷窃者。除了躲在量子计算机后面的偷窃者不容易被锁定外，比特币的交易在大部分情况下也不受金融法律制度的保护和约束。事实上，各国加密货币法规差异很大，反映出围绕加密货币广泛采用的各种意见和担忧。一些国家已经接受了加密货币和区块链技术，[③]另一些国家则采取了更为谨慎的态度，[④]还有一些国家完全禁止与加密货币相关的活动。[⑤]

在技术理想并且虚拟货币作为合法货币的情况下，建议法律可以从以下几方面促进量子金融时代下的虚拟货币保护。

一是监管和合规性。金融法可以制定虚拟货币的监管和合规要求，以确保透明度、安全性和消费者保护。这些法规可以包括虚拟货币交易的许可和注册。

二是安全措施。金融法可以强制要求虚拟货币平台和钱包采取安全措施，以防止潜在的量子运算攻击，这会涉及实施防量子密码算法（成本比较高）和标准，以保护虚拟货币交易和用户资料的完整性和机密性。

三是国际合作。鉴于虚拟货币的全球性，金融法可以促进监管机构之间的国际合作和协调，以应对跨境挑战。

五、结语

当前量子金融仍处于起步阶段，但其对金融的影响力不容小觑。从量子计算高速高效的优点来看，其会把金融业推向新的高度。但是，量子计算在金融中的应用也存在弊端，并且不容易解决。在这样的情况下，法律可以做什么？

量子金融的“矛”是快速高效，其可以直接作用于风险管控、衍生性金融工具和投资组合优化等。就量子金融的风险管控而言，可尝试用算法治理的方式进行规范；对于衍生性金融工具，则可以借鉴《人工智能法案》中的隐性监管进行调

① 李开复、陈楸帆：《AI 未来进行式》，浙江人民出版社 2022 年版，第 310 页。

② Dmitry K. Cryptocurrency and Quantum Computing. https://medium.com/@dmitr.krainov2010/cryptocurrency-and-quantum-computing-626df5ae1df0，最后访问日期：2024 年 2 月 19 日。

③ 例如萨尔瓦多、爱沙尼亚、马耳他和瑞士等。

④ 例如欧盟。

⑤ 例如阿尔及利亚、玻利维亚、中国和尼泊尔等。

整；就投资组合优化而言，笔者提出了“量子保险”的缓解方案。

量子金融的“盾”是我们需要未雨绸缪的范畴，有哪些利益可能会受到损害，本文选择了前置监管、金融密钥和加密货币予以探讨，以期在侵害发生前，研究法律上可能的预防方案。

ChatGPT的国际治理趋势与法律风险初探
——以欧盟、美国为例

王　芳　朱文韵　蔡宗翰*

摘　要： ChatGPT是OpenAI公司开发的人工智能模型(Artificial Intelligence model, AI model)，其核心架构为“生成—预训练—转换”(generative—pretrained—transformer,GPT)，ChatGPT不仅是一种生成式人工智能系统(generative AI)，而且采用了人类反馈强化学习系统(reinforcement learning from human feedback,RLHF)，通过与人类互动不断优化模型的生成能力。随着ChatGPT从3.0版本迭代至4.0版本及以上，该模型凭借对话和专题模型在短时间内迅速收获数亿新用户，成为有史以来用户增长最快的应用程序。然而，随着其广泛应用，相关的法律风险问题也日益凸显，并且开始放大。从法律风险的角度看，ChatGPT主要面临以下五个方面的挑战：知识产权保护、数据安全、信息误导、非法滥用、数据隐私和保密性等问题。为应对这些风险，欧盟和美国分别采取了不同的监管策略。欧盟通过立法对AI风险进行层次化管制，对风险进行分级，美国则采用联邦标准进行(非标准)分级后，由各个部门按照实际需求自行制定实施法规。综合比较来看，欧盟的立法倾向于预先制定广泛的规则以确保AI被负责任、安全地使用；美国则侧重于利用现有法律框架来适应AI技术的快速发展。这种监管策略的不一致性可能对全球AI应用和跨国合作产生深远影响，尤其是在需要统一标准和原则的领域，例如金融服务和在线平台。因此，为了克服这些挑战，国际需要加强对话和合作，推动共同理解和解决方案的形成，以确保AI技术在全范围内被负责任和安全地应用，同时促进AI技术的快速发展。

关键词： ChatGPT；生成式人工智能；人工智能立法；国际治理；法律风险

* 王芳，法学博士，上海应用技术大学经管学院(中欧知识产权学院)讲师；朱文韵，理学硕士，上海应用技术大学经管学院(中欧知识产权学院)副研究员；蔡宗翰，法学博士，中国人民大学房地产信息研究中心研究员。

一、引言

OpenAI开发的ChatGPT模型代表了生成式人工智能系统(generative AI)在跨文本、图像和音频等多种模式自主生成新内容能力方面的重大进步。OpenAI于2022年11月发布的ChatGPT标志着AI正式运用至日常生活的各类领域，自ChatGPT发布以来，已实现了前所未有的用户增长率，超过了其他应用程序创下的记录。[1] 当微软将ChatGPT集成到其Bing搜索引擎时，该引擎每日以百万级别的活跃用户数增加。[2] 生成式人工智能技术以其货币兼容性和在诸多应用领域的适用性，促使微软、谷歌、[3]Meta、[4]亚马逊[5]等众多行业参与者，以及百度、

---

① 瑞银报告指出，ChatGPT数量高达1亿人，花费了2个月(抖音大约9个月，Instagram大约30个月，Google翻译78个月)。瑞银的分析师甚至认为，google因为ChatGPT的发布陷入了发展的困境。关于详细的讨论，参见Alexandra Garfinkle. ChatGPT on Track to Surpass 100 Million Users Faster than TikTok or Instagram. https://finance.yahoo.com/news/chatgpt-on-track-to-surpass-100-million-users-faster-than-tiktok-or-instagram-ubs-214423357.html，最后访问日期：2024年2月15日。

② The New Bing and Edge: Progress from Our First Month. https://blogs.bing.com/search/march_2023/The-New-Bing-and-Edge-%E2%80%93-Momentum-from-Our-First-Month，最后访问日期：2024年2月15日。

③ Google DeepMind在2023年推出了一款名为Gemini的新型AI模型，标志着公司在人工智能领域的又一重大进步。Gemini模型在多种任务上展示了其领先的性能，特别是在自然图像、音频和视频理解以及数学推理等领域。这款模型的一个显著特点是其多模态能力，意味着它能够理解并处理包括文本、代码、音频、图像和视频在内的不同类型的信息。此外，Google还推出了GLaM模型，这是一个混合专家(MoE)模型，具有1.2万亿个参数，旨在更高效地训练和使用。GLaM通过选择最合适的专家子模型来处理每个数据点，从而在保持高性能的同时减少计算资源的使用。这些进展不仅展示了Google在开发高级AI模型方面的实力，而且凸显了该公司在推动人工智能技术发展方面的雄心。通过这些模型，Google旨在进一步融合AI技术到我们日常使用的产品和服务中，从而改善用户体验并开拓新的应用可能性。关于google GPT模型的介绍和发展，参见https://deepmind.google/technologies/gemini/; Introducing Gemini: Our Largest and Most Capable AI Model, https://blog.google/technology/ai/google-gemini-ai/; Google Releases New Language Model That Kicks GPT-3's Butt, https://analyticsindiamag.com/google-releases-new-language-model-that-kicks-gpt-3s-butt/，最后访问日期：2024年2月15日。

④ Meta在2023年发布了其首个大型语言模型LLaMA 2，与openAI和gLaM不同的是，Meta免费供所有人使用。LLaMA 2的发布包括不同大小的版本，以及一个可构建成类似于ChatGPT的聊天机器人的AI模型版本。与通过OpenAI网站访问的ChatGPT不同，用户需要从Meta的合作伙伴例如Microsoft Azure、Amazon Web Services和Hugging Face下载该模型。Meta希望通过将LLaMA 2开源，促进AI社区的整体发展，并为人们提供选择开源或闭源方法以适应其特定应用程序的自由，详细介绍参见AI at Meta, https://ai.meta.com/，最后访问日期：2024年2月15日。

⑤ 亚马逊推出了名为“Amazon Titan”的文本生成AI，这是一种类似于ChatGPT的技术，用户可以通过AWS的API访问它。“Amazon Titan”被设计为能够执行文本的要约、生成、分类、自由形式的问答以及信息抽取等任务。亚马逊还发布了服务“Amazon Bedrock”，使用户能够轻松创建基于Foundation Models(FMs)的生成型AI应用，这对初创企业尤其有利。“Amazon Bedrock”提供了四种FMs，其中“Amazon Titan”是亚马逊独家开发的大型语言模型，可用于文本生成、聊天机器人、搜索、文本摘要和图像生成等用途。参见Amazon Elastic Compute Cloud, https://aws.amazon.com/tw/ec2/?trk=271cba8e-0851-4281-b5f0-6e0928ee8ee8&sc_channel=ps&ef_id=Cj0KCQiAz8GuBhCxARIsAOpzk8wOfAHUaxf2sWqBssIc9YmnKB1HmITPxWWO_UN4_Kg9WAkL-UDsMccaAsytEALw_wcB:G:s&s_kwcid=AL!4422!3!639556447589!e!!g!!aws!19147836453!144195989916&gclid=C (转下页)

阿里巴巴等中国领先企业纷纷投资和探索这一新兴领域，希望在这一新兴领域尽早站稳脚跟。在创新技术领域，生成式人工智能的变革潜力不仅局限于提高生产力，而且它既是一种工具，又是生产过程的基本组成部分，能够自我创新，在某些情况下甚至可以取代人类的角色，从而预示着与以往不同的生产力的革命性飞跃。然而，这种高效率和高质量的内容生成能力也给各个部门带来了巨大的困扰和担忧，包括秘书辅助工作，教育、软件设计和图形设计。此外，训练这些模型所需的大量数据还引发了有关数据源的相关法律问题，而生成的内容中包含的潜在偏见和道德问题、法律问题，则对数据安全、算法公平性以及更广泛的社会和国家安全问题构成了风险。

二、ChatGPT 的法律风险问题

解决与生成式人工智能技术扩散相关的法律问题和风险管理策略至关重要。法律框架必须不断发展并完善，以适应理解和规范生成式人工智能的开发和应用，确保采取平衡的方式，使其既能够促进创新，又减轻相关风险。

(一) 知识产权保护问题

ChatGPT 中的“G”，即 generative(生成)，是指一类基于给定输入而生成新输入的 AI 模型。ChatGPT 可以根据用户的问题或请求自动生成文本或音频，该生产过程涉及数据保护、著作权使用、知识偏见、语言偏见[①]等若干知识产权问题[②]。由于 ChatGPT 输出内容在不同用户之间可能不具有唯一性，不同使用者输入相似的问题会收到比较类似的回应。若著作权使用者以文本检查、翻译等目的将其文字作品输入至 ChatGPT 系统中，其他用户则可能可以获得并使用

(接上页) j0KCQiAz8GuBhCxARIsAOpzk8wOfAHUaxf2sWqBssIc9YmnKB1HmITPxWWO _ UN4 _ Kg9WAk L-UDsMccaAsytEALw_wcB，最后访问日期：2024 年 2 月 15 日。

① Luo Q., Puet M. J., Smith M. D. A Perspectival Mirror of the Elephant: Investigating Language Bias on Google, ChatGPT, Wikipedia and YouTube. 2023.

② Legal Risks Posed by ChatGPT and Generative AI Tools: CGL (cgl-llp.com). https://cgl-llp.com/insights/legal-risks-posed-by-chatgpt/，最后访问日期：2024 年 2 月 15 日；有学者认为：“一方面，GPT 的迭代升级需要从互联网上抓取海量的数据集进行训练，然后通过识别和复制数据中的关系和模式来生成代码、文本、音乐和图像。这些数据本身是由人类创建的，且以某种方式受到版权保护，但 AI 公司往往采用爬虫技术在互联网上收集数据集，并将其输入到训练模型中，此时使用这些数据集是否有侵犯他人版权的风险？ Open AI 公司认为使用这些数据集(至少在美国)受到合理使用原则的约束，该原则鼓励使用受版权保护的作品来促进自由的表达，但不少律师和分析家认为这必然会侵犯版权，并可能在不久的将来面临严重的法律挑战，尤其是权利人无从知晓自身的作品被爬取使用的情况下”。参见程乐：《生成式人工智能的法律规制：以 ChatGPT 为视角》，《政法论丛》2023 年第 4 期，第 69—80 页。喻国明：《生成式内容生产崛起环境下社会协同治理的一项重要举措：试论全过程式 AIGC 标识的重要性与必要性》，《青年记者》2023 年第 11 期，第 74—76 页；郭春镇：《生成式 AI 的融贯性法律治理：以生成式预训练模型(GPT)为例》，《现代法学》2023 年第 3 期，第 88—107 页。

这些作品，即通过ChatGPT将以上作品进行非法传播，导致侵犯他人的著作权。同时OpenAI目前并未保证GPT输出的内容不侵犯他人的权利，[①]实际使用者需要对ChatGPT使用中导致的侵权行为负责。因此，中国与意大利、法国等欧美国家主要采取慎重评估的方式对待ChatGPT的应用。

（二）数据安全问题

ChatGPT中的"P"，即pretrained（预训练）。ChatGPT是一个已经预先训练好的、能够直接使用的模型，其接受的训练基于互联网的公开文本和数据，总单词数量超过3 000亿个，但这些数据均为过去已知的公开数据、已知的文件或知识，显然，这一特性必然会导致数据安全风险问题。例如，当ChatGPT使用的语言数据集包含有涉及个人隐私、国家安全、商业秘密等敏感信息时，一旦该数据集没有得到适当的安全保护，那么，攻击者可以通过黑客攻击等手段获取这些敏感信息。此外，如果在社交软件使用时未禁用聊天历史记录，则任何输入到ChatGPT的信息，都可能成为其训练数据集的一部分。同时，在ChatGPT使用过程中使用敏感、专有或机密信息的提示问题，也可能会导致机密信息在ChatGPT响应其他外部用户的提问时被泄露。例如，韩国三星公司在2023年3月发生的3起商业机密外泄事件，起因都是其公司员工运用了ChatGPT拟定优化半导体设计，从而使多起半导体相关的商业机密外泄。[②] 因此，需要建立ChatGPT使用数据、数据保存范式的合规框架，并明确禁止输入敏感的组织或个人机密数据。[③]

（三）信息误导问题

ChatGPT中的"T"，即transformer（转换）。ChatGPT是一种机器学习神经网络模型，它通过跟踪序列数据中的关系（例如一句话中的单词）来学习上下文，这也会带来不实信息传递、数据失真的风险，ChatGPT和其他大型语言模型（LLMs）工具倾向于提供虽然表面上看似合理，但实际上错误的信息。这种"人

---

① ChatGPT and Generative AI: Key Legal Issues. *Reuters*, *Practical Law The Journal*, https://www.reuters.com/practical-law-the-journal/transactional/chatgpt-generative-ai-key-legal-issues-2023-06-01/，最后访问日期：2024年2月15日。

② Samsung Reportedly Leaked its Own Secrets through ChatGPT, https://www.theregister.com/2023/04/06/samsung_reportedly_leaked_its_own/，最后访问日期：2024年2月16日；Samsung Employees Accidentally Leaked Company Secrets Via ChatGPT: Here's What Happened, https://www.businesstoday.in/technology/news/story/samsung-employees-accidentally-leaked-company-secrets-via-chatgpt-heres-what-happened-376375-2023-04-06，最后访问日期：2024年2月16日。

③ 6 ChatGPT Risks for Legal and Compliance Leaders, https://www.helpnetsecurity.com/2023/05/24/chatgpt-risks-legal-compliance/，最后访问日期：2024年2月15日。

工智能幻觉”[①]现象，包括虚构的答案、错误的法律或科学引用在内的信息误导是 ChatGPT 最常见的问题之一。法律和合规领导者应该要求员工在接受 ChatGPT 生成的输出结果之前，审查结果的准确性、适当性和其实际用途。[②] 与此同时，GPT 引用文章的偏见性问题也是信息误导的一个重大问题，尽管 OpenAI 承认该问题的存在，[③]并努力使 ChatGPT 中的偏见和歧视问题最小化，但是由于其他大型语言模型(LLMs)数据库和既有的文献本身存在个体偏见、初始用户设定、语言运用等固有问题，导致 ChatGPT 使用该些数据后已知的偏见仍然存在。就 GPT 本身而言，完全消除以上偏见几乎是不可能的，“根除人工智能中的偏见首先需要解决人类偏见和系统偏见”，[④]这要求公司法律和合规部门密切关注有关管理 AI 偏见的相关法律，并确保 AI 产生的偏见能够符合法律要求。[⑤]

2023 年 4 月，澳大利亚墨尔本西部赫本郡市长布莱恩·胡德(Brian Hood)指控 ChatGPT 在回答问题时诽谤他有贿赂丑闻，[⑥]这起案件具有重大意义。因

---

① 该现象称为人工智能幻觉(hallucination or artificial hallucination)，或人工智能幻觉、人工智能妄想(confabulation or delusion)。Lakshmanan Lak. Why Large Language Models Like ChatGPT are Bullshit Artists, https://lakshmanok.medium.com/2022-12-16，最后访问日期：2024 年 2 月 15 日。

② 6 ChatGPT Risks for Legal and Compliance Leaders. https://www.helpnetsecurity.com/2023/05/24/chatgpt-risks-legal-compliance/，最后访问日期：2024 年 2 月 15 日。

③ OpenAI 承认，尽管 GPT-4 在技术上有所改进，并在缓解一些熟悉的风险方面取得了进展，但它仍然展示了大型语言模型的已知弱点，包括算法偏见和对事实的不可靠掌握。Jason Dorrier. OpenAI Says GPT-4 Is Better in Nearly Every Way. What Matters more is Millions Will Use it. https://singularityhub. com/2023/03/19/openai-says-gpt-4-is-better-in-nearly-every-way-what-matters-more-is-that-millions-will-use-it//，最后访问日期：2024 年 2 月 15 日。

④ 原文如下：“Rooting out Bias in Artificial Intelligence will Require Addressing Human and Systemic Biases as well.” NIST. There's More to AI Bias Than Biased Data, NIST Report Highlights, https://www. nist. gov/news-events/news/2022/03/theres-more-ai-bias-biased-data-nist-report-highlights，最后访问日期：2024 年 2 月 15 日。

⑤ 6 ChatGPT Risks for Legal and Compliance Leaders, https://www. helpnetsecurity. com/2023/05/24/chatgpt-risks-legal-compliance/，最后访问日期：2024 年 2 月 15 日。

⑥ 澳大利亚赫本郡(Hepburn Shire)市长布莱恩·胡德(Brian Hood)在 2023 年 4 月宣布准备对 ChatGPT 的所有者 OpenAI 提起诽谤诉讼，这可能是世界上第一起针对由 AI 生成内容的诽谤案件。胡德的法律问题源于 ChatGPT 错误地将他卷入了澳大利亚储备银行(Reserve Bank of Australia)的子公司 Note Printing Australia 在 21 世纪初的贿赂丑闻中。事实上，与 ChatGPT 的错误说明相反，胡德实际上是该案件的举报人，并向当局报告了贿赂行为，而且他本人从未被起诉。胡德的律师已向 OpenAI 发出了一封法律通知，要求在 28 天内纠正关于他的错误陈述，以避免可能的诽谤诉讼。Australian Mayor Readies World's First Defamation Lawsuit over ChatGPT Content, https://www. reuters. com/technology/australian-mayor-readies-worlds-first-defamation-lawsuit-over-chatgpt-content-2023-04-05/，最后访问日期：2024 年 2 月 15 日；Victorian Mayor Readies Defamation Lawsuit over ChatGPT Content, https://www. afr. com/technology/victorian-mayor-readies-defamation-lawsuit-over-chatgpt-content-20230405-p5cyh5，最后访问日期：2024 年 2 月 15 日；Mayor Prepares World's First Defamation Lawsuit Over False ChatGPT Claim, https://manofmany. com/tech/chatgpt-defamation-lawsuit，最后访问日期：2024 年 2 月 15 日；Australian politician sues ChatGPT (转下页)

为该案件可能成为首例如何将诽谤应用于AI生成的内容的案件，凸显了确保AI输出结果准确性和责任承担的必要性。此外，该案件还引发了关于AI系统，例如ChatGPT在传播不准确信息时可能造成的声誉损害的问题。此案的结果可能对AI开发者和使用用户都将产生广泛影响，因为该案提醒了AI开发者和用户在使用AI过程中应该实施必要机制，以验证AI生成内容的准确性，并且提醒对AI产生的有害输出信息进行及时处理的重要性。①

《科学》杂志网站社论文章写道："ChatGPT有时会写出看似合理但不正确或荒谬的答案"。② 因此，包括《科学》③《细胞》和《柳叶刀》④等学术期刊目前对以ChatGPT为创作工具或生成文章的论文采取拒绝的态度。

（四）非法滥用问题

ChatGPT的主要技术优势在于它可以通过预训练大量语言数据，从而获得对语言任务的预测能力。与传统的语言学习模型相比，其不需要大量的人工标注数据，因此具有良好的语言生成能力，可以完成生成文本、回答问题、对话等多项语言任务，故称之为人类反馈强化学习（reinforcement learning from human feedback，RLHF）。人类反馈强化学习（RLHF）是一项涉及多个模型和不同训练阶段的复杂概念，⑤简而言之，RLHF包括以下三个步骤：① 预训练语言模型

（接上页）for Defamation in Landmark Case，https://www.forbes.com.au/news/innovation/australian-politician-sues-chatgpt-defamation-landmark-case/，最后访问日期：2024年2月15日。

① Australian Mayor Readies World's First Defamation Lawsuit over ChatGPT content，https://www.reuters.com/technology/australian-mayor-readies-worlds-first-defamation-lawsuit-over-chatgpt-content-2023-04-05/，最后访问日期：2024年2月15日；Mayor Prepares World's First Defamation Lawsuit Over False ChatGPT Claim，https://manofmany.com/tech/chatgpt-defamation-lawsuit，最后访问日期：2024年2月15日。

② 根据《自然》杂志的一篇文章指出，ChatGPT有时确实会生成看似合理但实际上不正确或荒谬的答案。这是因为ChatGPT利用大型语言模型（LLMs）来形成文章，该模型主要是通过统计训练数据中的词汇关联来产生文本，这可能导致其输出显得平淡无奇或包含简单错误。此外，目前的LLMs还不能引用来源来证实其输出的内容。尽管有些工具承诺能够识别由LLMs生成的内容，但是随着LLMs的不断改进，这一挑战也在增加。《自然》杂志强调，科学自诞生之初就以开放和透明的方式运作，无论使用哪种技术。因此，研究人员在使用这类软件时应该思考如何维持知识生成过程所依赖的透明度和可信度。参见Tools such as ChatGPT Threaten Transparent Science：Here are Our Ground Rules for Their Use，https://www.nature.com/articles/d41586-023-00191-1，最后访问日期：2024年2月15日。

③ How ChatGPT and Similar AI will Disrupt Education，https://www.sciencenews.org/article/chatgpt-ai-artificial-intelligence-education-cheating-accuracy，最后访问日期：2024年2月15日。

④ ChatGPT Listed as Author on Research Papers：Many Scientists Disapprove，https://www.nature.com/articles/d41586-023-00107-z，最后访问日期：2024年2月15日。

⑤ Will Douglas Heaven. The Inside Story of How ChatGPT was Built from the People who made it，MIT Technology Review，https://www.technologyreview.com/2023/03/03/1069311/inside-story-oral-history-how-chatgpt-built-openai/，最后访问日期：2024年2月18日。

(LM);② 聚合问答数据，训练后人类给与达标者奖励的奖励模型(reward model，RM);③ 用强化学习(RL)方式微调 LM。

随着 ChatGPT 的智能化程度和成熟度的提升，会产生如下结果：一方面，ChatGPT 将会进入“古德哈尔德定律”(Goodhart's law)[①]的范畴，从而导致语言、内容过度优化的情况频发;另一方面，对于知识学习领域而言，学校考试、作业等学习上的欺骗现象也会越来越频繁。例如，巴黎政治大学、美国斯坦福大学、日本上智大学等高校显示，学生运用 ChatGPT 完成作业的情况越来越多，使多所高校纷纷实施 ChatGPT 禁令。[②] 学生使用 ChatGPT 完成作业的现象引起了全球教育界的广泛关注。例如，斯坦福大学的学生据报道已经在期末考试中使用 ChatGPT 来辅助完成作业，17%的受访学生报告说他们在秋季学期的作业和考试中使用了 ChatGPT，其中大多数人仅将 AI 用于头脑风暴和概述。5%的人报告说他们几乎没有或完全没有修改地提交了 ChatGPT 直接生成的书面材料。在法国，巴黎政治大学也已经明确禁止使用 ChatGPT，表明教育工作者普遍将这些 AI 文本生成器视为作弊辅助工具。然而，专家们对这种禁令的有效性提出了质疑，因为学生总能通过非学校设备访问此类工具。此外，禁止接触未来几年在职业世界中增长的数字工具的使用，可能对学生的长期发展不利。

对于如何应对 ChatGPT 的使用，教育界的反应各不相同。一些学院和大学已经开始修改他们的学术诚信政策，包括使用 AI 工具如 ChatGPT 的情况，例如，华盛顿大学圣路易斯分校和佛蒙特大学都在重写他们的学术诚信政策以覆盖使用 AI 进行的抄袭行为。然而，这种方法仍然依赖于学术诚实的概念，并且很难实际检测出一篇论文是否由 ChatGPT 撰写。教授可能会注意到一些不规则之处，或者他们可能需要使用 AI 检测软件，但这只会为教育工作者增加额外

① 由于奖励模型围绕唯一的指标“评价人的满意度”设计，该评价指标的单一化，则可能导致该修正形成偏离、偏见，从而影响性能，即 ChatGPT 有可能进入古德哈特定律(Goodhart's law)，该定律的核心是：“当单一项指标被设定为要达成的目标时，这项指标就无法成为一个好的指标。”Gao Leo, Schulman Hilton, Jacob. Scaling Laws for Reward Model Overoptimization, 2022; Campbell's Law & Goodhart's Law: When you are Measuring to Fail, https://medium.com/@coffeeandjunk/campbells-law-goodhart-s-law-when-you-are-measuring-to-fail-c6c64923ad7，最后访问日期：2024 年 2 月 18 日。

② Scores of Stanford Students used ChatGPT on Final Exams, Survey Suggests, Stanford Daily, https://stanforddaily.com/2023/01/22/scores-of-stanford-students-used-chatgpt-on-final-exams-survey-suggests/; Students are Using ChatGPT to do Their Homework. Should Schools ban AI Tools, or Embrace Them? https://www.euronews.com/next/2023/01/28/students-are-using-chatgpt-to-do-their-homework-should-schools-ban-ai-tools-or-embrace-the; How are Colleges and Universities Responding to ChatGPT? https://www.universities.com/news/how-are-colleges-and-universities-responding-to-chatgpt，最后访问日期：2024 年 2 月 15 日。

的步骤。

总的来说，ChatGPT 在教育领域的应用引发了一场关于如何适应这项新技术的激烈辩论。一方面，有人担心它将促进作弊和损害学术诚信；另一方面，也有人认为这是教育进化的一部分，提供了适应和利用这项技术的机会。各个教育机构正在努力找到平衡，以确保利用 ChatGPT 的潜在优势，同时保护学术诚信和促进真正的学习。

更令人担忧的是，滥用 ChatGPT 导致的非法事件开始出现，[①]例如，不法分子利用 ChatGPT 能够快速编写邮件，批量撰写“钓鱼”邮件，实施网络诈骗；不法分子还通过 ChatGPT 生成虚假的新闻信息、交易信息、投资建议等，对他人实施诈骗；利用 ChatGPT 生成伪造的文档、签名、身份信息等，从而盗窃他人财物；利用 ChatGPT 生成虚假的视频或音频，帮助不法分子伪造犯罪证据；利用 ChatGPT 生成相应的攻击代码、恶意软件代码以破坏网络秩序；利用 ChatGPT 制造网络舆情、散播网络谣言、实施网络暴力等。在 2023 年 2 月“杭州取消限行”的假新闻事件中，就是有人利用 ChatGPT 撰写了假通知，[②]并通过微信讨论群散播该消息后最终成为假舆论。

但 Europol 的报告也指出，ChatGPT 和其他大型语言模型（LLMs）[③]虽然可以帮助技术知识有限的犯罪分子实施犯罪活动，但是也可以协助执法部门调查和预测犯罪活动，[④]例如美国联邦贸易部提供的家庭亲人 AI 语音模拟模型，[⑤]就是利用 AI 模型为防范语音诈骗提供有力协助的证明之一。这表明 ChatGPT

---

① 根据 Check Point Research 的分析，一些网络犯罪分子已经在主要的地下黑客社区中使用 OpenAI 开发恶意工具。虽然这些工具比较基础，但预示着更复杂的威胁行为者将使用基于 AI 的工具进行恶意活动。例如，有犯罪分子利用 ChatGPT 生成信息窃取软件，该软件能够搜索和复制系统中的常见文件类型，并将它们上传到指定的 FTP 服务器。Cybercriminals Starting to Use ChatGPT, Check Point Research, https://research.checkpoint.com/2023/opwnai-cybercriminals-starting-to-use-chatgpt/，最后访问日期：2024 年 2 月 15 日。

② 《杭州 3 月 1 日取消限行？原来是 ChatGPT 写的假新闻，警方已介入！》，https://www.nbd.com.cn/articles/2023-02-17/2672946.html，最后访问日期：2024 年 2 月 16 日。

③ The Criminal Use of ChatGPT: A Cautionary Tale about Large Language Models, https://www.europol.europa.eu/media-press/newsroom/news/criminal-use-of-chatgpt-cautionary-tale-about-large-language-models#:~:text=URL%3A%20https%3A%2F%2Fwww.europol.europa.eu%2Fmedia,100，最后访问日期：2024 年 2 月 15 日。

④ ChatGPT Helps both Criminals and Law Enforcement Says Europol Report, https://www.malwarebytes.com/blog/news/2023/03/chatgpt-helps-both-criminals-and-law-enforcement-says-europol-report，最后访问日期：2024 年 2 月 15 日。

⑤ Scammers Use AI to Enhance their Family Emergency Schemes, https://consumer.ftc.gov/consumer-alerts/2023/03/scammers-use-ai-enhance-their-family-emergency-schemes，最后访问日期：2024 年 2 月 16 日。

的双刃剑特性既有潜在的犯罪危害性，也有助于执法部门执法、防止犯罪的发生。

2023 年 11 月，巴西某法官因使用 ChatGPT 编写判决书时出现法律适用错误而受到调查，其法律适用错误包括对过往案例和法律先例的不正确引用。目前全球尚无相关法律对法官使用 AI 的行为进行规范。①

（五）小结

ChatGPT 和其他基于 GPT 延展出的生成式 AI 工具，例如 DALL－E、Bard 和 Harvey 等存在许多待解决的法律、社会和伦理问题。该类软件能提供看似正确但实际错误的答案，生成结果存在抄袭、传播偏见、知识产权、数据保护和隐私、犯罪行为运用等问题。针对以上问题，现有的法律框架将面临极大的挑战，同时我们也看到 ChatGPT 能为我们生活、科技发展、②犯罪防治等方面提供大量的帮助。鉴于这些挑战和机遇，立法者必须重新评估 ChatGPT 引发的问题是否对社会、生产、生活构成实质性风险，以及风险的危害程度，③并思考如何利用 ChatGPT 的特点来推动社会进步，帮助社会防范犯罪，最终确定如何控制、推广 ChatGPT 等生成式人工智能技术的措施。换言之，ChatGPT 及类似技术的发展和使用具有双面性，除了需要积极探索发展此类技术之外，更应该对其进行谨慎监管和评估，积极应对防止该类技术被滥用于犯罪活动、侵权行为，同时也应该积极探索该类技术在法律适用和执法和科技领域的应用。

三、全球各国对 ChatGPT 的立法趋势

出于对隐私权、网络安全性的严格保护，欧盟通过了《数字市场法》《数字服务法》《人工智能法》；美国出台了《保持美国在 AI 领域先进性文件（EO13859）》（*Maintaining American Leadership in Artificial Intelligence*）、④《人工智能权

① 《巴西地方法官竟然用 ChatGPT 写判决书出错，正接受调查》，https://world.huanqiu.com/article/4FMKGiW32vc，最后访问日期：2024 年 2 月 15 日。

② 硅谷新创公司 Reveal.ai 利用 ChatGPT 开发了一个企业内部问卷系统，协助美国企业与内部员工进行有效沟通，以提供友善的工作环境。另外，Kasisto 公司使用 ChatGPT 开发了一个情感分析系统，可以检测客户的情绪状态，以提供及时的服务和建议。NLP－Cubed 公司也使用 GPT－3 开发了一个文字摘要系统，可以精简大型文本，提高客户的体验和效率。

③ Mika Viljanen Henni Parviainen. AI Applications and Regulation: Mapping the Regulatory Strata, Frontiers in Computer Science, https://www.frontiersin.org/articles/10.3389/fcomp.2021.779957/full, doi: 10.3389-2021-779957，最后访问日期：2024 年 2 月 15 日。

④ https://www.federalregister.gov/documents/14/2019/02544/2020-2020/maintaining-american-lea dership-in-artificial-intelligenc，最后访问日期：2024 年 2 月 15 日。

利法案蓝图》(*AIBoR*)，[①]美国卫生部(HHS)出台了《人工智能应用监管指南 OMB M-21-06》(*Guidance for Regulation of Artificial Intelligence Applications*)，同时医药行业对消费品负有监管权限的联邦机构也在进行调整，例如，美国食品和药物管理局(FDA)出台的《人工智能/机器学习(AI/ML)软件医疗设备辅助建议》[*Proposed Regulatory Framework for Modifications to Artificial Intelligence/Machine Learning (AI/ML)*]、《医疗器械开发的良好机器学习实践：指导原则》(*Good Machine Learning Practice for Medical Device Development: Guiding Principles*)等政策，都为AI模型在风险防范和社会进步方面提供了有力的支持。中国也在近年陆续推出了《互联网算法服务管理办法》《科技伦理审查办法(试行)》《生成式人工智能服务内容标识(试行)》《互联网信息服务算法推荐管理规定》《互联网信息服务深度合成管理规定》《生成式人工智能服务管理暂行办法》《生成式人工智能服务安全基本要求(征求意见稿)》《生成式人工智能服务内容标识方法》《科技伦理审查办法(试行)(征求意见稿)》《国家人工智能产业综合标准化体系建设指南》等，对以"AI"技术为首的"新计算机""新科技"行业提供必要的规制。

(一) 欧盟立法趋势和特点分析

面对人工智能的快速发展和广泛应用，欧盟通过建立一系列立法框架和指导原则，以确保人工智能技术的可信赖和负责任使用。欧盟委员会在2018年6月成立了人工智能高级专家组(AIHLEG)，并在2019年4月发布了《可信赖的人工智能伦理指导原则》(*Ethics Guidelines for Trustworthy AI*)。这些原则要求人工智能系统在开发和部署过程中必须遵循包括人类自主性、防止伤害、公平、透明性等在内的基本伦理原则。

2021年4月21日，欧盟委员会发布《人工智能法案(草案)》(*Artificial Intelligence Act*)，旨在欧盟建立关于人工智能的统一法律规则。《人工智能法案》经过欧洲议会内部市场委员会和公民自由委员会的审议，于2023年12月正式通过。

从欧盟的立法特点来看，有学者将欧盟的人工智能立法总结为"欧盟有意识地为不同的数字环境制定了不同的监管方法，每种方法对人工智能的重视程度

---

① Blueprint for An AI Bill of Rights, https://www.whitehouse.gov/wp-content/uploads/2022/10/Blueprint-for-an-AI-Bill-of-Rights.pdf，最后访问日期：2024年2月15日。

都不同。”[①]

1.《人工智能法案》

《人工智能法案》(*Artificial Intelligence Act*)是欧盟新兴数字规则书的一部分,与《通用数据保护条例》(*General Data Protection Regulation*,*GDPR*)、《数字服务法案》(*Digital Services Act*)和《数字市场法案》(*Digital Markets Act*)等其他立法一起,构成了覆盖数字经济不同方面的法律规范体系。

(1)《人工智能法案》的特点。欧盟有意识地为不同的数字环境开发了不同的监管方法,每种监管方法对 AI 的重视程度不同,对应的管制方式也不同。其中《人工智能法案》的特点有四:一是风险分级系统。虽然法案主要针对市场上的 AI 系统涉及的风险进行分级,但是并不直接处理数据保护、在线平台或内容调节等实际的风险管控问题。二是透明度和伦理问题的标记。例如,法案中特别提到了透明度和伦理问题,要求技术公司在人们与聊天机器人、生物特征分类或情感识别系统互动时进行通知,同时要求其对深度伪造和 AI 生成的内容进行标记,并以能够检测到 AI 生成媒体的方式设计其系统。三是使用 AI 系统提供基本服务需事先提交影响评估。所有 AI 系统提供的基本服务,例如,保险和银行业的组织,都需要事先对涉及人们基本权利的 AI 系统进行影响评估。四是独立新设的 AI 委员会[②]和 AI 办公室。为了严格遵守并执行 AI 法案,将建立独立的监管机构,包括新设一个在欧洲委员会下的单独 AI 委员会和一个充当咨询机构的人工智能委员会。而具体执行的责任将落在欧盟各盟国中的各国政府机构的身上,各政府机构更类似于 GDPR 下的数据保护机构的角色。

(2)人工智能法案的风险分级。《人工智能法案》采用基于风险的分类系统。根据 AI 系统对人的健康、安全和基本权利所构成风险的程度的不同,可以进行不同程度的规制,并将风险分为四级:不可接受的风险(unacceptable risk)、高风险(high risk)、有限风险(limited risk)、最小风险(minimal risk)。根据 AI 运用端涉及的行为内容将风险进行分级。[③]

---

① Alex Engler. The EU and U.S. Diverge on AI Regulation: A Transatlantic Comparison and Steps to Alignment, https://www.brookings.edu/articles/the-eu-and-us-diverge-on-ai-regulation-a-transatlantic-comparison-and-steps-to-alignment/#note3,最后访问日期:2024 年 2 月 15 日。

② Olivier Proust. The EU AI Act: A Comprehensive Regulation of Artificial Intelligence, https://www.fieldfisher.com/en/insights/the-eu-ai-act-a-comprehensive-regulation-of-artifi,最后访问日期:2024 年 2 月 17 日。

③ EU AI Act: First Regulation on Artificial Intelligence, https://www.europarl.europa.eu/topics/en/article/20230601STO93804/eu-ai-act-first-regulation-on-artificial-intelligence,最后访问日期:2024 年 2 月 15 日。

第一，“不可接受风险”的AI系统被直接禁止，例如，可能通过潜意识信息传递或利用人的脆弱性进行操纵的系统。

第二，“高风险”的AI系统会受到严格的规制，包括严格限制安全组件或特定敏感用途的系统。所有高风险AI系统都需要在上市前和在系统运行的整个生命周期内进行评估，以确保满足数据质量、准确性、产权完整、非歧视、人权保护、隐私等标准，并实施技术文档、记录保存、风险管理系统和人类监督等措施。

第三，有限风险AI系统，面临特定的透明度要求。

第四，低风险AI系统，至少必须遵守透明度要求，以确保使用者了解他们正在消费的人工智能生成的内容。

(3) 人工智能法案的主管和管辖。值得注意的是，AI法案具有域外效力，即AI法案采取“长臂管辖”(long arm)原则，其不仅适用于欧盟内的各实体机构，而且适用于其系统使用、开发发生在欧盟内部的其他欧盟外的开发、部署、进口和分销AI系统的各种实体机构，以上实体都会受到该法案的约束。这一“长臂管辖”旨在确保欧盟能够全面规范AI系统及其用途。

(4) 人工智能法案的罚则。法案规定了针对违规行为进行罚款的罚则，该罚则将高于*GDPR*，根据违规行为的严重性和公司规模不同，最高罚款可达全球营业额的7%(3 500万欧元)。

(5) 人工智能法案的宽限期和后续。AI法案虽然已通过，但该法案的最终文本尚未发布。在欧洲议会和理事会正式采纳后，AI法案将在欧盟官方公报上发布。然而，AI法案有两年的宽限期才会全面适用，宽限期将留给该组织充分的时间以确保合规，但是其中涉及高风险以上的AI系统禁止条款，可能会更早生效。

除了《人工智能法案》外，欧盟委员会还启动了《人工智能公约》(*AI Pact*)，以鼓励企业在该法案全面实施之前承诺自愿遵守。目前已有100家公司表达了对《人工智能公约》的承诺，这反映出业界对负责任的人工智能实践重要性的认同和肯定。

综上所述，欧盟AI法案的出台将为AI的发展和使用设定严格的规范和框架，确保AI技术在尊重基本权利和保证安全的前提下健康发展。随着法案的最终化和具体实施，预计将对全球AI领域产生广泛影响，该法案将推动全球AI治理走向更加规范和安全的道路。

《人工智能法案》并不是欧盟唯一涉及 AI 风险的重要立法。通过《数字服务法案》和《数字市场法案》，欧盟旨在为在线平台和搜索引擎提出新的透明度要求，要求独立审计，并为大型平台上的 AI 功能提供新的信息。

2.《通用数据保护条例》概述

GDPR 是欧盟在 2016 年通过并于 2018 年 5 月 25 日生效的一项关键法规，该法规旨在加强个人数据的保护和自由流动，同时简化了企业和公共机构在数字单一市场中的规则。*GDPR* 的适用范围广泛，不仅适用于欧盟内部的组织，而且只要是处理欧盟公民或居民个人数据的组织，无论其地理位置在哪里都必须遵守 *GDPR* 的规定。

(1) *GDPR* 的七大原则。*GDPR* 强调数据保护的七大原则：合法性、公平性和透明性（lawfulness, fairness and transparency）；目的限制（purpose limitation）；数据最小化（data minimisation）；精确性（accuracy）；存储限制（storage limitation）；完整性和保密性（integrity and confidentiality）；责任性（accountability）。这些原则要求组织在处理个人数据时必须遵循特定的行为准则，并能够证明其符合 *GDPR* 的要求，否则，将承担相应的责任。[①]

(2) *GDPR* 的 AI 重要条款。*GDPR* 包含了两个与算法决策相关的重要条款。首先，*GDPR* 规定，算法系统不应该被允许在没有任何人类监督的情况下做出影响法律权利的重大决定。基于这一条款，2021 年，Uber 被要求恢复 6 名被公司的算法系统单方面解雇的司机。[②] 其次，*GDPR* 保证个人有权了解算法系统中"逻辑的有意义信息"，有时这被有争议地称为"解释权"。实践中，家庭保险提供商面对个人请求了解有关算法决策的信息而做出了有限回应。关于这一条款，还有许多未解决的问题，包括受影响的个人频繁请求这些信息、这些信息对个人有多大价值，以及当公司拒绝提供这些信息时会发生什么后果。

(3) *GDPR* 的数据主体权利。*GDPR* 赋予数据主体一系列权利，包括获取

---

① *GDPR* 第 5 条规定了七项个人数据处理原则，与其前身《1995 欧盟数据保护指令》相比，其增加了两个原则：透明性原则和权责一致原则；强化了欧盟当局对于数据主体行使权利和监管可行性的考虑，以及数据控制者需要证明其遵守了原则，并对此承担举证责任。

② Dutch & UK Courts Order Uber to Reinstate "Robo-Fired" Drivers, Worldinforexchange(WIH), https://www.workerinfoexchange.org/post/dutch-uk-courts-order-uber-to-reinstate-robo-fired-drivers，最后访问日期：2024 年 2 月 15 日；Uitspraken, https://uitspraken.rechtspraak.nl/details?id=ECLI:NL:RBAMS:2021:1415&showbutton=true&keyword=ECLI:NL:RBAMS:2021:1415，最后访问日期：2024 年 2 月 15 日。

信息、访问、更正、删除（被遗忘的权利）、数据携带性以及反对某些数据处理形式的权利。这些权利进一步增强了个人对自身数据的控制能力。

（4）*GDPR* 的罚则。*GDPR* 还规定了违反条例的高额罚款，以此确保组织能够严肃对待数据保护问题。意大利是第一个采取该条款的国家，其对 ChatGPT 的应用援引了该条款，要求“openAI 需对用户明确公开说明其数据处理过程，要经过用户许可才能进行对 ChatGPT 的再训练等开发活动，同时还要过滤未成年人的访问权限，否则，将面临 2000 万欧元（高达收入的 4%）的罚款”。[①] 意大利数据保密局因 ChatGPT 平台导致多位用户数据和个人付款信息外泄事件，率先于 2023 年 3 月 20 日以 ChatGPT 会违反欧洲隐私规则手册——《电子数据保护法》为由，对 ChatGPT 实施了临时禁令，并且在 4 月提出解除禁令的要求。由于 OpenAI 公司并未在欧洲 27 个国家中设立总部，同时《电子数据保护法》的实施，欧洲任何一个国家都能以数据保护的名义对其发起调查或进行处罚，欧洲各国在意大利之后，纷纷对 ChatGPT 进行管制和规范。例如，2023 年 4 月 1 日，法国国家信息自由委员会决定对 ChatGPT 提出 5 项指控，并展开调查。同日，欧洲数据监管机构也表示正在考虑应对数据侵害等方面的问题，并宣布成立专门工作组，以促进该调查在欧洲地区的合作事宜。欧洲数据保护委员会称，此次行动是在意大利数据保护局开始对 ChatGPT 立案调查之后做出的，并表示希望欧洲各国之间就针对 ChatGPT 采取的行动进行充分沟通。爱尔兰数据保护委员会也表示正在跟进意大利监管机构，了解它们采取行动的依据，并与欧洲其他数据保护机构协调。比利时数据保护机构认为应该在整个欧洲对该问题进行讨论。《德国商报》报道，德国数据保护机构可能会效仿意大利做法，出于数据安全问题而阻止 ChatGPT；德国联邦数据保护专员发言人表示，出于数据保护等方面的考虑，可能会暂时禁止 ChatGPT 在德国的使用，具体结果将由德国联邦数据保护机构研判后决定。德国主要工会 Verdi、DGB、摄影师、设计师、记者和插画家协会，以及代表 140 000 多名作者和表演者的行业代表、42 个贸易组织共同签署了督促欧盟对 AI 使用受版权保护材料实施严格规定，并特别表达了人们对用于训练大型语言模型 LLM 引起的版权和隐私问题的担忧。西班牙数据保护机构也要求欧盟隐私监管机构就 ChatGPT 的隐私问题进行评

① 王芳、朱文韵：《ChatGPT 的风险分析及国际治理趋势》，《竞争情报》2023 年第 3 期，第 40—42 页；关于意大利要求 openAI 进行整改的说明，参见董潇、郭静荷、史晓宇：《人工智能和算法系列文章（四）：人工智能及算法治理的新进展——基于 ChatGPT 在意大利的监管案例评析》，https://www.junhe.com/legal-updates/2203，最后访问日期：2024 年 2 月 15 日。

估。之后，OpenAI 针对意大利提出的 9 个整改要求中的 7 个进行了回应，并在其功能中加入了这些整改的要求：① 为了应对“告知义务”的整改要求，OpenAI 在其官网上发布了题为“How ChatGPT and Our Language Models are Developed”的声明（“算法训练声明”），其中披露了 ChatGPT 运行的基本原理以及算法训练的基本原理；何种信息类型将会被用于算法训练（明确告知会将个人数据用于算法训练）；ChatGPT 的运行发展如何遵守数据法律要求等内容。② 为了应对“所有个人拒绝处理的权利”整改要求，OpenAI 在算法训练声明中加入名为“we respond to objection requests and similar rights”的段落，并在该段落中加入通向“OpenAI Personal Data Removal Request”16 表单的链接，指出任何数据主体可以通过填写表格来请求和实现拒绝处理个人数据。③ 为了应对“所有个人都可以纠正的权利”整改要求，OpenAI 在隐私政策中新增名为“a note about accuracy”的段落，并在该段落中加入通向“OpenAI Personal Data Removal Request”表单的链接，指出用户主体可以通过填写表格请求删除被认为不准确的数据，同时指出目前在技术上无法纠正这些不准确数据。④ 为了应对“用户注册时阅读相关政策的便捷性”整改要求，OpenAI 采取了两项整改措施：一是扩展了针对用户的隐私政策，将算法训练声明也加入 ChatGPT 的隐私政策之中，在用户注册之前，可以在注册页面中访问隐私政策算法训练声明的链接；二是在意大利引入了重新设计的 ChatGPT 欢迎回来界面，其中包含新隐私政策的链接和算法训练声明的链接。⑤ 为了应对“个人数据处理的合法性基础”整改要求，OpenAI 在算法训练声明中明确说明将以合法性利益（legitimate interest）作为处理用户个人数据用于训练算法的合法性基础，并且不影响用户选择拒绝此类处理的权利。⑥ 为了应对“ChatGPT 用户的拒绝处理的权利”整改要求，OpenAI 为 ChatGPT 用户提供了“User Content Opt Out Request”表单，ChatGPT 用户可以通过填写该表单来拒绝使用其个人数据进行算法训练。⑦ 为了应对“设置年龄准入门槛”整改要求，OpenAI 采取了两项整改措施：一是在专为意大利注册用户欢迎回来的页面中，添加一个按键“I meet OpenAI's age requirements”，以便在获得服务之前确认他们年满 18 岁，或者年满 13 岁并已获得其父母或监护人的同意：二是在注册页面中要求注册者提供明确的出生日期，以阻止 13 岁以下用户的访问，并要求年龄在 13—18 岁之间的用户确认已获得父母或监护人的同意。

（5）*GDPR* 数据保护措施和补救措施。为了强化数据保护，*GDPR* 要求组织采取适当的技术和组织措施来保护数据，例如，通过加密来提高数据的安全性。此外，如果发生数据泄露，组织必须在72小时内通知受影响的数据主体和监管机构。

(6) *GDPR* 的监管。*GDPR* 的实施受到欧盟各成员国独立监管机构的监督，这些机构负责调查投诉，制裁违规行为。所有成员国必须根据 *GDPR* 设立此类监管机构，并与其他成员国的监管机构进行合作，以确保数据保护规则在整个欧盟范围内得到一致应用。

(7) *GDPR* 的影响。*GDPR* 的影响远远超出了欧盟的范围，该条例成为全球许多其他数据保护法律的模范，包括英国的《通用数据保护条例》(*United Kingdom General Data Protection Regulation*，*UKGDPR*)，以及美国的《消费者隐私法案》(*California Consumer Privacy Act*，*CCPA*)等政策出台都受到其影响。

综上，欧盟通过以上立法和指导原则，为AI人工智能技术的发展和应用设定了一系列伦理和法律框架，以确保AI人工智能技术的发展能够在保障个人权益和社会福祉的同时促进创新和技术进步。

(二) 美国关于人工智能立法的趋势

美国联邦政府对AI风险管理的方法主要基于风险分级、针对特定行业提出特定规范，并在联邦机构中高度分散立法。[①] 虽然这种方法有其优点，但也导致了AI政策发展并未形成统一的管理模式，而是采取分散分类、各自为政的管理模式。尽管美国白宫发布了几份指导性联邦文件来解决AI危害，但并未形成一致或连贯的联邦AI风险管理方法。

1. 联邦层面的立法历程

2019年2月的《维护美国在人工智能领域的领导地位(EO 13859)》，[②]以及随后的管理和预算办公室(Office of Management and Budget，OMB)出台的《人工智能应用软件规范指南(M－21－06)》(*Guidance for Regulation of Artificial Intelligence Applications*)[③]是联邦政府对AI监管的首次立法尝试。

---

① Alex Engler. The EU and U.S. Diverge on AI Regulation：A Transatlantic Comparison and Steps to Alignment，https://www.brookings.edu/articles/the-eu-and-us-diverge-on-ai-regulation-a-transatlantic-comparison-and-steps-to-alignment/#note3，最后访问日期：2024年2月17日。

② https://www.federalregister.gov/documents/14/2019/02544/2020-2020/maintaining-american-leadership-in-artificial-intelligenc，最后访问日期：2024年2月15日。

③ https://www.whitehouse.gov/wp-content/uploads/2020/11/M-21-06.pdf，最后访问日期：2024年2月15日。

该规范指南明确提出了应以科学方法来确定 AI 的风险危害程度的分级、管理方法，并要求机构执行非歧视法律、考虑披露要求以及促进 AI 的安全开发和部署，并通过监管和非监管干预来减少 AI 风险。① 然而，除了美国联邦卫生与公共服务部（HHS）、美国粮食医药部（The Food and Drug Administration，FDA）外，当时大多数联邦机构尚未具备、颁布所管理领域的 AI 监管计划。② 斯坦福大学 AI 人本中心（Stanford University Human-Centered AI，HAI）于 2023 年年初发布的一份报告中也支持这个观点，并指出："截至 2022 年 12 月，41 个联邦主要机构中只有 5 个创建了 AI 计划以及制定相应的政策"。③

此后，2023 年拜登政府并未依据 EO 13859，在 20 个月内完成立法行为，而是另起炉灶制定了《AI 权利法案蓝图》（*Blueprint for an AI Bill of Right*，*AIBoR*），④该法案重新审视了 AI 风险问题和 AI 的相关管制规则。*AIBoR* 由美国白宫科技政策办公室（Office of Science and Technology，OSTP）制定，内容包括 AI 风险、风险危害的详细论述、减轻这些危害的五大原则，以及联邦机构的相关行动清单。AIBoR 采用了针对特定行业采取不同的 AI 治理方法的规制模式，例如，卫生、劳工和教育行业，并且 *AIBoR* 是非约束性指导，仅为建议性文件。

尽管 *AIBoR* 为建议性文件，并且该五个基本原则的适用也并未正式全面推行，但从目前政策来看，大多数联邦机构只能将其现有的法律权限适用于算法系统。这一点在管理大量运用 AI 系统进行社会经济活动的联邦机构制定的政策中表现得尤为明显。例如，联邦贸易委员会（FTC）利用其保护消费者免受"不公平和欺骗性"行为的权限，来强制执行广告真实性和 AI 系统中的数据隐私保

---

① Will Knight. White House Favors a Light Touch in Regulating AI, https://www.wired.com/story/white-house-favors-light-touch-regulating-ai/，最后访问日期：2024 年 2 月 15 日；Alex Engler. New White House Guidance Downplays Important AI Harms, https://www.brookings.edu/blog/techtank/2020/12/08/new-white-house-guidance-downplays-important-ai-harms/，最后访问日期：2024 年 2 月 15 日。

② Zihao Li. Why the European AI Act transparency obligation is insufficient. *Nature Machine Intelligence*, Vol.5, 2020, pp.1－2.

③ Christie Lawrence, Isaac Cui and Daniel E. Ho. Implementation Challenges to Three Pillars of America's AI Strategy, https://hai.stanford.edu/sites/default/files/2022-12/HAIRegLab%20White%20Paper%20-%20Implementation%20Challenges%20to%20Three%20Pillars%20of%20America%E2%80%99s%20AI%20Strategy.pdf，最后访问日期：2024 年 2 月 18 日。

④ Blueprint for an AI Bill of Rights, https://www.whitehouse.gov/wp-content/uploads/2022/10/Blueprint-for-an-AI-Bill-of-Rights.pdf，最后访问日期：2024 年 2 月 15 日。

障，以及算法不具偏见等问题的监管。[①] 联邦贸易委员会（FTC）在确保广告的真实性和保护消费者数据隐私方面，扮演着关键角色。FTC 发布了指导方针并采取了执法行动，以解决与欺骗性 AI 声明、使用有偏见的算法以及侵犯隐私权相关的问题，以下简要叙述。

（1）AI 声明和广告实践。FTC 强调在与 AI 相关的广告中诚实的重要性，警告不要做出夸大或未经证实的 AI 产品能力的声明。公司被告知不要暗示 AI 产品可以执行超出当前技术能力的任务，或者没有充分证据就声称它们比非 AI 产品具有优势。FTC 还强调，在推广它们之前，公司需要意识到其 AI 产品的可预见风险和影响。

（2）AI 使用的法律规范。FTC 执行几项与 AI 相关的法律，包括禁止不公平或欺骗性行为的 FTC 法案第 5 节。这可能包括销售或使用种族偏见算法。公平信用报告法（FCRA）和平等信贷机会法（ECOA）在算法影响个人就业、住房、信贷、保险或其他福利的资格时也会发挥作用。FTC 鼓励从坚实的基础开始，以避免引入偏见或不公平的结果，并强调了测试算法以防止歧视的重要性。

（3）隐私和安全执法。FTC 已对侵犯消费者隐私权或通过未能保护敏感消费者信息而误导其组织采取了法律行动。这些行动通常涉及违反 FTC 法案第 5 节的指控。FTC 的执法不仅限于 FTC 法案，而且包括与消费者隐私和安全相关的其他联邦法律。

（4）透明度和数据完整性。FTC 强调 AI 系统中透明度和完整性的重要性。公司被建议测试其算法以防止歧视，并通过进行独立审计和使数据或源代码可供外部检查来增加透明度。公司使用的数据集的完整性受到密切审查，强调确保 AI 产品的使用或营销不会对消费者造成伤害。

（5）广告中的真实性。FTC 执行广告真实性法律，确保广告声明是真实且非欺骗性的，这种审查可能严重影响消费者的健康或财务的声明。

---

① Michael Atleson. Attorney, Keep your AI claims in check, https://www.ftc.gov/business-guidance/blog/2023/02/keep-your-ai-claims-check，最后访问日期：2024 年 2 月 18 日；Elisa Jillson. Aiming for truth, fairness and equity in your company's use of AI, https://www.ftc.gov/business-guidance/blog/2021/04/aiming-truth-fairness-equity-your-companys-use-ai，最后访问日期：2024 年 2 月 18 日；Privacy and Security Enforcement, https://www.ftc.gov/news-events/topics/protecting-consumer-privacy-security/privacy-security-enforcement，最后访问日期：2024 年 2 月 18 日；Anthony E. DiResta, Zachary E. Sherman. The FTC Is Regulating AI: A Comprehensive Analysis, https://www.hklaw.com/en/insights/publications/2023/07/the-ftc-is-regulating-ai-a-comprehensive-analysis，最后访问日期：2024 年 2 月 18 日；Truth In Advertising, https://www.ftc.gov/news-events/topics/truth-advertising，最后访问日期：2024 年 2 月 18 日。

除此之外，美国 AI 法规的讨论从 2023 年开始受到美国中期选举和 2024 年将要来临的总统选举期间的影响，美国陆续在 2023 年 2 月出台了《关于通过联邦政府进一步促进种族平等和支持服务不足社区的行政命令》(*Executive Order On Further Advancing Racial Equity and support for underserved Communities Through The Federal Government*)，[①]要求联邦政府在利用、开发 AI 系统时，应遵循法律，并且以公平的方式进行，[②]听取各项公民权利主管部门对于权利的意见，[③]以减少算法歧视[④]等。2023 年 10 月，美国出台《关于安全、可靠和值得信赖的人工智能的行政命令》(*Executive Order on safe, secure and Trustworthy Artificial Intelligence*)，[⑤]要求在进行 AI 开发时，需要将安全系统信息、测试结果提供给美国政府，以及在进行生物开发时，必须经过安全性检测，同时检测人工智能生成内容和认证官方的内容，以及教育发展不均衡、性别歧视和保护公民权利的问题。

在联邦法规和总统行政命令之外，美国正在继续投资于减轻 AI 风险的基础政策研究。值得注意的是，美国国家标准与技术研究院(NIST)的 AI 风险管理规范(RMF1.0)[⑥]是一个旨在管理与人工智能(AI)系统相关风险的结构化方法，一个是规范定义；另一个是风险手册。

---

① Executive Order on Further Advancing Racial Equity and Support for Underserved Communities Through The Federal Government, https://www.whitehouse.gov/briefing-room/presidential-actions/2023/02/16/executive-order-on-further-advancing-racial-equity-and-support-for-underserved-communities-through-the-federal-government/，最后访问日期：2024 年 2 月 15 日。

② Executive Order on Further Advancing Racial Equity and Support for Underserved Communities Through The Federal Government, https://www.whitehouse.gov/briefing-room/presidential-actions/2023/02/16/executive-order-on-further-advancing-racial-equity-and -support-for-underserved-communities-through-the-federal-government/，最后访问日期：2024 年 2 月 15 日。

③ Executive Order on Further Advancing Racial Equity and Support for Underserved Communities Through The Federal Government, https://www.whitehouse.gov/briefing-room/presidential-actions/2023/02/16/executive-order-on-further-advancing-racial-equity-and-support-for-underserved-communities-through-the-federal-government/，最后访问日期：2024 年 2 月 15 日。

④ Executive Order on Further Advancing Racial Equity and Support for Underserved Communities Through The Federal Government, https://www.whitehouse.gov/briefing-room/presidential-actions/2023/02/16/executive-order-on-further-advancing-racial-equity-and-support-for-underserved-communities-through-the-federal-government/，最后访问日期：2024 年 2 月 15 日。

⑤ President Biden Issues Executive Order on Safe, Secure, and Trustworthy Artificial Intelligence, https://www. whitehouse. gov/briefing-room/statements-releases/2023/10/30/fact-sheet-president-biden-issues-executive-order-on-safe-secure-and-trustworthy-artificial-intelligence/，最后访问日期：2024 年 2 月 18 日。

⑥ RMF1.0, NIST, https://nvlpubs. nist. gov/nistpubs/ai/NIST. AI. 100-1. pdf; AI Risk Management Framework, NIST, https://www.nist.gov/itl/ai-risk-management-framework; NIST AI RMF Playbook, NIST, https://airc.nist.gov/AI_RMF_Knowledge_Base/Playbook; AI RMF Core, NIST, (转下页)

（1）风险管理规范分为两个主要部分：① AI与可信赖AI的定义：规范首先定义了构成AI的要素以及何为可信赖的AI。它概述了设计这一自愿性规范的目的，即指导AI的开发和使用，确保其可信赖性和可靠性。② AI风险管理挑战分析：深入探讨了管理AI系统风险的复杂性，并使用AI生命周期来识别不同利益相关者的角色，这些角色被称为AI行动者。规范的这一方面对于理解在AI系统的开发和部署过程中，谁负责各种风险管理任务至关重要。

（2）规范还概述了评估AI系统可信赖性的七个特征，包括：① 有效性和可靠性：应有客观证据证明AI系统的有效性和稳定性。② 安全性：生命、健康、财产和环境的安全，应适当优先管理安全风险。③ 安全性和韧性：AI系统应对威胁保持安全并对攻击或失败具有韧性。④ 可追责性和透明性：AI系统的开发和运营应允许追责和透明。⑤ 可解释性和可解读性：人类应能理解和解读AI系统的操作和决策。⑥ 隐私增强：AI系统应增强个人的隐私保护。⑦ 公平性：AI系统应管理和减轻有害偏见，以确保公平。

（3）AI风险管理规范核心的概念。此外，规范引入了AI RMF Core（AI风险管理规范核心）概念，包括四个主要功能：治理、映射、测量和管理。治理作为基础，培育风险管理文化。每个功能都详细说明了具体项目和子项目，对应特定行动和结果。

（4）AI风险管理规范手册国家标准与技术研究所（NIST）还发布了《AI风险管理规范手册》，以提供实践建议，并鼓励行业分享其经验和成果，供他人参考。在美国，几乎每个联邦机构都在积极参与制定和实施AI治理政策，以推进政府内部和商业活动周围的AI治理策略。例如，NIST在回应《维持美国在人工智能领域的领导地位》的行政命令时，于2019年8月发布了《美国在AI领域的领导力：参与制定技术标准和相关工具的联邦计划》，确定了AI标准的关注领域，并提出了一系列建议，以推进美国国家AI标准的发展。该规范是非强制

（接上页）https://airc.nist.gov/AI_RMF_Knowledge_Base/AI_RMF/Core_And_Profiles/5-sec-core#tab: govlongtblr; Crosswalks to the NIST Artificial Intelligence Risk Management Framework (AI RMF 1.0), NIST, https://www.nist.gov/system/files/documents/2023/01/26/crosswalk_AI_RMF_1_0_ISO_IEC_23894.pdf; Roadmap for the NIST Artificial Intelligence Risk Management Framework (AI RMF 1.0), NIST, https://www.nist.gov/itl/ai-risk-management-framework/roadmap-nist-artificial-intelligence-risk-management-framework-ai，最后访问日期：2024年2月18日。

性规范，基于经济合作与发展组织（OECD）之上的 AI 系统分类规范，提供了关于如何在 AI 生命周期管理风险的全面建议。

此外，美国一些州已经引入了旨在解决算法危害的立法，包括加利福尼亚州的《消费者隐私权法》（*CCPA*）、《自动化决策工具（AB331）》（*Automated decision tools*）、纽约州的《自动化就业决策工具法》（*AEDT Law*）等。这些立法可能会有效改善 AI 的保护范围，但是也可能导致未来在联邦层面预先立法，从而反向推动行业立法和州立法统一的问题，这与美国联邦层面通过隐私立法推动分散的行业立法和州立法走向统一所面临的持续挑战极为相似。

综上所述，尽管美国在 AI 监管方面取得了一定进展，但仍存在不少挑战和不一致性，未来需要在确保创新和保护公众利益之间寻找更好的平衡点。为此，可能需要加强联邦层面和各州层面的合作，制定一致、全面的政策和法规来应对 AI 技术带来的风险。

2. 美国联邦各部门的立法历程

美国联邦卫生与公共服务部（HHS）、美国粮食医药部（The Food and Drug Administration, FDA），在 AI 立法的前期，均较好地响应了 AI 立法的要求。

一是美国联邦卫生与公共服务部（HHS）制定了至少 12 个相关领域的管理政策和法律，其中包括关于 AI 用于基因组测序的政策以及 AI 用于疾病检测的政策和法律。美国联邦卫生与公共服务部（HHS）在 AI 领域的管理政策和法规方面有多项重要举措。这些措施旨在利用人工智能（AI）和机器学习技术来增强美国人民的健康和福祉，同时确保解决方案的道德性、有效性和安全性。以下是一些关键政策和法规：① AI 算法透明度：HHS 通过其国家健康信息技术协调办公室（ONC）最终确定了“健康数据、技术和互操作性：认证计划更新、算法透明度和信息共享（HTI－1）”规则，建立了首次针对认证健康 IT 中 AI 及其他预测算法的透明度要求。② 互操作性和信息阻碍：该规则还增强了信息阻碍的要求，支持信息共享，并添加了一个新的例外，以鼓励安全、高效、基于标准的电子健康信息交换。③ 互操作性聚焦的报告指标：为了执行《21 世纪治理法案》的要求，认证健康 IT 的开发者需要报告特定指标，以增加对认证健康 IT 支持护理交付方式的洞察。④ 健康信息技术立法：HHS 的健康 IT 工作是由《健康信息技术经济和临床健康法案》（*HITECH* 法案）授权的。此外，HHS 还实施了《21 世纪治理法案》的若干条款，该法案于 2016 年 12 月成为法律。⑤ 健康 IT 法规：ONC 制定的法规设定了电子健康记录

(EHRs)必须满足的标准和认证准则，以确保医疗专业人员和医院采用的系统能够执行特定功能。[①]

二是美国粮食医药部(The Food and Drug Administration，FDA)在AI领域的管理政策和法律主要集中在将人工智能(AI)和机器学习(ML)技术应用于医疗设备和医疗软件等方面，[②]美国食品和药物管理局(FDA)在AI领域的管理政策和法律主要集中在将人工智能(AI)和机器学习(ML)技术应用于医疗设备和软件中。FDA的行动计划和监管规范旨在促进这些技术的安全和有效应用，同时确保患者保护和产品质量。以下是一些关键点：① AI(ML)在医疗设备中的应用：FDA关注将AI(ML)技术用于医疗设备的开发，特别是作为医疗软件(SaMD)中的应用。这些技术有潜力从每天产生的大量医疗保健数据中提取新的和重要的见解，以创新产品，更好地协助医疗保健提供者，并改善患者护理。② AI(ML)行动计划：2021年，FDA发布了首个针对基于AI(ML)的SaMD的行动计划，描述了FDA为进一步监管基于AI(ML)的医疗软件所采取的多管齐下的方法。该计划包括发展提议的监管规范、支持良好机器学习实践的发展、倡导以患者为中心的方法、开发评估和改进机器学习算法的方法，以及推进现实世界性能监测试点项目。③ 监管规范：FDA考虑基于全产品生命周期的监管规范，允许根据现实世界的学习和适应进行修改，同时确保作为医疗设备软件的安全性和有效性得到维护。传统的医疗设备监管范式并未为自适应的AI和ML技术而设计，因此，FDA提出了一种潜在的方法，以预定的变更控制计划进行预市场审核，包括预先规定的修改类型和管理风险的相关方法。④ 透明度和真实世界性能：FDA要求制造商在透明度和现实世界性能监控方面做出承诺，包括定期向FDA更新所实施的变更。这样的监管规范可以使FDA和制造商能够从

---

① Artificial Intelligence (AI) at HHS, https://www.hhs.gov/about/agencies/asa/ocio/ai/index.htmll; HHS Finalizes Rule to Advance Health IT Interoperability and Algorithm Transparency, https://www. hhs. gov/about/news/2023/12/13/hhs-finalizes-rule-to-advance-health-it-interoperability-and-algorithm-transparency.html; Laws, Regulation and Policy, https://www. healthit. gov/topic/laws-regulation-and-policy,最后访问日期：2024年2月18日。

② Artificial Intelligence and Machine Learning [AI(ML)] Software as a Medical Device Action Plan, https://www.fda.gov/media/145022/download; Good Machine Learning Practice for Medical Device Development: Guiding Principles, https://www. fda. gov/medical-devices/software-medical-device-samd/good-machine-learning-practice-medical-device-development-guiding-principles; Artificial Intelli gence and Machine Learning [AI(ML)]-Enabled Medical Devices, https://www. fda. gov/medical-devices/software-medical-device-samd/artificial-intelligence-and-machine-learning-aiml-enabled-medica l-devices; Proposed Regulatory Framework for Modifications to Artificial Intelligence/Machine Learning-Based Software as a Medical Device, https://www.fda.gov/media/122535/download,最后访问日期：2024年2月18日。

预市场开发到市场后性能评估和监控软件产品，允许 FDA 的监管监督利用 AI(ML)基于软件的医疗设备的迭代改进能力，同时确保患者安全。并于 2019 年开始制定将 AI 技术纳入医疗设备研发方面的政策、行动指南，且承诺进行相关试点和推进该项政策的实施和落实。

3.《AI 权利法案蓝图》概述

美国《AI 权利法案蓝图》(*AI Bill of Rights Blueprint*)旨在保护美国公众免受 AI 技术的威胁，确保技术应用能够符合并且强化美国公众的共同价值观。该法案通过广泛咨询公众意见而制定，包括五大原则和相关实践，以引导自动化系统的设计、使用和部署，以保护公众权利。

《AI 权利法案蓝图》包含五大原则：① 安全有效的系统：保护公众免受不安全或无效系统的伤害。系统应经历预部署测试、风险识别和缓解，并进行持续监控，以证明根据其预期用途，系统是安全且有效的。② 算法歧视保护：公众不应面临算法歧视，系统的使用和设计应公平。设计者、开发者和系统部署者应采取积极连续的措施，以保护个人和社区免受算法歧视。③ 数据隐私：通过内置保护措施和赋予公众对其数据使用的控制权，保护公众免受数据滥用产生的伤害。④ 通知与解释：公众应知晓自动化系统的使用，并理解其如何以及为何影响自己。系统应提供清晰、及时、易于访问的解释。⑤ 必须有替代、考虑和退回的选项：在适当的情况下，公众应该能够选择替代方案，并能快速考虑和解决遇到的问题。

《AI 权利法案蓝图》强调了 AI 的变革潜力以及防止这些技术带来的伤害的必要性和可行性。该规范不仅是民主价值观和保护民权、公民自由以及公民隐私的蓝图，而且是从政府到公司各种组织实现这些价值观的具体步骤和指南。通过这些原则和实践，美国《AI 权利法案蓝图》为构建和部署与民主价值观相一致、保护公民权利的自动化系统提供了指导。这些原则不仅反映了美国政府对 AI 技术潜在危害的认识，而且体现了美国在促进 AI 伦理和责任方面做出的努力。

四、欧盟和美国关于 AI 领域的政策比较分析

欧盟和美国采取了不同的 AI 风险管理方法，反映了欧盟和美国不同的法律、文化和技术背景。

(一) 欧盟和美国监管框架的比较

1. 欧盟的 AI 监管框架特点

欧盟通过提议的 AI 法案，展示了对 AI 监管的全面和预防性方法。AI 法案

是欧盟首个尝试在立法层面全面覆盖对AI技术进行监管的法律框架，其特点包括以下方面。

第一，基于风险的分类分级分管。AI法案根据AI系统可能带来的风险，将其分类为不同的等级，从不可接受风险到高风险、有限风险和最低风险，对不同等级的AI系统实施不同程度的监管措施。

第二，统筹风险管理，要求审慎评估。对于被归类为高风险的AI系统，AI法案设定了严格的合规要求，包括透明度、数据治理、人类监督和准确性等方面的要求。

第三，推动监管沙盒，促进创新。尽管监管要求严格，但AI法案也考虑到了创新的重要性，提供了监管沙盒（regulatory sandbox）等机制，以便在受控的环境中进行测试和发展新技术。

2. 美国的AI监管框架特点

相比之下，美国在AI监管方面采取了更加分散和灵活的方法。

第一，特定行业的特定指导。美国没有统一的AI法律或法规，而是通过各个监管机构针对特定行业发布指导原则和政策，例如，HHS针对医疗服务行业进行指导，FDA针对医疗行业对AI进行指导。

第二，自愿和原则性指导。美国强调企业自愿遵守原则性指导，例如，NIST发布的AI风险管理框架，鼓励企业在开发和部署AI时考虑包容性、透明度和安全性问题。

第三，支持创新层面。美国政府通过各种倡议和项目支持AI研究和创新，例如，美国AI倡议旨在确保美国在AI的技术开发和应用方面保持全球领导地位。

3. 欧盟与美国监管框架的比较

一是在监管方法方面，欧盟的监管方法更加注重事前预防和风险定位的全面性，试图在法律层面明确规定AI的使用和开发规则；美国的监管方法则更加分散和灵活，侧重于行业特定的指导和自愿遵守的原则。

二是在创新与合规的平衡方面，欧盟在其AI法案中试图平衡创新与合规的需求，但是面临的挑战是如何在不抑制创新的前提下实施全面监管；美国通过鼓励自愿遵守原则和支持创新项目，促进了AI技术的快速发展，但是这也可能会产生监管不足的风险。

三是在政策扩散和争取国际影响力方面，欧盟和美国都基于“长臂管辖”原则，推动其AI法案在全球的影响力，并且希望将AI系统的主动管辖能力抓在自己手中，但是欧盟的 AI 法案管辖范围、主管内容更多，更有可能成为其他国家和地区 AI 监管的参考模型，从而影响全球 AI 治理标准的形成；美国的灵活和分散方法可能更难形成统一的国际标准。

四是在数据保护和隐私方面，欧盟的 *GDPR* 为 AI 监管提供了坚实的数据保护基础；美国在这方面缺乏统一的联邦法律，导致在数据保护方面的要求可能不如欧盟严格。

五是在监管的适应性方面，随着 AI 技术的快速发展，欧盟的法律框架需要足够的灵活性以适应新的技术发展；美国对 AI 技术的监管更多的是由企业自主推动，其原则性和灵活方法在适应新技术的方面可能更加有优势。

(二) 欧盟和美国 AI 风险分类的比较分析

1. 欧盟 AI 风险分级

AI 风险分级的三大核心原则是“透明度”“问责制”和“数据治理”，基于此原则，可将 AI 应用分为四个风险等级，每个等级都受到特定的合规要求。这种明确的分级旨在简化监管过程、确保高风险 AI 应用能够接受更严格的审查。

(1) 透明度。法案要求为高风险 AI 系统提供清晰和充分的信息，确保用户能够了解系统如何工作，以及系统的能力和限制，包括披露 AI 系统的存在，确保用户知悉 AI 系统的意识，并提供用户解读系统输出所需的信息。

(2) 问责制。提议的规定强调 AI 系统提供者和用户的问责制。要求建立风险管理系统、详细的文档记录，以及活动记录以确保系统的可追溯性，并建立明确的人类监督机制以最小化 AI 的系统风险。

(3) 数据治理。高质量的数据集对于开发和训练可靠的 AI 系统至关重要。AI 法案要求高风险 AI 系统使用相关、有代表性、无错误且完整的数据集。此外，还强调需要以尊重欧盟价值观和法规的方式处理数据集。同时，欧盟的风险分级具备几项特征：“协作治理”“适当保障”“可信任、可预防、可解释”“第三方透明监管”。以下是针对这些特征的深入分析。

第一，基于“协作治理”的多层次解释的算法影响评估。*GDPR* 通过结合个人权利和系统治理来提高算法问责性，其中个人工具主要面向“可读性”，即使决策系统对行使权利的个人可理解。系统治理工具则侧重于将专业知识和监督引入整个系统，并依赖于“协作治理”的策略，即使用公私合作伙伴关系实现这些目标。[1]

---

[1] Kaminski M. & Malgieri G. Algorithmic Impact Assessments under the GDPR: Producing Multi-layered Explanations. https://doi.org/10.2139/ssrn.3456224.

第二，基于“适当保障”的数据保护影响评估（DPIA）。该评估是实现设计、开发和培训早期阶段的系统管理流程，是算法问责性的一种手段，能够将 *GDPR* 的算法决策治理两种方法联系起来，即在提供系统治理的同时提高个人隐私权利。该评估是个人权利的重要“适当保障”。

第三，基于“可信任、可预防、可解释”的 AI 系统和 AI 公司法规和内部治理原则。欧盟的“信任 AI 伦理指导原则”提出了尊重人类自治、预防伤害、公平性和可解释性四个基本支柱产生的七项原则。这七项指导原则对 AI 公司治理产生了重大影响，但是由于主要涉及伦理而非法律问题，因此，在实际应用中该原则存在诸多挑战。①

第四，基于“第三方透明监管”的多层次系统。AI 透明度在实践中只有在所有利益相关者共同承担验证结果的责任时才具有可操作性。系统提出了一个三方监管框架，以激励 AI 生态系统中的协作开发，并确保公平性和问责制不只是事后考虑的问题。②

2. 美国的 AI 风险分级

相比之下，美国目前没有采用正式的、全政府范围的 AI 风险分类系统。风险评估通常是由各联邦部门和机构根据其特定行业和运营需求制定了自己的指导方针和框架。以下是该些部门制定特定方法对 AI 风险进行分类的总结。

（1）美国国防部（DoD）。AI 风险分类如下：国防部的 AI 风险分类在其 AI 伦理原则和 AI 战略中③有详细概述，其分类侧重于可靠性、可治理性、可追踪性，以及以合法和道德的方式使用 AI 技术。特点是：强调人类监督的重要性，以道德的方式在防御操作中使用 AI，以及开发透明和负责任的 AI 技术。

（2）食品和药物管理局（FDA）。AI 风险分类如下：FDA 为基于 AI 和机器学习的医疗设备软件提出了监管框架，根据 AI 应用的预期用途和对患者的潜在风险进行分类。④ 特点是：专注于医疗保健中 AI 系统的持续监测和重新评估，

---

① Hickman E. & Petrin M. Trustworthy AI and Corporate Governance: The EU's Ethics Guidelines for Trustworthy Artificial Intelligence from a Company Law Perspective. *European Business Organization Law Review*, Vol.22, 2021, pp.593 - 625.

② Berscheid J. & Roewer-Després F. Beyond transparency. https://doi.org/10.1145/3340470.3340476.

③ *AI Principles: Recommendations on the Ethical Use of Artificial Intelligence by the Department of Defense*. Defense Innovation Board, Oct.31, 2019.

④ Artificial Intelligence and Machine Learning [AI(ML)] Software as a Medical Device Action Plan, https://www.fda.gov/media/145022/download.

确保随着 AI 系统的发展，其使用的医疗设备软件仍然安全有效。

（3）国家标准与技术研究院（NIST）。AI 风险分类如下：NIST 开发了指南和出版物，例如，AI 风险管理框架（AI RMF）[①]旨在为不同行业中与 AI 系统相关的风险管理提供标准化方法。特点是：提供一个灵活和适应性的框架，可以应用于各种行业，强调透明度、问责制以及保护公民自由和隐私权。

（4）联邦贸易委员会（FTC）。AI 风险分类如下：虽然没有提供严格的风险分类系统，但是 FTC 执行针对欺骗或不公平行为的法律，包括可能对消费者造成伤害的 AI 使用。[②] 特点是：专注于确保 AI 技术不以欺骗消费者或对消费者不公平的方式被使用，强调透明度和公平性。

（三）欧盟和美国在 AI 监管政策中的创新与监管灵活性比较分析

欧盟和美国在 AI 监管政策中体现了创新与监管灵活性的不同特点。

1. 欧盟 AI 监管政策中的特点

（1）实验性监管框架。由于欧盟设计了更为严谨、繁重的 AI 风险合规要求，可能无意中导致创新抑制的效果。[③] 欧盟 AI 系统严谨、繁重的合规标准，导致合规成本高昂，从而阻碍初创企业和小型企业的创新。即使欧盟的 AI 协调计划和最近发布的 AI 法规提案强调了通过监管沙盒实验来平衡 AI 创新与潜在风险的重要性（监管沙盒能够通过豁免某些适用规则、指导合规或定制执法来为选定的创新项目创建测试床），并且监管沙盒已经被视为支持创新的方法，但是由于现有法律、方法论和伦理方面的挑战，仍旧可能造成对创新的限制。[④]

（2）数字单一市场。欧盟将 AI 规制嵌入到更广泛的数字单一市场战略中，旨在通过移除跨境交易的障碍来刺激创新和经济增长。该方法认为市场整合和伦理 AI 的目标是相互兼容，且相互加强。

2. 美国 AI 监管政策中的特点

（1）自由发展、自主创新优先。美国的 AI 政策倾向于强调创新和技术发展

---

① RMF1.0，https://nvlpubs.nist.gov/nistpubs/ai/NIST.AI.100-1.pdf，最后访问日期：2024 年 2 月 18 日。

② Trade Regulation Rule on Impersonation of Government and Businesses，https://www.ftc.gov/system/files/ftc_gov/pdf/r207000_govt_biz_impersonation_rule.pdf，最后访问日期：2024 年 2 月 18 日。

③ Krarup T. & Horst M. European Artificial Intelligence Policy as Digital Single Market Making. Big Data & Society，https://doi.org/10.1177/20539517231153811，最后访问日期：2024 年 2 月 18 日。

④ Ranchordas Sofia. Experimental regulations for AI: Sandboxes for Morals and Mores. *University of Groningen Faculty of Law Research Paper*，No.7，2021.

的自由，较少采用欧盟预先规定的法规框架的方式。美国的监管环境更倾向于采取事后审查的方式，对新兴技术实施监管，而不是设定严格的事先规则。

(2) 企业(私营部门)的主导。与欧盟相比，美国在 AI 创新和监管方面更多地依赖于企业的自我调节和行业标准。这种方法鼓励企业进行快速技术创新和技术部署，但是同时也引发了关于隐私、安全和伦理方面的担忧。

3. 隐私与数据保护

欧盟强调隐私和数据保护，以 *GDPR* 为基础。*GDPR* 的基本原则，例如数据最小化原则和解释权原则，直接影响了 AI 系统的设计和运作，特别是那些涉及个人数据处理的系统。虽然美国重视隐私，但是缺乏类似欧盟 *GDPR* 的全面联邦数据保护法。隐私规定更具有行业特定性，并且更加依赖行业标准和州级立法，例如美国《加州消费者隐私法案》(*CCPA*)。

4. 透明度与问责

欧盟的立法方法尤其强调 AI 系统中的透明度和问责性，要求广泛的文档记录、使用人类监督以及清晰的审计机制，特别是在高风险的 AI 应用中。虽然美国也强调透明度和问责性，但是其通过与欧盟不同的手段，而且是建议性而非强制性的方式进行治理。例如，NIST 发布的指导方针鼓励 AI 系统的透明度和可解释性。

关于欧盟与美国关于 AI 的应用见表 1。

表 1　欧盟与美国关于 AI 的应用

应　用	例　　子	欧盟政策发展	美国政策发展
人工智能用于人类过程(社会经济决策)	人工智能在招聘、教育准入和金融服务审批中的应用	*GDPR* 要求人工参与重大决策。欧盟人工智能法案附件Ⅲ中的高风险人工智能应用需要满足质量标准，实施风险管理体系，并进行合格评定	人工智能权利法案和相关的联邦机构行动为其中一些应用程序创造了拼凑的监督
人工智能在消费类产品中的应用	医疗设备、部分自动驾驶汽车和飞机中的人工智能	欧盟人工智能法案认为，在已经受欧盟法律监管的产品中实施的人工智能是高风险的，并进一步将新的人工智能标准纳入当前的监管流程	个别联邦机构的调整，例如 FDA 对医疗器械的调整；自动驾驶汽车的 DOT；消费品安全委员会

续 表

应　用	例　　子	欧盟政策发展	美国政策发展
聊天机器人	商业网站上的销售或客户服务聊天机器人	欧盟人工智能法案将要求披露聊天机器人是人工智能(即不是人类)	—
社交媒体推荐和审核系统	TikTok、Twitter、Facebook或Instagram上的新闻源和群组推荐	《欧盟数字服务法案》为这些人工智能系统制定了透明度要求，还可以进行独立研究和分析	—
电子商务平台上的算法	用于在亚马逊或Shopify上搜索或推荐产品和供应商的算法	《欧盟数字市场法》将限制数字市场中的自我偏好算法。个人反垄断行动(例如，针对亚马逊和谷歌购物)，以减少电子商务算法和平台设计中的自我偏好	—
基础模型(生成式AI)	Stability AI 的 Stable Diffusion 和 OpenAI 的 GPT-3	欧盟人工智能法案的提案草案考虑了质量和风险管理要求	—
人脸识别	Clearview AI、PimEyes、Amazon Rekognition	欧盟人工智能法案将包括对远程面部识别和生物识别的限制。欧盟数据保护机构已根据GDPR对面部识别公司处以罚款	NIST 的 AI 人脸识别供应商测试计划为人脸识别软件市场提供功效和公平性信息
定向广告	在网站和手机应用程序上投放算法定向广告	GDPR已对Meta处以罚款，原因是该公司将个人用户数据用于行为广告。《数字服务法》禁止向儿童投放有针对性的广告和某些类型的分析(例如按性取向)	个别联邦机构的诉讼略微减少了一些有针对性的广告，包括美国司法部和HUD，它们成功起诉了Meta的歧视性住房广告，以及FTC对Twitter使用安全数据进行定向广告的处罚

资料来源：Alex Engler. The EU and U.S. diverge on AI regulation: A transatlantic comparison and steps to alignment. April, 25, 2023.

(四) 小结

欧盟和美国在AI监管政策上的根本性差异反映了不同的监管原则的区别

和对 AI 技术潜在影响的评估方法不同。欧盟的立法倾向于预先制定广泛的规则以确保 AI 被负责任、安全地使用；美国则侧重于利用现有的法律框架来适应 AI 的快速发展。欧盟和美国在 AI 监管方法的不一致性可能会对全球的 AI 应用和合作产生影响，特别是在需要统一标准和原则的领域，例如，金融服务和在线平台。为了克服这些挑战，需要加强国际对话和合作，以促进相互理解和共同制定解决方案。

五、欧盟、美国的 AI 监管政策的不足

（一）美国的不足

一是增强国内 AI 风险管理立法进程。美国应优先考虑其国内 AI 风险管理立法进程，超越目前的关注程度，包括重新审视 EO13859 的要求，并且应该要求联邦机构进行统一的、强制性的 AI 监管框架立法模式，以实现对国内 AI 风险管理权限的更全面的理解。[①]

二是审查全球 AI 风险管理框架对美国的影响。美国应该正视审查新兴的全球 AI 风险管理框架可能带来的后果和冲突，特别应该关注美国与欧盟之间的关系。[②]

三是实施在线平台监管法律框架。美国应该努力实现有意义的在线平台监管法律框架，并且考虑与欧盟法律，特别是 DSA 和 DMA 的一致性问题。[③]

（二）欧盟的不足

一是增加监管的灵活性。欧盟应该在 *EU AI Act* 的部门实施中增加灵活性，使监管要求更能够针对特定类型的高风险 AI 的应用进行微调，从而提高法案的有效性。[④]

二是管理协调以确保一致性。为了防止欧盟成员国监管机构对高风险要求的监管在具体实施层面的不一致问题，欧盟需要进行仔细管理和协调，并且考虑包括成员国监管机构和欧洲委员会在内的监管机制，以做出包含决策且适应于

---

① Glauner P. An Assessment of the AI Regulation Proposed by the European Commission.

② Lilkov D. Regulating Artificial Intelligence in the EU：A Risky Game. *European View*，Vol. 20，2021，pp.166－174.

③ Bruin R. Autonomous Intelligent Cars on the European Intersection of Liability and Privacy：Regulatory Challenges and the Road Ahead. *European Journal of Risk Regulation*，Vol.7，2016，pp.485－501.

④ Veale M. & Borgesius F. Demystifying the Draft EU Artificial Intelligence Act：Analysing the good，the Bad and the Unclear Elements of the Proposed Approach. *Computer Law Review International*，Vol.22，2021，pp.97－112.

高风险要求的可操作性细节部署。[1]

(三) 建议

一是深化知识共享。欧盟和美国应该加强在标准化发展、AI 监管沙盒、大型公共 AI 技术研究项目、AI 开源工具、监管机构间的交流,以及开发 AI 保证生态系统方面的知识共享。

二是建立政策交流和协作。通过在特定部门的监管机构之间建立政策交流,使双方能够增强合作,同时简化合作程序及途径。

三是考虑联合投资负责任的 AI 技术研究项目。欧盟和美国可以考虑联合投资负责任的 AI 技术研究,并且开发能够更好地实现负责任 AI 实施的开源工具。

六、结语

人工智能在几年前还是尚未发展的新生事物,其在短短两年间就迅速为人们所熟知,未来还会继续快速发展,在未来的数字社会和数字经济中,必将提供巨大的潜力,但是随之而来的是数据的合理运用和人工智能的"道德困境"。立法从生效到实施总是相对滞后的,伴随人工智能技术发展而来的风险规制和数据治理将成为一个长期问题。是"监管",还是"创新"? 这也将成为业内一个持续讨论的话题。

① Siegmann C. & Anderljung M. The Brussels Effect and Artificial Intelligence: How EU Regulation will Impact the Global AI Market. https://doi.org/10.48550/arXiv.2208.12645.

人工智能在司法实务中的运用与未来展望

吴玟儒*

摘　要：人工智能是当前讨论度极高的话题，在各行各业都可见其踪迹，而值得注意的是因为生成式AI具有产生、创造文字的能力，故对于大量依赖文字输出的司法工作者，面对人工智能如潮水般的来袭，应该如何与人机合作、人机协作创造出更好的未来。本文先宏观地介绍人工智慧在司法实务上的运用，接着再回到中国台湾地区司法实务上的运用，介绍中国台湾地区目前各法院的智慧司法或科技法庭设备。最后，提出未来人工智能可以在司法实务上担任如助理般的角色，以节省司法工作者的所耗费的劳力、时间、费用、成本，期望可以借由人工智能带入司法实务，拉近人民与司法的距离。

关键词：智慧司法；数位司法；人工智能

一、人工智能与生成式AI

从字面上来说，人工智能（artificial intelligence）就是计算机或机器所产生的智慧，但什么是智慧？正面说明“智慧”为何物，是一项非常困难的事，如果可以精准、快速地进行数字总和，或者以家用计算机在一篇文章中以搜寻方式找到想找的段落，这样属于人工智能吗？笔者认为这应该不是，因为人工智能最主要的一个特征是“具有某部分的创造能力”，而其终极目标是让计算机像人类一样地行动或思考。

生成式AI（generative AI）是指利用人工智能而产生新的、原本不存在的内容，例如文字、图像、音乐等。在文字方面，生成式AI通过学习大量搜集的文本，进而依指示生成所要求的文字；图像方面，生成式AI通过学习图像和进行训练，

---

* 吴玟儒，中国台湾地区台北地方法院法官。

生成指示所要求的新图像，产生与现实相似但又具有创意的图像；音乐方面，生成式 AI 通过学习大量音乐作品，进而生成指示所要求类型的自定义音乐。生成式 AI 的工作原理是通过训练模型学习给定类型的数据，然后使用该模型生成与训练数据相似的新数据，这使得生成式 AI 能够自动地创造出具有一定结构和内容的新信息，而无需直接从数据集中复制。这种能力使生成式 AI 在多个领域都有应用，包括自然语言处理、图像生成、音乐创作等，尤其是由 OpenAI 开发的 ChatGPT 更是引起广泛讨论，其主要能力在于生成文字内容、提供信息、解答问题等，然而值得注意的是，因为生成式 AI 具有产生、创造文字的能力，故对于大量依赖文字输出的法律工作者，面对生成式 AI 的到来，我们应该如何“人机合作”或“人机协作”，创造出更好的未来。

二、AI 在司法实务上的运用

诚如前面所述，人工智能最主要的一个特征是“具有某部分的创造能力”，而其终极目标是让计算机像人类一样地行动或思考，故本文试举两例来说明在法律工作上，如何利用人工智能而产生新的、原本不存在的内容。

（一）“清官难断家务事”——AI 能断家务事

依中国台湾地区各家事法庭的现况来看，家事案件逐年增加，[①]而法官又受到中国台湾地区员额的限制，在人力无法补齐的状况下，如何在有限的时间内做出最适当的判断，这点除了有赖法官本身的办案经验、社会经验及养成训练外，如果在此时可以有一个系统协助民众预先判断自己案件的判决结果，或许可以让民众知道在该情况下是否可以获得想要的诉讼结果，进而决定是否要提起诉讼。而在胜算概率不高的情况下，通常一般理性人会降低提起诉讼的欲望，以此减少不必要的诉讼。

其中，离婚案件中关于未成年子女权利义务的行使或负担，在父母双方未协议、无法协议或协议内容不利于未成年子女时，依台湾地区“民法”第 1055 条的规定，应依子女之最佳利益审酌一切情形进行判断，尤其应注意所定的各款事由。[②]

① 由中国台湾地区司法统计资料可知，2012—2022 年地方法院家事案件从 137 000 件增加至 171 000 件，参见 https://www.judicial.gov.tw/tw/lp-1873-1-xCat-10.html；https://www.judicial.gov.tw/tw/lp-2266-1-xCat-10-2-20.html，最后访问日期：2024 年 2 月 15 日。

② 中国台湾地区“民法”第 1055 条规定：“一、子女之年龄、性别、人数及健康情形。二、子女之意愿及人格发展之需要。三、父母之年龄、职业、品行、健康情形、经济能力及生活状况。四、父母保护教养子女之意愿及态度。五、父母子女间或未成年子女与其他共同生活之人间之感情状况。六、父母之一方是否有妨碍他方对未成年子女权利义务行使负担之行为。七、各族群之传统习俗、文化及价值观。”

正因为法条上有明确载明在判断未成年子女权利义务的行使或负担时特别需要考虑的条件，且法官无法亲自到父母及未成年子女住所地访视，故对于该类案件，大部分的法官会嘱托社工人员出具访视报告供法官参考，而访视报告所遵循的脉络即为上述“民法”第1055条的规定。

因此，2019年9月，中国台湾地区的清华大学科法所林昀娴教授与物理所王道维教授发表了中国台湾地区第一个以自然语言处理为基础的AI辅助亲权判决预测系统，预测范围主要是以离婚后亲权酌定给何方为研究标的。[①] 该系统强调以免费使用且文字输入的方法，以概率的方式呈现预测结果。其建置方法系先是通过人工标注超过500多篇2015—2017年的亲权酌定相关判决，将数千条重要的判决理由文字使用深度学习的技术转换成高维度的矢量，在资料扩增后训练AI分类模型，所得的正确率超过80%，甚至该系统的网页可让使用者直接使用各种不同的文字叙述作为输入方式，实时得到判决预测的结果，使用者还可以借由调整输入所使用的文字描述或因素，观察系统所预测的概率是如何变化的。因此，可以让父母双方更多地了解实际可能的判决结果，以减少个人主观的臆测，增加彼此协调的空间，让双方对孩子的亲权监护达成和解，减少因为诉讼所带来的金钱上的损失或情感上的伤害。

（二）法律咨询服务系统

法律咨询服务系统是一个美国在线法律咨询服务系统，该系统系因创办人Joshua Browder收到很多罚单，但因为当时他还在上学，所以无力负担，故其开始研究如何可以不缴纳罚单，他发现只要表达正确，就有很高的机会可以申诉成功，无须缴纳罚单。而目前法律咨询服务系统并不只是处理罚单问题，其触角已拓展到处理不合理的停车费、订阅费、税金、银行费用、诈骗等生活中会遇到的各种法律问题，使用者无需负担高额的律师费用，只需每个月支付36美元的金额即可获得相当质量的法律服务。而法律咨询服务系统创办人于2022年12月13日在Twitter上发布“有收到超速罚单的人请与我们联络”的告示，该公司将为受罚者在法庭上提供利用法律咨询服务系统的无线耳机，并说出AI律师所指导的陈述，由受罚者回应法院，即使最后受罚者仍需缴纳罚单，该公司也愿意代为缴纳。[②] 而帖文一经发出即有300名受罚者跃跃欲试，最终该

① 《AI辅助亲权酌定预测》，https://nthuhssai.site.nthu.edu.tw/p/404-1535-243328.php，最后访问日期：2024年2月15日。

② https://twitter.com/jbrowder1/status/1602484316339986432，最后访问日期：2024年2月15日。

公司挑选了两名受罚者，但是AI律师出席法庭的新闻一出，法律咨询服务系统公司便于2023年1月收到检察官的警告，检察官认为该公司如果把AI机器人带入实体法庭，那么，该AI律师将会因从未通过美国律师考试而违反法律，进而可以对法律咨询服务系统公司创办人处以6个月的有期徒刑，目前该项计划暂缓执行。[①]

(三) 小结

从上述案例中可见，计算机系通过机器学习及深度学习，以仿照人类的思考模式为使用者提供解答，且在人工智能技术持续发展下，其所提供的解答更符合自然语义，与前文所述的人工智能是让计算机像人类一样地行动或思考的终极目标较为接近。

三、中国台湾地区目前法庭上的运用——科技智慧法庭

综观各国司法机关对于数字政策的想法，均建构在电子法院(e-Court)的基础上，利用信息及网络技术建立高效能法院，以减轻司法人员的负担，促进纷争解决，而中国台湾地区目前以下述的系统朝上述目标迈进，其中又以判决书草稿生成系统最引人注目。

(一) 语音辨识系统

以前法院开庭时主要由书记官手写笔录，进而演变成由书记官打字制作笔录，然而即使书记官打字速度再快，依然无法完全跟上口语的速度，故中国台湾地区司法机构于2023年在法庭中设置中文语音辨识系统，使承办案件的职业法官可以专心听审，无须紧盯笔录，并且可以在庭审结束后不久即可有笔录以供阅读。随着语音辨识系统的进步，法庭的也配置了录像回放系统、影音环控等系统，使得司法案件可以在评议时实时播放想确认的片段，让评议过程更加顺畅。中国台湾地区司法机构的语音辨识系统经过各地方法院模拟法庭的试用，已将过去十几年来的裁判书(1 000多万例)、开庭笔录(约180万例)作为AI训练资料，进行优化辨识引擎语言及声学模型。目前平均辨识正确率已达92%，并支持绝大部分法律专用词汇。此外，中国台湾地区司法机构也于2024年建设一般

---

① 芝加哥一家事务所 Miller King Law Firm 在2023年3月对法律咨询服务系统公司提起诉讼，认为该公司在网站上称AI律师可以回答法律问题，然而AI律师实际上未获得法律执业资格，所以，该公司对实体律师事务所产生了侵害。此诉讼于2023年11月17日判决，认为该事务所并未充分陈述其到底受到了什么损害，以及未能充分说明到法律咨询服务公司的何种行为导致客户流失或其声誉受损，因此驳回诉讼。参见 MillerKing LLC v. DoNotPay Inc. U.S. District Court for the Southern District of Illinois, No. 3: 23 - CV - 00863.

法庭语音辨识系统时，一并导入闽南话辨识部分，因训练语料较少，闽南话辨识率目前为85%。[①]

鉴于此，法庭活动的流畅度非常重要，尤其是在有证人交互诘问的案件中，证人最真实的反应、检辩双方最实时的异议都只会出现一次，如果因为笔录的记载而中断开庭，整个案件都会窒碍难行。在过去尚未有语音辨识系统时，多数法官以转译来解决开庭不顺畅的问题，由转译人员将法庭录音携回制作类似逐字稿的笔录，转译除了费用高昂之外，还无法达到实时制作笔录的效果。此外，制作完成后还须请书记官再核对一次，比较耗费金钱和时间，因此转译只解决了开庭的流畅度，无法提供法院、检方及当事人实时确认笔录的需求。而依使用经验来看，语音辨识系统除了在一般口语及法律用语的正确率颇高之外，对于无意义的助词亦会自动删减。当然如果书记官在开庭前先输入本案的关键字或人名、公司、地名，则其正确率会有显著提升，开庭过程也因语音辨识系统而流畅，可以充分解决前述交互诘问开庭时遇到的问题。

（二）判决书草稿生成系统

中国台湾地区司法机构原定在2023年9月将不能安全驾驶（酒驾）、帮助欺诈案件（提供“人头”账户）这两类量大且类型化的案例，通过AI提取起诉书的特征而产生最合适的裁判书草稿，以供法官制作裁判时参考；至于认定事实、适用法律及决定量刑等核心事项，仍完全由法官自行决定，其做法是委托厂商研发“AI技术运用于司法院内量刑及裁判书”生成TMT5语言模型架构，并输入大量起诉与判决资料供AI神经网络学习，通过长时间训练调整及反复验证而达到使用目的。操作上，当系统判断未结案件属于上述类型案件时，会出现“自动生成”选项，点入后勾选“有罪或无罪”“自白或否认”“适用法条”“犯罪事实是否引用起诉书”“据上论断包含程序或实体法条”，送出后就会自动生成草稿，主要以相应的起诉书为生成素材，实时分析犯罪事实、证据等资料，以提高每篇裁判草稿的准确度、可读性及可解释性。但是因外界质疑为何可以以AI取代法官的判断，所以目前判决书草稿生成系统暂缓执行中。事实上，中国台湾地区司法院在新闻稿中强调“智慧化裁判草稿自动生成系统”，就上述案件类型，依据起诉书的内容，将起诉书的犯罪事实及证据名称，引用到裁判书的草稿，此部分并未使用任何生成式AI技术。正因为未分析任何卷证资料，故认定事实部分完全由法官自行决定，系统无法协助法官判断。若法官审酌全案相关卷证之后认定被告有

---

① https://www.judicial.gov.tw/tw/cp-1887-819990-872a1-1.html，最后访问日期：2024年2月15日。

罪，适用法律部分的例稿式生成内容则提供给法官参考，[1]故目前中国台湾地区司法机构所开发的系统是生成而非借由生成式 AI 生成的判决。

(三) AI 量刑信息系统

一个案件审理到最后除了无罪以外，被告最在意的问题是我被判多久？很多时候在相同类型、相同犯罪手法的案件中，最后量刑却天差地别。为了避免让民众产生怀疑，中国台湾地区司法机构在 2011—2018 年，陆续建设了“妨害性自主罪”“不能安全驾驶罪”“枪炮案件”“提供‘人头’账户等资料帮助欺诈罪”“制造、运输、贩卖、转让、栽种毒品罪”“盗窃罪”“抢夺罪和强盗罪”“杀人罪”“普通伤害罪”“肇事逃逸罪”等量刑信息系统，以及“类似判决刑度信息检索系统”。然而上述量刑信息系统均需人力逐一标注判决书上的关键词，此种标注方式不仅耗时耗力，而且因为标注人员的素质不一而无法精准标注，因此上述量刑信息系统并未受到法官的青睐。另外，因为上述标注人员系司法替代人员（由于司法替代人员已停止招募），故出现了人力缺口，导致上述量刑信息系统的资料迟迟无法更新。为解决上述问题，中国台湾地区司法机构于 2020 年 9 月开发建设 AI 量刑信息系统，并于 2023 年 2 月 6 日全面启用，希冀能以更经济有效的方式实时更新数据库。目前 AI 量刑信息系统可分为以下两种类型。[2]

1. 评价型 AI 量刑信息系统

评价型 AI 量刑信息系统目前已建设了“枪炮”“妨害性自主”及“毒品”三种案类。该系统的特色是除了能通过 AI 技术进行判决书标注之外，其选项设计亦有别以往的量刑信息系统，使用者在检索时，仅须评价中国台湾地区“刑法”第 57 条所列量刑审酌事项分别在个案中是对被告有利、不利或中性，即可检索实务相关判决的量刑情况，故其有输入少数条件即可取得有效统计分布的优势。

2. 事实型 AI 量刑信息系统

事实型 AI 量刑信息系统目前建设的案例有“不能安全驾驶”“肇事逃逸”“伤害”“盗窃”及“欺诈”五种案件。该系统沿袭过往量刑信息系统的选项设计，使用者须输入个案的事实内容，进而搜寻过往实务相关判决的量刑情形，并在该基础上加入 AI 标注判决书的技术，此种设计模式因输入条件较多，故有助于使用者搜寻与个案相近的判决作为参考。

---

① https://www.judicial.gov.tw/tw/cp-1887-951341-9add3-1.html，最后访问日期：2024 年 2 月 15 日。

② https://www.judicial.gov.tw/tw/cp-1887-806741-d6471-1.html，最后访问日期：2024 年 2 月 15 日。

(四) 电子卷证智慧化分析

在法官及法官助理的审判系统中建设电子卷证智慧化分析系统，可见法官所承办的所有案件，在系统内点击该案件后可以分析已经转成 PDF 档案的卷证资料，依照各该资料属性分成供述证据及非供述证据，并可标出各证据的名称。此系统还能遮隐当事人的个人资料(地址、生日、身份证号、金融账户等)，使法院人员只需要核对有无疏漏即可，大大提升了工作效能。

(五) 司法院智慧客服小帮手

过去企业的客服大多依赖人工接待，但因为人事成本高昂或人力不足而常常无法接通，甚至因为人员的流动、新进员工训练不足，导致顾客满意度下降。因此，目前许多客户采用智慧客服小帮手，有效过滤无需人工回答的问题。而就中国台湾地区司法实务的运用，则主要表现为回答“书状范例”与“常见问答”题库，查询“开庭进度”与“庭期表”信息，然而目前现阶段没有聊天功能，还不能回答复杂或实例情境、资料查询等问题，但是在询问上述问题时，还是可以使用口语化的语言询问。

四、未来还能做什么?

(一) 预拟量刑事由

诚如本文先前所提到的，外界质疑或有疑虑的地方为“为何 AI 可以取代法官的判断”，可以确定的是，虽然 AI 不会取代人类，但是会运用 AI 的人更有胜算。以刑事案件为例，认定事实及适用法律属于判决核心事项，应全部由法官决定，这属于法官绝对保留的事项。在确认被告有罪时，接下来要面临的是应采取何种刑罚，而中国台湾地区“刑法”第 57 条明文规定量刑应考量的事项，即“科刑时应以行为人之责任为基础，并审酌一切情状，尤应注意下列事项，为科刑轻重之标准：一、犯罪之动机、目的。二、犯罪时所受之刺激。三、犯罪之手段。四、犯罪行为人之生活状况。五、犯罪行为人之品行。六、犯罪行为人之智识程度。七、犯罪行为人与被害人之关系。八、犯罪行为人违反义务之程度。九、犯罪所生之危险或损害。十、犯罪后之态度。”

目前大多数的刑事判决对于量刑审酌事项，大多以统包方式论述量刑的判断基准，然而近来已有判决不采取过往的统包论述，而是就中国台湾地区“刑法”第 57 条所规定的各款事由逐一盘点论述，故笔者认为，在法条有明确规范应考量事项的范畴下，生成式 AI 或许可以在此种素材明确、指引条理分明的情况下，先为法官草拟不涉及司法核心事项的判决草稿。另外，由于法院判决的质量较高、数量庞大、与生活相关、具可解释性的特性，在以判决为训练的素材下，判决在自然语言处理（natural language processing，NLP）或大型语言模型（large language model，LLM）是具有优势的，因为训练资料是具有中性特性的判决，所以机器的学习不容易受到偏见和不平等的影响，而且所投入给 AI 的资料多是被告个人的资料，故在从抽象标准涵摄到具体个案时，也比较不容易带有价值判断。因此，笔者认为在人机协作部分，先开放让 AI 进行盘点式的量刑标准后，再让法官参酌并决定一个适当的量刑，应为可行。

（二）风险评估——再犯、假释

对于被告是否有再犯可能，美国法院采用风险预测与评估辅助工具 COMPAS（Correctional Offender Management Profiling for Alternative Sanctions），其目的是协助法官就被告的再犯风险进行量刑参考，但调查机构 Pro Publica 在 2016 年的调查研究报告中指出，COMPAS 的算法在种族方面存在严重的偏差歧见，对于黑人被告再犯风险的估算为白人被告的 2 倍之多，[①]其原因就是“垃圾进，垃圾出”（garbage in，garbage out）。若训练资料早就存有人类的偏差歧见，那么，算法经学习与训练后所提供的预测与建议不可避免地含有或多或少的偏差歧见，这也是为何 COMPAS 会出现黑人再犯比白人高的原因。较为庆幸的是，以中国台湾地区过往的历史及现况观察，并没有明显地出现哪一特定族群会受到偏差待遇。若未来要在刑事程序中使用风险评估系统，则应该要遵循透明性的要求，也就是要向外界说明系统的相关事项，以确保系统中的价值判断与普罗大众的价值判断一致，使外界的声音可以进入系统，如此一来，公众的想法及价值观才可以体现在系统中，并且系统的使用也必须符合当责性，即系统的使用必须能够达到当初想要使用系统的目的，且有助于刑事司法及一般民众的利益。另外，系统的评估结果不应作为刑事程序中唯一的决定性因素，法官或者使用者还必须运用专业知识做出适当的决定，所以，法院对于决定需要负起一定程度的说明义务。还有，风险评估系统的使用必须要避免自动化依赖的情形发生。自动化依赖的意思是一旦使用者发现自动化产生的结果大多是正确时，就会过度依赖系统，而忽略系统也有其设计的缺失，必须通过人类的验证或比对。因此为

---

① Jeff Lanson，Surya Mattu，Lauren Kirehner，Julia Angwin. How We Analyzed the COMPAS Recidivism Algorithm. https://www.propublica.org/article/how-we-analyzed-the-compas-recidivism-algorithm，最后访问日期：2024 年 2 月 15 日。

避免过度依赖自动化情形，设计上或许可以由人类先做出初步筛选，再通过机器的数值判断，最后再交由人类决定，以解决上述问题。[①]

（三）民事请求事件

科技媒体 Wired 在 2019 年 3 月 25 日报道爱沙尼亚已经开发出 AI 法官处理小额民事案件，然而该项消息被爱沙尼亚官方否认，并表示本国在小额民事案件或通常民事案件均未产生 AI 法官，而仅是通过自动化法庭来减少法官的负担，并认为支付命令这种简单类型化的民事请求适合使用自动化法庭。[②]

在中国台湾地区民事庭法官大多处理的案件都与金钱有关，而民众最常遇到的金钱请求案件主要是车祸案件。在未有人死亡的车祸案件中，原告的请求可分成以下类型：① 身体受损而产生的费用，请求内容多为医疗费、看护费、交通费用、不能工作的损失。② 财产上的损失，请求内容多为车辆维修费用、车祸造成的财物受损，例如眼镜、手机、安全帽等损坏费用。③ 精神慰抚金。在有人死亡的车祸案件中则会请求的费用大多为丧葬费用、抚养费用、精神慰抚金。通常法院在处理此类案件时，花费最多时间的往往是请求金额与单据之间的对账，只要能确认金额及过失比例，几乎可解决此类案件 80%以上的问题。在处理此种量大但单纯，且属技术性计算问题的案件中，因车祸所产生的费用仅系单纯加总，至于车辆维修和折旧及抚养费的部分亦有相应的办案工具可以计算，故法院可在开庭前先行统一要求原被告双方罗列各项费用的格式规范，则 AI 在此可发挥其快速搜寻资料及摘取功能，将可以使用的资料罗列及计算后供法官参考，必定可以减缩法官大量的时间和人力成本。

（四）金融法案件

关于处理海量的信息、过滤信息，我们不可否认 AI 确实有其过人之处，毕竟要花费人力来处理枯燥乏味的资料这不仅耗时耗力，而且容易因疲劳无趣而产生错误。而 AI 因没有上述问题，所以 AI 的自动化设备可以分担所有烦琐、单调、重复、无聊的工作，为我们节省大量的时间及劳力，而将所省下的时间及劳力可用在更有价值的任务上。所以在金融案件上关于对账单、现金流计算等这些麻烦工作，未来可将其外包给 AI。另外，在金融法案件中常会有外国契约、涉外因素，AI 在金融法上亦可以提供语言翻译的功能。

---

① 李荣耕：《刑事程序中人工智慧于风险评估上的运用》，《政大法学评论》2022 年第 168 期，第 160—178 页。

② Maria-Elisa Tuulik. Estonia does not develop AI Judge. https://www.just.ee/en/news/estonia-does-not-develop-ai-judge，最后访问日期：2024 年 2 月 15 日。

五、结语

因人工智能仍是一门发展中的科技，故在中国台湾地区司法实务上的运用并非本文一开始所述的“让计算机像人类一样地思考”，而是担任协助法院处理非审判核心事项的角色，例如例稿的建议、在预设的因子下进行信息检索及搜集、提供量刑参考等，以减轻法官的工作量，至于认定事实、适用法律等判决中最重要的决定因素，仍由法官执行。面对模仿人类的创造力及思维能力的生成式AI，人类又有什么特质是AI无法学习的？AI风潮强势来袭，在可预见的将来会有越来越多工作可以由AI来执行，而在司法实务上，究竟应采取什么态度来面对AI？

笔者认为AI具有强大的资料处理能力，故在单调、重复性的工作可以将AI视为助理，法官应将更多的时间用在更具判决核心价值的事项，另外，如果将AI运用在需要价值判断的事项时，因为机器会囿于训练资料是否正确、公正而定，或者AI在证据的判断上有其先天上的瑕疵，例如AI或许可以利用证人前、后的说辞判断出证人的证述不一，但无法判断这个前后不一的原因到底是基于记忆错误、口误，还是误解提问者的提问；AI可以依据租赁契约的文本及每月的汇款纪录，推测出双方之间存有租赁契约，但双方签立该租赁契约是基于何种意思表示、是否出于通谋虚伪意思表示或有其他必须撤销或无效的原因，AI则无法取代人类的判断，故如果人类可以利用系统所提供的信息进行进一步的判读，以人机合作的方式并结合可变更运算参数，最终能精准有效地修正AI算法所做的决策，即人类并不是把训练资料丢给AI后就置身事外，而是人类必须参与其中，人类必须在这个循环内。我们知道人类和机器都会犯错，如果在法官犯错的情形下，可以通过AI来纠错；在AI犯错的情形下，可以通过法官来纠错，通过这种互相监督的制衡，相信利大于弊。在解决AI黑盒效应、无意识偏见的问题后，我们应迎接AI时代的来临。

智慧城市政策演变及问题初探
——以智慧城市2012—2023年中央政策文本为例*

张雅婷　蔡宗翰**

摘　要： 本文运用共词分析法对2012—2023年的285份中央政策文本进行分析，探讨了智慧城市政策的演变特征和核心信息，揭示了智慧城市政策焦点如何从技术利用转向更全面地促进城市发展与社会、经济、生态及文化等多维度的融合。研究发现，尽管智慧城市政策在理论上表现出前瞻性和综合性，但在实践层面，数据安全、产权明晰、政策协调与收益公平等问题依然突出，阻碍了政策的有效实施和智慧城市的进一步发展。针对这些挑战，本文提出了一系列政策建议，旨在通过加强数据保护、明确产权归属、提升政策协调性以及构建合理的收益分配机制，优化中国智慧城市政策环境。

关键词： 智慧城市；政策；特征；问题

一、引言

在新一代信息技术的高速发展下，以透彻感知、深度互联、智能应用为特点①的智慧城市，已成为信息化城市演进的新阶段和高级形态。② 国家"十四五"规划纲要已明确提出要分级、分类推进新型智慧城市建设，促使其成为推进政府职能改革和城市治理现代化的核心策略。

---

* 本文是教育部人文社会科学研究青年基金项目(23YJC630241)、江苏省高校哲学社会科学研究重大项目(2023SJZD029)的阶段性成果。

** 张雅婷，常州大学瞿秋白政府管理学院讲师；蔡宗翰，中国人民大学房地产信息研究中心研究员。

① 郭雨晖、汤志伟、翟元甫：《政策工具视角下智慧城市政策分析：从智慧城市到新型智慧城市》，《情报杂志》2019年第6期，第201—207页。

② 姚冲、甄峰、席广亮：《中国智慧城市研究的进展与展望》，《人文地理》2021年第5期，第15—23页。

自2012年住房和城乡建设部发布《国家智慧城市试点暂行管理办法》和《国家智慧城市(区、镇)试点指标体系(试行)》以来,国家层面持续对智慧城市发展予以支持。随着实践的深入,学者们从技术、治理、策略三个视角对智慧城市进行了系统性研究,旨在推动城市发展更加高效、可持续和宜居。

第一,从技术视角来看,物联网、云计算、大数据、人工智能和区块链等新一代信息技术的发展,优化了公共资源配置和科学决策,提升了智慧城市的功能;[①]地理信息系统(GIS)、建筑信息模型(BIM)以及城市信息模型(CIM)的发展,促使实体城市的模型呈现得到了优化。[②] 技术层面智慧城市的研究强调利用新一代信息技术解决城乡发展的问题,实现城乡经济、社会和环境协调、高效发展,[③]但过度的技术依赖可能催生技术官僚简化主义,将任何城市问题都简单地视为技术问题,[④]因此,技术硬实力的提升需平衡人文和创新环境建设,增强城市软实力。[⑤]

第二,部分学者认为智慧城市是通过技术、人与环境的综合设计和系统性分析,实现多主体共同参与的智慧治理,[⑥]所以智慧城市应当关注治理过程以及不同利益相关者之间的相互作用,通过改进治理结构来促进城市智能化的实现。[⑦]

第三,策略的视角聚焦于推动智慧城市发展战略实现的手段和措施。针对智慧城市发展中面临的信息孤岛、[⑧]数字鸿沟、[⑨]信息安全、[⑩]智慧排斥[⑪]等问题,

---

① 甄峰、秦萧:《智慧城市顶层设计总体框架研究》,《现代城市研究》2014年第10期,第7—12页;李德仁:《脑认知与空间认知:论空间大数据与人工智能的集成》,《武汉大学学报(信息科学版)》2018年第12期,第1761—1767页。

② 包胜、杨淏钦、欧阳笛帆:《基于城市信息模型的新型智慧城市管理平台》,《城市发展研究》2018年第11期,第50—57、72页。

③ 丁国胜、宋彦:《智慧城市与"智慧规划":智慧城市视野下城乡规划展开研究的概念框架与关键领域探讨》,《城市发展研究》2013年第8期,第34—39页。

④ Colin McFarlane. Ola Söderström. On Alternative Smart Cities. *City*, Vol.21, No.3-4, 2017, pp.312-328.

⑤ 许庆瑞、吴志岩、陈力田:《智慧城市的愿景与架构》,《管理工程学报》2012年第4期,第1—7页。

⑥ 刘淑妍、李斯睿:《智慧城市治理:重塑政府公共服务供给模式》,《社会科学》2019年第1期,第26—34页。

⑦ Gabriela Viale Pereira, Peter Parycek, Enzo Falco, etc. Smart Governance in the Context of Smart Cities: A Literature Review. *Information Polity*, Vol.23, 2018, pp.143-162.

⑧ 刘云刚、谢安琪、林浩曦:《基于信息权力论的智慧城市建设刍议》,《人文地理》2014年第5期,第8—13页;方卫华、绪宗刚:《智慧城市:内涵重构、主要困境及优化思路》,《东南学术》2022年第2期,第84—94页。

⑨ 梅杰:《技术适配城市:数字转型中的主体压迫与伦理困境》,《理论与改革》2021年第3期,第90—101页。

⑩ 贾舒:《产权理论视角下智慧城市大数据利用困境与创新策略》,《经济体制改革》2020年第5期,第59—64页。

⑪ 刘亚翠:《智慧城市建设中智慧排斥现象探析》,《人文杂志》2023年第5期,第63—70页。

应当在制定完善标准规范和法规体系、[①]建立市场和政府共同作用的双轮驱动动力机制[②]的基础上，搭建公共开放数据平台，[③]鼓励社会主体、[④]民营企业和民间资本[⑤]发展来形成多元治理格局。

总之，无论是从技术、治理还是策略的视角推进智慧城市建设，均需要以科学、理性的顶层设计方案[⑥]为基础。尽管现有研究细致解构了中国智慧城市顶层制度和政策的演进特征和规律逻辑、[⑦]制度化困境、[⑧]政策评价[⑨]等，但政策内容的与现实困境的结合仍有完善空间。本文通过剖析我国智慧城市发展政策的演变轨迹与特征，识别政策进化过程中的关键焦点和政策制定者的行为倾向，结合智慧城市建设的现实情境，发掘政策设计中的不足之处，进而优化我国智慧城市的政策框架。本文重点关注两个问题：一是我国智慧城市政策核心信息是什么？二是当前的政策体系在指导实践中存在哪些不足？

二、研究方法与数据来源

(一) 研究方法

共词分析法基于词频的共现进行分析，通过可视化手段分析特定领域的研究热点与发展趋势，旨在探讨相关政策的历史演进和结构关系，常被用于学术文献和公共政策的研究中。本文使用共词分析法，通过分词、降维、提取共现矩阵等步骤，对智慧城市的政策文本进行分析，得出不同时期智慧城市的政

---

① 贾舒：《产权理论视角下智慧城市大数据利用困境与创新策略》，《经济体制改革》2020年第5期，第59—64页；马亮：《新加坡推进"互联网＋政务服务"的经验与启示》，《电子政务》2017年第11期，第48—54页。

② 辜胜阻、王敏：《智慧城市建设的理论思考与战略选择》，《中国人口·资源与环境》2012年第5期，第74—80页。

③ 姚乐、樊振佳、赖茂生：《政府开放数据与智慧城市建设的战略整合初探》，《图书情报工作》2013年第13期，第12—17页。

④ 姚乐、樊振佳、赖茂生：《政府开放数据与智慧城市建设的战略整合初探》，《图书情报工作》2013年第13期，第48页。

⑤ 辜胜阻、王敏：《智慧城市建设的理论思考与战略选择》，《中国人口·资源与环境》，2012年第5期，第74—80页。

⑥ 甄峰、秦萧：《大数据在智慧城市研究与规划中的应用》，《国际城市规划》2014年第6期，第44—50页。

⑦ 杨凯瑞、蔡龙珠、班昂：《中国智慧城市发展政策的演变与启示：基于对中央政府政策文本的共词分析》，《软科学》2023年第1期，第69—76页；孟凡坤：《我国智慧城市政策演进特征及规律研究：基于政策文献的量化考察》，《情报杂志》2020年第5期，第104—111页。

⑧ 马国洋、丁超帆、胡锴溥：《智慧城市发展的制度化保障路径》，《城市发展研究》2023年第9期，第1—4页。

⑨ 侯甜甜、曹海军：《基于PMC指数模型的新型智慧城市政策量化评价》，《统计与决策》2023年第22期，第183—188页。

策特征与核心。

(二) 数据来源

本文分析的政策文本源于我国中央政府部门官方网站及北大法宝数据库，笔者先以“智慧城市”作为关键词进行检索及下载，然后进行人工判读，剔除重复出现以及与研究主题不相关的文件，共获取 285 份政策文本(均为中央政策)，出台时间为 2012—2023 年。

三、中国智慧城市政策的演变特征

2012 年，智慧城市建设上升为国家层面的发展战略，开启了全国范围内的建设浪潮。2017 年，党的十九大报告首次提出建设智慧社会，标志着我国智慧城市建设进入一个新阶段。在这一阶段，智慧城市的建设重点从最初的基础设施和装备制造，转向更广泛地关注智慧社会的应用、智慧产业的成长以及相关的体制和机制建设，展示了智慧城市向智慧社会全面发展的新方向。[①] 本文将我国智慧城市政策划分为“2012—2016 年”纳入党的十九大报告前和“2017—2023 年”进入国家重点发展规划纲要后两个阶段。各年政策发文数量见图 1。

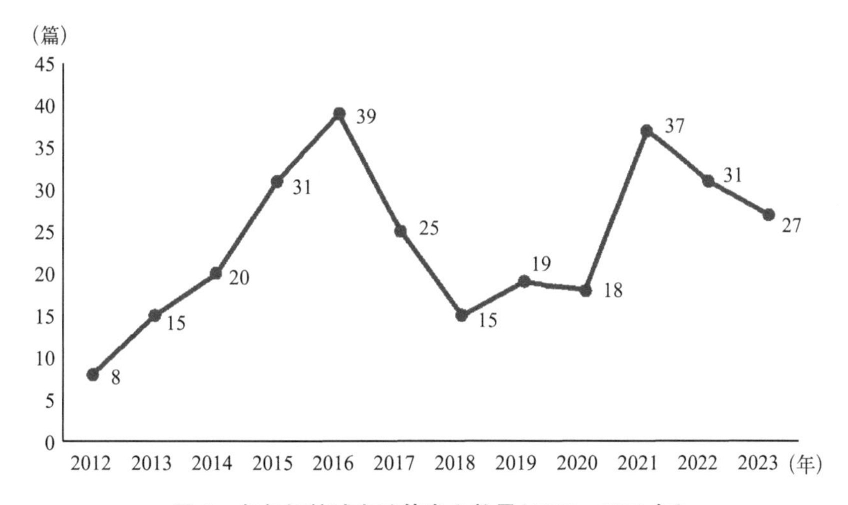

图 1　各年智慧城市政策发文数量(2012—2023 年)

本文通过提取高频主题词进行分析，分别探讨两个阶段的政策特征，不仅有助于理解政策焦点的转移，而且揭示了政策发展的内在逻辑。

---

① 杨凯瑞、蔡龙珠、班昂：《中国智慧城市发展政策的演变与启示：基于对中央政府政策文本的共词分析》,《软科学》2023 年第 1 期，第 69—76 页。

(一) 政策初探期：2012—2016 年

2012—2016 年是我国智慧城市政策的初探期，该阶段共收集了 113 份政策文本，通过高频主题词的提取（见表 1）和高频主题词共现网络图（见图 2 - a），归纳出该阶段的政策特征。总体来看，本时期的政策更偏向于运用智慧城市底层基础设施建设和技术，以及对智慧城市所需要的数据、应用、技术的整合，即智慧城市标准的建设。

表 1　2012—2016 年智慧城市政策高频主题词（部分）

序　号	高频主题词	频　率	中心度
1	技　术	2 775	0.952
2	数　据	2 148	0.952
3	测　绘	1 780	0.429
4	地理信息	1 674	0.429
5	标　准	1 660	0.952
6	互联网	1 496	0.857
7	基础设施	895	0.857
8	通　信	489	0.595
9	应　急	370	0.643
10	风　险	329	0.571

1. 重视底层技术、硬件等基础建设

智慧城市的建设依赖于大量的数据收集、处理和分析，以实现城市管理的高效和创新。因此，初探期政策的一个显著特点是高度重视技术硬件的支持，特别是在数据收集、测绘、地图制作、互联网和技术创新等方面（见表 2）。

2. 强化基础设施建设

智慧城市的出现代表了城市发展的范式转变，建设重点从传统基础设施转向更加集成、技术驱动的综合建设与解决方案（新基建），这一时期政策加大了对交通运输、通信等基础设施的建设关注，为智慧城市管理中各类数据的收集、传输和处理等提供了必要的支持（见表 2）。

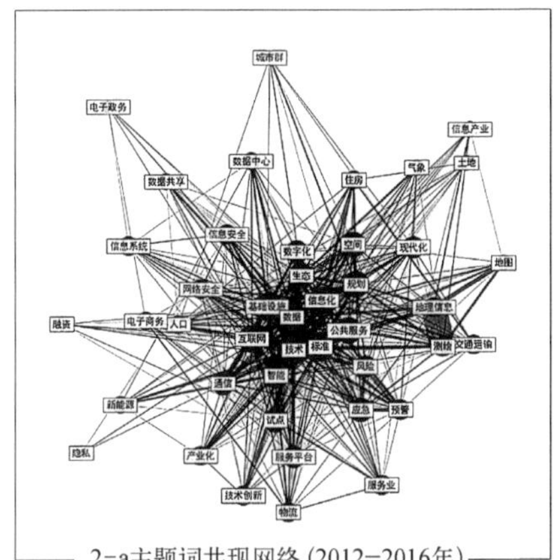

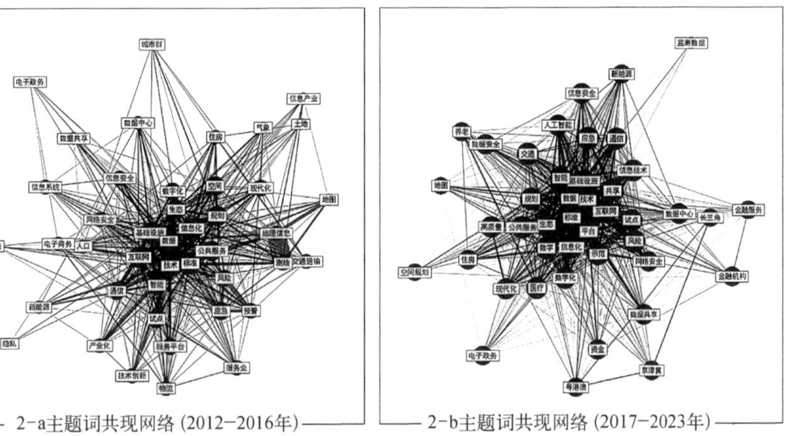

2-a主题词共现网络（2012—2016年）　2-b主题词共现网络（2017—2023年）

图 2　智慧城市高频主题词共现网络

3. 建立智慧城市建设标准

智慧城市建设的主要挑战之一是整合多个系统和系统之间数据、通信、技术等多项工作以达成协同。建设标准提供了一个促进无缝集成的通用框架，以确保智慧城市的各个组成部分能够协同通信和运行。[①] 从国际智慧城市建设的情况来看，国际标准化组织（ISO）制定了一系列关注可持续城市和社区的标准（ISO 37100－2016）。中国的政策在制定初期就重视建立并完善智慧城市建设标准，确保建设模式标准化、可复制（见表 2）。

表 2　智慧城市代表性政策（2012—2016 年）

政策特征	政　策　文　件	政　策　内　容
技术硬件	国家测绘地理信息局办公室关于印发《2012 年测绘地理信息工作要点的通知》	推进数字城市完善和成果应用。指导数字城市建设单位及时更新地理信息内容，加强技术创新，不断完善系统功能……
基础设施	《2016 年国家信息化发展战略纲要》	要加快构建陆地、海洋、天空、太空立体覆盖的国家信息基础设施，不断完善普遍服务……
建设标准	2016 年国务院关于《印发“十三五”国家信息化规划的通知》	加快建立新型智慧城市建设标准体系……

① 例如《智慧城市评价指标体系》（2013 年）规定：从基础设施、信息化应用、管理和服务等多个方面建立了智慧城市评价体系，明确了智慧城市各系统的建设标准。

（二）政策发展期：2017—2023 年

2017—2023 年是我国智慧城市政策的发展期，该阶段共收集 172 份政策文本，通过高频主题词的提取（见表 3）和高频主题词共现网络图（见图 2 - b），归纳出该阶段的政策特征。总体来看，本时期的政策从单纯技术层面的硬件、软件建设转为具体应用实施端的综合解决方案，例如养老、公共服务、住房等多应用端的智慧城市政策。

表 3　2017—2023 年智慧城市政策高频主题词（部分）

序　号	高频主题词	频　率	中心度
1	技术	2 847	1.000
2	数据	2 271	1.000
3	标准	2 171	1.000
4	公共服务	628	0.976
5	数据共享	519	0.833
6	养老	450	0.690
7	住房	397	0.738
8	医疗	368	0.929
9	粤港澳	274	0.690
10	金融机构	234	0.738

1. 关注公共服务提供

发展时期的政策特征聚焦通过技术创新和信息化手段，改善养老、住房、医疗和电子政务等关键公共服务领域，体现了“人本”与“技术”对智慧城市建设的共同推动作用。可见，智慧城市的建设不仅重视技术层面的互联、高效，而且展现了以人为本的发展目标（见表 4）。

2. 重视区域协调发展

政策初探期已经体现出区域协调发展的思路，政策高频主题词中有城市群的体现。进入发展期后，政策细化了分级分类推进智慧城市建设的策略，特别关注京津冀、粤港澳大湾区、长三角等重要城市群，旨在利用各地区的优势，优化区域发展效应，培育可持续的城市增长模式(见表 4)。

3. 强调金融支持服务

金融支持机制在智慧城市建设各阶段发挥着日益重要的作用，从初探期的融资关注发展到建立全面金融体系，涵盖金融机构参与、服务提供、风险防范及监管，突出了可持续金融模式的重要性(见表 4)。

表 4　智慧城市代表性政策(2017—2023 年)

政策特征	政策文件	政策内容
公共服务	2022 年国务院关于《数字经济发展情况的报告》	持续提升数字公共服务水平……推动政务信息化共建共用……深化“互联网＋社会服务”，推进教育教学、体育健身、医疗健康、文化服务等领域数字化……统筹推进智慧城市和数字乡村融合发展……
区域协调	2023 年国务院关于《中华人民共和国国民经济和社会发展第十四个五年规划和 2035 年远景目标纲要》实施中期评估报告	深入推进京津冀协同发展、粤港澳大湾区建设、长三角一体化发展……培育发展一批现代化都市圈，打造宜居韧性智慧城市……
金融支持	2023 年国家发展改革委、财政部《关于规范实施政府和社会资本合作新机制的指导意见》	政府和社会资本合作应限定于有经营性收益的项目，主要包括……智慧城市、智慧交通、智慧农业等新型基础设施项目……

智慧城市政策的演变过程不仅反映了政策层面对使用数据和技术应对城市挑战的重视，而且越来越关注技术进步对社会、经济、生态和人文等多方面的积极影响。整体而言，智慧城市政策展现出向纵深化发展的趋势，同时也保持了对技术进步、数据安全、共享、生态可持续性和应急管理等相关主题的持续关注。

四、中国智慧城市政策的关键问题

虽然中国智慧城市政策在推动城市治理现代化和提高居民生活质量方面取得了显著进展，但在实践中仍面临一系列挑战，需要进一步完善和发展。

(一) 数据安全问题

智慧城市建设的迅速推进，在提升城市管理效率、改善居民生活品质的同时，也给数据安全和个人隐私保护带来了重大挑战。尽管中国已经发布了《中华人民共和国网络安全法》（简称《网络安全法》）和《中华人民共和国个人信息保护法》（以下简称《个人信息保护法》）等重要法律法规，对数据安全和个人隐私保护提出了明确要求，智慧城市的相关政策文件中也体现出对数据安全的重视，但在智慧城市的具体应用场景中，这些法律法规的具体执行细则和标准仍然不够完善。一方面，法律法规滞后于技术的发展，例如，人工智能（artificial intelligence，AI）在个人信息处理中的应用、如何界定责任、如何保护隐私，现行法律法规没有提供明确的答案。另一方面，细则和标准不够具体，虽然《中华人民共和国数据安全法》（简称《数据安全法》）专门针对数据安全提出了全面的管理要求，相关的政策文本中也体现出对数据安全的重视，但更多的是原则性的指导，缺乏具体的操作细则和技术标准。例如，对于智慧城市中各种新型数据[①]的分类、评估、存储和处理等方面缺乏足够详细的操作指南。

针对上述问题，首先，应当加快法律法规的更新与完善。适时对《网络安全法》《个人信息保护法》等法律法规针对面临的新形态、新技术，例如AI技术的引进至智慧城市中的运用和问题进行修订和更新，重点应明确技术提供方、使用方及相关第三方在数据处理过程中的法律责任，确保法律内容能够有效应对新兴技术带来的挑战。其次，制定具体执行细则和技术标准。既要针对智慧城市的具体应用场景制定执行细则，诸如数据的分类、评估、存储和处理等方面的详细操作指南和操作流程，也要建立一套完善的智慧城市数据安全技术标准体系，涵盖数据加密、匿名化处理、入侵检测、风险评估等关键技术领域，为智慧城市的安全运营提供技术支撑。此外，还可以建立健全监管和应急机制。通过制定数据安全事件的应急响应计划，明确事件报告、评估、处置和后续恢复的流程，确保在数据安全事件发生时，能够迅速有效地应对。

（二）产权问题

1. 数据产权问题

虽然智慧城市依赖海量数据的收集、分析和应用，但是，关于这些数据的产权界定往往不明确，具体表现在几个方面：第一，数据所有权的界定不清。虽然智慧城市建设中大量数据被收集和利用，包括个人信息、公共数据及各类商业数据，然而关于这些数据的归属权往往不明确，特别是当数据由多方共同

---

① 诸如环境监测数据、基础设施状态数据、能源消耗数据等物联网数据；城市公共服务和管理的运营数据；视频监控数据；个人信息数据；等等。

产生时,[①]所有权应当如何界定成为突出问题。第二,数据隐私权的挑战巨大。智慧城市项目中涉及大量个人信息的收集和处理,如何在智慧城市的大数据应用中保护数据不被非法访问、使用或泄露,是一个持续的挑战。虽然有《个人信息保护法》等法律和政策的保障,但在实际应用中,个人数据的收集、存储、使用和传输仍存在安全漏洞,加之用户对自身数据被使用的意识不强,容易导致隐私权被侵犯。第三,数据的使用权和访问权存在争议。如何平衡政府、企业和个人在数据使用和访问上的利益,尤其是在保护个人隐私的前提下,使数据能够得到合理利用,包括数据的共享机制、使用限制以及访问权限的设置等。

首先,应当制定专门的数据产权法律,明确数据归属、使用权、处理权等方面的规定。对于多主体共同产生的数据,探索建立数据共享机制,确保所有贡献方都能在数据使用中获得合理的权益。其次,完善《个人信息保护法》等相关法律法规。明确个人信息的收集、使用、存储、传输等方面的要求。同时推广数据保护技术和标准,例如加强数据加密、实施数据最小化原则和增强数据处理透明度。最后,建立数据分类制度。根据数据的敏感程度和使用范围建立分类制度,对不同类别的数据制定不同的使用权和访问权政策。

2. 土地、建筑产权问题

智慧治理的基础,即为土地、建筑物的产权边界和所有权、使用权、发展权等的分配与界限,同时智慧城市项目的推进往往需要进行新的基础设施建设和旧有基础设施改造,涉及土地使用权、建筑物所有权的调整和分配,不仅关系土地、建筑物使用效率和城市规划的合理性,而且涉及社会公平和经济效益等多重利益的平衡。一方面,在智慧城市项目中,土地使用权、开发权和土地上建筑物的所有权可能属于不同的主体,这种产权的分割导致产权界定不明确,增加了交易成本和法律纠纷的风险。另一方面,在智慧城市建设中,可能会涉及历史遗留的土地、建筑物产权归属争议,影响项目推进。此外,智慧城市项目可能涉及将土地、建筑物原有用途变更为商业、住宅或公共设施用地。这一变更过程中可能存在法律、政策方面的限制,同时也可能影响原有土地使用者的权益。

土地、建筑产权问题的解决,既要重视土地、建筑产权登记系统的完善,明确土地使用权、开发权和建筑物所有权等各项权利的归属,确保产权界定清晰,减

① 例如智慧交通系统利用各种传感器、摄像头、GPS 设备等收集交通流量数据、车辆位置信息、驾驶行为数据等,这些数据来源多样,包括但不限于公共部门(交通管理局)、私人企业(导航服务提供商),以及个人(车主、公共交通乘客)等。

少法律纠纷，也要在国土空间规划和政策制定阶段，明确不同区域的用途变更方向和条件，保障规划的合理性和前瞻性。

3. 基础设施产权问题

智慧城市建设依赖大量基础设施的支持，配套设施的产权面临一些问题：首先，公共设施产权归属与管理责任不明确。智慧城市建设涉及大量的公共基础设施，例如传感器、监控摄像头、数据中心等。这些基础设施可能由政府、私企或两者合作建设和运营，导致所有权和使用权的分割。其次，基础设施使用权与接入权可能存在争议。智慧城市项目需要在现有基础设施上增加新的技术组件，例如在路灯上安装智能传感器，但由于不同设施分属不同主体，可能导致设置安装、使用和维护方面的产权冲突。

针对上述问题，首先，需要明确基础设施产权归属和使用规则。通过立法或合同明确各类基础设施的产权归属，以及使用权、维护责任等条款。对于政府与私企合作的项目，通过合同明确各方的权利、责任和利益分配，确保基础设施的有效管理和运营。其次，政府或行业协会制定统一的技术接入指南和标准，指导如何在现有基础设施上安装新的技术组件，并且通过协商确保原有设施的所有者和智慧城市项目方在使用权和接入权上达成一致，必要时提供适当的补偿或共享利益。

（三）政策结构失衡问题

通过对现有政策文本的分析可以看出，在当前我国智慧城市政策体系中，指导性政策较多，限制性政策存在滞后性，而保障性政策相对缺乏。首先，指导性政策数量较多，虽然从宏观角度为智慧城市的建设提供了明确的方向和框架（《智慧城市发展战略纲要》明确了智慧城市发展的目标、重点领域和发展路径），但是过多的指导性政策可能导致执行层面缺乏具体的操作指南和标准，使得不同地区在实施时可能出现方向不一、标准不统一的问题。其次，限制性政策主要通过设定一定的限制条件来规范智慧城市建设中的行为，以防范风险和保护公共利益，但现有限制性政策存在一定滞后性，例如，智慧城市涉及交通、医疗、教育、公安等多个领域，而这些领域的监管法规及政策往往相对独立，缺乏对智慧城市跨领域、跨行业应用的统一监管和限制性政策；人工智能技术在个人信息处理中的应用，包括面部识别、行为分析等，可能超出现有法律政策的预期和规范范围，造成隐私保护的盲区。再次，保障性政策是当利益相关者因智慧城市建设而遭到损害时得到适当救助的政策。在当前智慧城市建设政策体系中，保障性政策相对缺失，例如未能充分考虑弱势群体对智慧城市服务的可访问性和易用性，虽然《无障碍环境建设“十三五”实施方案》提出要将无障碍环境建设融入文明城市、智慧城市的创建内容，但也仅停留在宏观指导层面。

关于未来政策体系的完善，一方面，需根据智慧城市技术和应用的发展，及时更新和完善数据安全、隐私保护以及技术接入等方面的限制性政策；另一方面，在智慧城市建设中应专门设计针对弱势群体的保护和支持措施，以提高他们对智慧城市服务的可访问性和参与度。

(四) 收益分配问题

1. 数据交易收益分配

随着数据经济的发展，数据本身具有了显著的经济价值。如何在数据交易中保护数据产权，以及如何公平合理地分配数据产生的经济利益，成为亟须解决的问题。一方面，缺乏统一的数据价值评估机制，导致数据交易中的定价不透明，难以确保交易的公平性；另一方面，收益分配机制尚不明确，虽然 2022 年中共中央、国务院在《关于构建数据基础制度更好发挥数据要素作用的意见》中提出要建立体现效率、促进公平的数据要素收益分配制度，但在实践中数据的收集、处理和使用涉及多方参与者，包括政府、企业、公众等，而现有的政策未明确如何在这些参与者之间公平分配数据交易的收益。

未来的政策重点既要关注发展和推广数据价值评估方法，建立统一的数据定价机制，增加数据交易的透明度和公平性，还要制定具体的政策和标准，明确不同类型的数据贡献者、处理者和使用者在数据交易中的收益分配比例，结合独立第三方机构对数据的价值进行评估，作为收益分配的依据。

2. 土地增值收益分配

智慧城市建设带来的基础设施改善和服务提升将导致土地价值显著增加，这一增值部分是由政府的基础设施建设、社会公共服务的改善等因素共同作用的结果。如何公平合理地在不同利益主体间分配土地增值收益，避免社会不公和资源错配也是亟须解决的问题。

针对该问题，既要建立多元主体协商机制，使政府、开发商、土地使用者和社区居民等所有利益相关者都能参与到决策过程中来，通过协商一致解决利益冲突，也应建立公平合理的利益分配机制，政府可以通过征收土地增值税、设立公共基金等方式，合理收回和分配土地增值收益。此外，还应在确保公共利益的前提下，采取必要的补偿措施，对受到智慧城市建设影响的私人利益给予合理补偿，以平衡公共与私人之间的利益。

五、结语

智慧城市的建设不仅是技术创新的展现，而且是对城市治理现代化的深入探索。中国智慧城市政策的演变体现了数据和技术在解决城市挑战中发挥的重要作用，同时也体现出智慧城市的发展对促进社会、经济、生态和文化等多方面的积极变化。然而，在智慧城市的发展过程中，也暴露出数据安全、产权界定、结构失衡和收益分配等关键问题，这些问题的存在不仅阻碍了智慧城市建设的进一步发展，而且对城市治理现代化的目标实现构成了挑战。针对这些问题，建议从加强数据保护、明确产权归属、提升政策协调和构建利益分配机制等多方面完善现有的政策体系。

海上自主水面船舶
——适航风险及其法律治理之道*

吴惟予**

摘　要：船舶自主化、无人化是人工智能在海事领域应用的必然趋势。海上自主水面船舶因具有安全高效、节能减排、降本增效等优势而获得国际社会广泛关注，但"船舶"法律地位、岸基操作人员属性、碰撞法律责任分配、自主等级划分等方面的适航风险也给国际海事法律体系带来了巨大的冲击和挑战。当前，国际层面围绕海上自主水面船舶制定统一规则的路径和内容框架已经明晰，即在国际海事组织的引领下，重点聚焦共性议题，分两步推进国际规则制定。为推动海上自主水面船舶适航及国际立法进程，中国未来在应对海上自主水面船舶的法律适用问题时，宜基于风险与运营的思路，根据操作风险和人类参与程度对海上自主水面船舶实行更细致的分级监管，并利用国际海事组织工作成果同步对本国海上自主水面船舶规则发展进行本土化法律培植。

关键词：海上自主水面船舶；适航风险；IMO；海事公约

一、引言

海上自主水面船舶（maritime autonomous surface ships，MASS）是国际海事组织（IMO）用来描述能够在无需人类操纵便可在海面上自主运行的舰艇的术语。作为一个综合系统性的概念，其代表运用传感器技术、信息整合技术和数据分析等技术推动船舶向自动化、智能化、自主化方向发展的趋势，有助于提升船舶运行的整体效率，降低船舶运输的营运成本，以及从根本上增强船舶的整体竞争力和安全性。与传统船舶相比，MASS在运行安全性、环境保护、经济性、可靠

---

* 本文系上海市教育发展基金会和上海市教育委员会"晨光计划"资助（20CG68）。

** 吴惟予，上海政法学院人工智能法学院讲师，法学博士。

性等方面均有显著的优势。近年来，人工智能与先进技术的整合为 MASS 创造了独特的发展机遇。2019 年 5 月 7 日，全球首例无人驾驶商业航运业务在英国到比利时之间的航线完成，[①]引发了人们对未来无人海上运输业的畅想；[②]同时，多国在开展 MASS 基础研究和工程应用项目方面也取得了显著进展，为推动 MASS 从概念到现实和变革新时代海上运输业起到了积极作用。根据 UnivDatos Markets Insights 发布的报告，2021 年，海上自主水面船舶市场价值为 52.7 亿美元，预计 2022—2030 年复合年增长率为 11%。[③] 这些实践探索成果和市场需求充分反映出 MASS 已经成为智能技术和数字化时代船舶领域的未来发展趋势之一。船舶智能化所带来的革新要求国际海事立法需与技术发展保持同步，特别是现有法律规则在调整 MASS 这类新型船舶时面临较大的障碍，导致 MASS 适航缺乏必要的规范约束。因此，有必要以 MASS 适航的法律治理为基点，分析现行国际海事法律在适用 MASS 问题上的法律困境，探讨国际海事组织（IMO）最新立法进展对 MASS 的治理趋势，为该领域海事立法和 MASS 适航提供因应方案。

二、海上自主水面船舶的海事监管规范现状分析

目前，各国对 MASS 的规制尚未在国际法层面达成共识，同时国家之间的差异化制度安排将成为阻碍全球 MASS 技术产业发展的关键要素，这也引起了学界对该领域的重点关注，具体从最初的 MASS 能否取得法律地位，[④]再到 MASS 的责任主体和法律责任分配问题，[⑤]以及对于海事监管进路的方案构建思考等。以上讨论反映出完善 MASS 法律监管规范是当下国际海运领域一项

---

① Stav Dimitropoulos. Will Ships Without Sailors be the Future of Trade? https://www.bbc.com/news/business-48871452，最后访问日期：2024 年 4 月 4 日。

② 自主航运在基于以下可行选择的四个原因：① 降低运输成本；② 为船员提供更好的船上工作环境和防止未来海员短缺的需要；③ 在全球范围内减少排放的需要；④ 提高航运安全的愿望。Porathe, Thomas, Johannes Prison and Yemao Man. Situation Awareness in Remote Control Centres for Unmanned Ships. *Human Factors in Ship Design & Operation*, 26 - 27 February, 2014.

③ Univdatos. Maritime Autonomous Surface Ships Market: Current Analysis and Forecast (2022 - 2030), https://univdatos.com/get-a-free-sample-form-php/?product_id=43157&utm_source=Snehal&utm_medium=LinkSJ&utm_campaign=Snehal&utm_id=snehal，最后访问日期：2024 年 4 月 4 日。

④ Allen, Craig H. Determining the Legal Status of Unmanned Maritime Vehicles: Formalism vs Functionalism. *J. Mar. L. & Com.*, Vol.49, 2018, p.477; Robert Veal, Michael Tsimplis and Andrew Serdy. The Legal Status and Operation of Unmanned Maritime Vehicles. *Ocean Development & International Law*, Vol.50, No.1, 2019, pp.23 - 48.

⑤ 具体涉及 MASS 船上配员、岸基操控人员法律地位、责任归属以及其适用领海无害通过制度等方面的讨论，参见孙誉清：《商用无人船海难救助责任问题研究》，《国际经济法学刊》2021 年第 1 期。

重要的议题。

(一) 现有国际海事规范在 MASS 领域的样态

当前,国际海事法律规则基本以有人水面船舶为适用起点,尚未接纳以无人化与自主化航行为特性的 MASS,[①]而船舶一旦不符合国际海事法律规则即意味着其在进行国际航行时将受到国际法与沿海国国内法的诸多限制。经过对基础性国际海事法律规则的系统检视,可用于约束 MASS 的每项国际条约都存在不同的侧重点,例如,部分规则广泛适用于所有船舶和船只,而部分规则只适用于特定大小的船只,这意味着确定国际法如何规范特定的 MASS 取决于该设备的具体设计和使用方式。

1.《联合国海洋法公约》(*UNCLOS*)

UNCLOS 作为海洋法领域具有普遍适用意义的国际规则和标准,在多个方面涉及船舶适航的关键性问题。在对船舶的定义方面,*UNCLOS* 使用"vessel"来定义"ship",而只有 MASS 被界定为法律上的"船舶"才能享有一系列航行权利和遵守相应的义务。例如,*UNCLOS* 第 98 条规定船员的救援义务不能免除,为满足该规则,除需要在 MASS 上配备专门的自动化救援设施外,还需配套制定 MASS 救援的具体计划及程序,其救援设施的性能标准也应受到规制。类似的,*UNCLOS* 之下对于船舶的规定还包括船旗国义务(要求采取措施,确保悬挂其国旗的船只拥有必要的构造、设备和人员配备,以保障海上安全)、过境通行期间的禁止义务(第 39—40 条)、保护海洋生态环境义务(第 192 条)等。

2.《国际海上人命安全公约》(*SOLAS*)

该公约规定了船舶在交通繁忙地区航行的重要安全要求,可适用于探讨 MASS 是否会在交通繁忙的海域运行。例如,其第五章第 11 条规定:在交通高度密集的区域,必须能够立即建立对船舶转向的人为控制,因此,对于这一规则如何适用于无人化、自主化特征的 MASS,以及是否有必要具备规制远程控制船只的能力还存在争议。此外,*SOLAS* 还规定了载人船舶的安全要求,包括第 II-1章第 2 条对电气装置的要求(必须确保乘客和机组人员的安全,使其免受电气危害,以及在紧急情况下必须保持对安全服务)、第 II-2 章第 2 条的防火要求(船舶必须保护逃生通道,并提供随时可用的灭火装置)、第 III 章第 4 条规定了救生设备的要求(救生艇、救生筏和浮力装置必须随时可用)、第 VII 章第 3-6

---

① 初北平、邢厚群:《海事法律规则的适用与创新:以无人潜航器法律适用困境为例的分析》,《南京社会科学》2020 年第 5 期。

条(危险货物应安全包装、贴标签和存放)。这些也是未来 MASS 需要考虑的适航合规内容。

3.《国际海上避碰规则公约》(*COLREGs*)

COLREGs 不仅规定了 MASS 防止海上碰撞的各项潜在义务，而且要求船只适航必须具有某些必需的技术特征，具体包括：照明要求(lighting requirements，第 22 条)、噪音要求(sound requirements，第 33 条)、正规瞭望要求(look-out requirements，第 5 条)，以及良好船艺的要求，尤其是后两项均需由人类船员完成。该条约所规定的内容也是决定 MASS 能否在海上航行的关键性适航要素。

4.《海员培训、发证和值班标准国际公约》(*STCW*)

STCW 规定了船长、船员和其他值班人员的适任标准，以确保所有海员足以胜任航海任务。与其他公约不同，*STCW* 仅适用于在船上的海员。由于其特别强调“在船上”(on board)的法律措辞，因此对于 MASS 的岸基操作人员，如何适用该公约还有待探讨。在内容上，*STCW* 主要涉及船员的资格取得、培训、值班等标准。例如，在值班方面(watchkeeping requirements)，依据 *STCW* 第 8 章第 2 条第 2.4 项，需满足值班人员必须亲自在船舶驾驶台和轮机控制室的要求，这对于 MASS 而言将会是一大挑战。

5.《国际防止船舶造成污染公约》(*MARPOL*)

MARPOL 重点规定了一系列船舶应遵守的海洋环境保护义务。例如，*MARPOL*“附件一”第 15(D)(9)条规定，任何排入海洋的物质均不得含有危害海洋环境的化学品或物质。“附件六”第 12 条规定，禁止故意排放消耗臭氧层物质。“附件六”第 18(1)条规定，燃烧用燃油应为石油提炼所得碳氢化合物的混合物。

6.《防止倾倒废物及其他物质污染海洋的公约》

与 *MARPOL* 类似，该公约也主要涉及船舶航行过程中的海洋环境污染问题，例如第 IV(1)(a)规定禁止倾倒废物，包括原油、燃油以及为生物和化学战生产的材料。

(二) 中国智能船舶治理规范的动态

就中国而言，虽然在 MASS 技术水平上的发展与国外海上强国还有差距，但在部分领域的探索也值得称赞，例如 2022 年 4 月，中国首艘自主航行 300TEU 集装箱船“智飞”号正式交付，该船也是全球最大的同类型船舶。[①] 同

---

① 崔爽：《人知道的，“智飞”号都知道》，《科技日报》2024 年 1 月 19 日，第 1 版。

时，中国在规范制定上保持与国际规则发展同步，甚至更为超前。首先，在规范表述上，中国多数官方政策规范中均使用“智能船舶”的表述。例如，中国船级社于2015年发布的《智能船舶规范(2015)》，其作为一个行业标准，也是全球首部智能船舶规范，制定时采用了目标型标准方法，涉及智能航行、智能船体、智能机舱、智能能效管理、智能货物管理和智能集成平台、远程控制和自主操作等内容板块，是一个典型的开放式船舶规范。《智能船舶规范》的最新版已于2024年4月正式生效。其次，中国国内尚无关于智能船舶的专门立法，诸如《中华人民共和国海上交通安全法》《中华人民共和国海商法》《中华人民共和国船舶登记条例》《中华人民共和国船舶和海上设施检验条例》等传统船舶领域立法均未针对智能船舶这一新类型船舶做出回应。因此，中国智能船舶领域的治理规则集中于政策文件和规范、指南内容之中(见表1)。但从中亦可窥见，中国政府有关部门高度重视智能船舶的研发，强调要有顶层设计，注重共性和关键技术的研发应用，在测试场、船检规范、标准体系建设等方面都给予了充分保障。在一定程度上，政策和规范、标准的制定走在了无人船研发设计之前。[①] 此外，中国在其他综合性领域和海洋、人工智能专项领域政策文件中也对促进和规范智能船舶发展作出了规定，例如国家发改委的《产业结构调整指导目录(2019—2024)》鼓励发展绿色智能船舶、国务院的《2030年前碳达峰行动方案》加快绿色智能船舶示范应用等。

表1 中国关于无人船研发的政策及现行相关标准

出台时间(年)	制定机构	规范名称	涉及领域
2016—2024	中国船级社	《智能船舶规范》	智能船舶标准
2019	中共中央、国务院	《交通强国建设纲要》	智能航运总体方案
2019	交通运输部、中央网信办、国家发展改革委等	《智能航运发展指导意见》	智能航运总体方案
2023	中国海事局	《船舶自主航行试验技术与检验暂行规则(2023)》	智能船舶规范性文件
2018—2024	中国船级社	《无人水面艇检验指南》	智能船舶标准

① 韩立新、夏文豪：《中国无人船的政策与法律规则应对》，《海洋法律与政策》2021年第1期。

续 表

出台时间(年)	制定机构	规范名称	涉及领域
2018	中国船级社	《自主货物运输船舶指南》	智能船舶标准
2018	工信部、交通运输部、国防科工局	《智能船舶发展行动计划(2019—2021年)》	智能船舶总体方案
2018	工信部、国防科工局	《推进船舶总装建造智能化转型行动计划(2019—2021年)》	智能船舶总体方案

三、海上自主水面船舶适航的结构性法律困境

虽然船舶和岸基自动化技术在过去几十年中不断发展，但管理海上运输的法律框架并非时刻保持更新，尤其是自航运出现以来，海员一直参与船舶运营，适当的配员被认为既是满足船舶适航性的基本要素，也是确保船舶获得在国内和国际水域运营授权的先决条件。从目前国内外对 MASS 的学术讨论来看，核心关切问题主要集中在如何应对 MASS 对国际海事组织(IMO)各项公约所建立的国际航运监管框架所带来的挑战，即现有的技术规则(关于安全、环境和培训值班)、标准能否适应 MASS 的发展。基于对国际海事立法和 MASS 实践需求的系统梳理，这些存在的法律障碍可分为三类。

(一) 基础性法律障碍

整体上看，国际法对无人海洋系统的规制难点是其法律定性、豁免权和航行(或飞越)权等管辖权问题。[①] 具体到 MASS 领域，还包括岸基操作人员的法律属性界定。

首先，关于 MASS 的法律地位。在现行海洋法与海事法体系中，立法表述通常以“船舶定义”的形式明确各海事海商法律关系的适用范围。例如，将船舶描述为“用作或者能够用作水上运输工具的各类水上船筏，包括非排水船筏、地效船和水上飞机”“用于国际海上商务中运输货物、旅客或货物和旅客两者兼有的任何自航式海船”。[②] 由此可见，国际海事法中的“船舶”一词侧重强调的是

① 刘丹：《论无人海洋系统的国际法规制与我国的因应》，《东方法学》2024 年第 1 期。

② 《中华人民共和国海商法》第 3 条、《1986 年联合国船舶登记条件公约》第 2 条、《1972 年国际海上避碰规则》第 3 条等。

“运输工具”的基本特征，是一种“从事海上航行的人造结构”，大多数国内外立法表述并未将船上是否配员作为船舶的构成要件。[①] 然而，国际上尚无统一且具有代表性的船舶定义，[②]这也意味着 MASS 是否满足法律上船舶的构成要件有待国际海事立法作出新的解释，特别是对于 *SOLAS*、*STCW*、*UNCLOS*（第 9 条关于船旗国对船舶配员）等涉及船舶配员要求的国际公约。

其次，关于 MASS 管辖权行使问题。*UNCLOS* 第 94 条规定：“每个国家应对悬挂该国旗帜的船舶有效地行使行政、技术及社会事项上的管辖和控制”，由此衍生而来的船旗国管辖权行使问题主要涉及三个方面：一是船舶的构造、装备和适航条件，例如 MASS 相较于传统船舶所增设的自动化系统、通信系统以及用以强化空间视敏度的电子传感设施，应符合的测试标准；二是船舶的人员配备、船员的劳动条件和训练，通常安全配员水平一般取决于船旗国对船舶配员的主观评估，即是否“配备了足够和有效的人员”，尤其是先进的船舶智能感知技术、智能决策技术、智能执行技术和船岸协同技术能否降低，甚至取消对船舶的配员要求，而船旗国对安全配员的不同标准将给 MASS 带来法律监管障碍；三是信号的使用、通信的维持和碰撞的防止，MASS 如何满足“适当瞭望”“互见”的义务，取决于其是否配备充分的光学和听觉传感器，并在成像质量、耐用性等方面满足避碰规则要求。[③] 这些问题均有待新的海事立法予以回应。

再次，关于岸基操作人员的法律属性界定问题。IMO 依据船舶自动化水平，将 MASS 初步划分为四级，其中第一、二级都有船员配备在船，第三、四级作为未来 MASS 的主要发展类型，均为船上无船员配备，分别由岸基操作人员远程操控或者船舶完全自主运行。在此背景下，岸基操作人员的法律地位与 MASS 的法律地位有着密不可分的联系，但目前 IMO 及相关海事公约并未统一定义何为岸基操作人员。对于第三、四级的 MASS，岸基操作人员是一个非常重要的角色。其职责角色类似于传统船舶中的船长或各类型船员，但工作地点及工作方法与之不同，是在岸上而非船上。这些特征也使岸基操作人员不完全适用于当下一些涉及海上船员规定的国际规则，例如 *STCW*、*SOLAS*，因此，高等级 MASS 的“无人”特性与现有海事规则中船舶配员要求之间的冲突是 MASS

---

① 国际海事委员会（CMI）自主船舶工作组曾向各国海商法协会发放调查问卷，首要问题就是“如何认定自主船舶的法律地位”，从已收到的 20 多个国家反馈来看，绝大部分国家均明确表示依据本国法律，自主船舶满足传统意义上的船舶要件能够构成“船舶”。

② Robert Veal, Michael Tsimplis and Andrew Serdy. The legal status and operation of unmanned maritime vehicles. *Ocean Development & International Law*, Vol.50, No.1, 2019, pp.23 - 48.

③ 蔡莉妍：《智能船舶法律规制的困境与突破》，《华南理工大学学报（社会科学版）》2020 年第 6 期。

适航的一个代表性问题，[①]即岸基操作人员如果被赋予船员之类的法律地位，其资格取得、培训、值班等如何适用 *STCW*。

（二）体系性法律障碍

MASS 作为近十年来海洋科技的新发展之一，其具体变革性的技术特征对现行国际海事法律体系造成了整体冲击，尤其体现在法律责任划分体系、“以人类为核心”的传统治理体系改造适应、国际海事规则与国内法协调、技术规则与法律规则融合等方面。

在未来商业营运中，MASS 面临的法律责任对其推广使用至关重要。一方面，由于责任规则的不确定性，随着 MASS 这类新型船舶投入商业运营，不确定性的成本将不可避免地转移给保险公司，保险公司将通过提高责任保险的保费来降低风险。费率的提高又将增加运营成本，抵消预期收益（包括节省的船员工资和燃料成本）。[②] 另一方面，高等级的 MASS 部分或全部由人工智能按照算法指令航行时，如果发生碰撞或者倾覆造成污染，船东、制造厂商、岸基操作人员、船上操作人员（如有），以及事发水域的通航资源维护方（例如航标、航道）各方责任的划分与现有归责情况有较大差别。此外，现行国际海事法律规范的基本前提之一是假定船舶上有船员，无论是从船舶适航义务到船舶避碰规则，还是到海上人命救助义务的履行都离不开船员。这样一个以人为“核心”的传统海事公约规则体系，对适航义务认定、救助义务履行等方面的规定，已经与自主船舶的发展不相适应，亟须重构。

（三）领域性法律障碍

除以上法律障碍外，MASS 未来的商业运营还会与其他问题串联，形成领域性的交叉法律障碍，其中较为典型的包括：① MASS 的潜在网络安全风险。现阶段，中国对数据安全以及用户隐私问题高度重视。作为航行于全球各个港口的新型船舶，MASS 在智能化、无人化的过程中势必会采集大量数据，无论是船—岸通信中包含的各类密集数据流，或者是航行于一定水域内的自主船舶为了就避碰、路径规划等事宜与周边船舶进行信息交换，还是自主船舶系统的信息空间内各个通信实体之间的信息交换。这些过程一旦暴露在不受控制的网络或直接接入岸上的互联网，将增加船舶的危险性，所以，其交互使用需要更加优化

---

① 2023 年 4 月 17 日—21 日，国际海事组织（IMO）海上自主水面船舶（MASS）第 2 次联合工作组会议达成初步共识，无论 MASS 的自主等级或操作模式如何，都应配有一名自然人船长，并对船舶控制负责。

② 蔡莉妍：《智能船舶法律规制的困境与突破》，《华南理工大学学报（社会科学版）》2020 年第 6 期。

的系统安全保障。[1] 更重要的是，当下对此类数据的使用和监管尚无成熟的公约或规范要求，各船旗国、港口国的要求可能存在巨大差异，用户隐私、商业机密难以得到有效保护。[2] ② 伦理风险问题。与汽车的自动驾驶类似，以“电车难题”为代表的伦理问题也是 MASS 发展过程中的焦点问题之一。不仅是在 MASS 在碰撞不可避免的情况下，其算法如何确定船舶自身安全、他船安全、码头设施安全以及海洋环境保护等因素的权重，而且还涉及传统人类船员劳动权益的保障。③ 治理多维与国际合作问题。有学者指出，MASS 所依托的无人海洋技术指向国家海洋安全、以航行和航运安全为中心的海上安全、海上经济安全和人类安全等海洋安全治理的多个治理维度。[3] 针对其治理的复杂性可想而知，实际上，MASS 对海洋法、海商法、海事法等都已形成制度挑战，[4]在全球化背景下，这些问题的解决不能由单个国家的意志决定，因此，加强国际合作仍然是规避风险的可选之策。但是，国家之间由于科技水平发展、利益需求的差异，海洋传统强国与新兴国家的分歧、竞争无可避免，这些情况也是各国家和政府间组织共同推动 MASS 国际规则合作必须面对的障碍。

四、国际海事组织应对 MASS 的最新立法进展

随着航运智能转型的加速推进，同时为了回应 MASS 实践中出现的诸多法律问题，IMO 正在积极开发自主航运监管框架，并着手制定《海上自主水面船舶规则》(*MASS Code*)。总体上，IMO 针对船舶智能化的立法与技术发展同步。

(一) IMO 框架下 MASS 立法状况

2017 年，IMO 发起了由海事安全委员会(MSC)负责的监管范围界定活动，这也被视为 IMO 推动 MASS 法律治理的起点，随后法律委员会(LEG)和便利化委员会(FAL)也加入该项工作。其工作目标是评估现有的 IMO 文书，以了解它们如何适用于不同自动化程度的自主船舶。

MSC 在 2021 年 6 月的监管工作结果中得出结论，各方需要优先解决以航行安全为重点的海事公约问题，例如《国际海上人命安全公约》(*SOLAS*)、《1978 年国际海员培训、发证和值班标准公约》(*STWC*)、《1973—1978 年国际防止船

---

① 汪洋等：《自主船舶航行系统信息空间安全：挑战与探索》，《华中科技大学学报(自然科学版)》2023 年第 2 期。
② 杜健等：《智能船舶发展若干问题的思考与建议》，《中国海事》2023 年第 4 期。
③ 刘丹：《论无人海洋系统的国际法规制与我国的因应》，《东方法学》2024 年第 1 期。
④ 郭萍、姜瑞：《无人船适用领海无害通过制度的困境及对策》，《武大国际法评论》2022 年第 1 期。

舶污染公约》（*MARPOL*）、1972年国际海上避碰规则公约（*COLREGs*）及其修订，均属于需要通过制定新的法律文件才能适用于MASS的范围。具体内容包括：① MASS术语的发展以及术语"MASS""船长""船员"或"负责人"的定义，特别是在第三级（遥控船）和第四级（完全自主船）中的含义；② 远程控制站（岸基操作中心）的功能和操作要求，以及岸基远程操作员可能被指定为海员的情形；③ 修订有关船舶驾驶台手动操作、警报和其他人员行动（例如消防、货物积载、系固和维护）的规定；④ 关于值班的规定；⑤ 关于MASS对海上搜救义务履行的影响；⑥ 船上安全操作所需的信息修订。

此外，MSC—LEG—FAL MASS联合工作组在2024年5月举行的第三次会议上围绕现有IMO框架内海事公约适用于MASS的共性问题，包括：MASS船长和MASS船员所发挥的作用和承担的责任；"远程操作中心"和"远程操作员"有关的问题（考虑远程操作中心位于船旗国境外的情况）；MASS相关的定义和术语；证书和其他文件；信息共享，这是与沿海、港口国和港口主管机关等沟通义务的一部分；与连接、网络安全和远程控制操作有关的问题（见表2）。[①]

表2　MSC和LEG关于IMO现有框架内公约适用于MASS面临的共性问题梳理

海事安全委员会(MSC)	法律委员会(LEG)
1. 船长、船员或负责人等术语的含义	1. 明确船长、船员的概念定义
2. 远程控制站	2. 明确岸基操控人员的职责
3. 作为船员的岸基操控人员	3. 新的行为主体带来的概念术语变化，MASS的法律地位
4. 包含手动操作、驾驶台警报的规定	4. 评估目前公约中的免责条款、运输责任的规定
5. 要求人员在火灾、货物管理、船上维护采取行动的规定	5. MASS或其制造商、程序设定员是否属于"管理者和经营者"或其他主体的范围
6. 船上证书和手册	6. "过错""疏忽"和"意图"等法律术语是否适用于自主技术造成的损害

① IMO. Outcome of the Regulatory Scoping Exercise and Gap Analysis of Conventions emanating from the Legal Committee with respect to Maritime Autonomous Surface Ships (MASS), LEG.1/Circ.11 (2021), para. 5.5 - 5.6.

续 表

海事安全委员会(MSC)	法律委员会(LEG)
7. 连通性、网络安全	—
8. 值班	—
9. MASS 对海上搜救的影响	—
10. 船上可获得的和安全操作所需的信息以及术语	—

IMO 在完成 MASS 法规监管范围界定工作之后,经过权衡认为与其分别修订各个法律文件,不如针对共性问题和 MASS 涉及的人工智能、网络安全等前沿技术应用带来的新问题单独制定法律文件,由此也引出了后续目标型 MASS 规则的立法工作。根据已商定的路线图,第一步由 MSC 着手制定基于目标的非强制性 MASS 规则,该法规预计于 2025 年 1 月 1 日生效。非强制性 MASS 规则通过之后,IMO 的第二步立法工作是借鉴在非强制性规则实施过程中取得的经验,直接起草强制性的 MASS 规则,预计将于 2028 年 1 月 1 日生效。值得注意的是,在起草 MASS 规则时所采用的基于目标的方法对于 IMO 文书而言并非全新事物,实际上,《极地规则》(*Polar Code*)、《使用气体或其他低闪点燃料船舶国际安全规则》(*IGF Code*)和《载运工业人员船舶国际安全规则》(*IP Code*)都是基于目标的文书,体现了 IMO 文书由目标、功能要求和规定(条例)组成这一概念。之所采取此种目标型规则制定方法,是因为其与规定性法规相比,受技术、流程或数字化变革的影响较小,且基于目标的文书具有技术不可知的特点,可提供灵活、新颖的船舶和设备设计解决方案。

(二) MASS 规则的发展趋势

目前,关于 MASS 规则草案的工作正在进行中,还有许多挑战需要克服,其中一部分与技术问题相关,但更多的还是 MASS 适航的法律问题。

第一,MASS 规则的框架和内容趋于明确。如前所述,IMO 之下的三个委员会已提取出未来 MASS 规则需要重点关注的共性问题,包括 MASS 船长和岸基操作人员等新型主体的法律地位、相关术语的描述、责任和赔偿制度、MASS 强制保险制度、网络安全等,这将帮助 MASS 规则制定找到努力的方向。随着当前 MASS 规则的内容逐渐明确,结构也将趋于稳定,而从非强制性文书到强制性文书的立法进路的明确，将为IMO在未来3—5年内推进MASS立法提供保障。

第二，MASS分级分类标准的完善。现阶段，除IMO为方便立法工作开展将MASS分为四个自主等级外，中国船级社、英国劳氏船级社、挪威船级社、美国船级社以及学界均对MASS提出了各自的分级分类标准。虽然各家标准在船舶自主等级设置上不相同，但都根据操作复杂程度、自动化水平和人类参与程度等因素进行了划分。① 有观点认为，自动化水平决定了在自主系统中实现的功能和分配给人类操作员的功能之间的比例，人类存在将确定所需的最低自动化水平。有鉴于此，对于MASS自主等级的划分需要考虑是否有人对船舶安全总体负责，特别是在当下人类岸基远程遥控船舶和完全自主航行船舶的技术还未完全成熟的阶段。② 正如部分国家提案中所建议的方案，在制定MASS规制时，需要将自主等级划分前置，以减少未来因自主等级混淆而带来的潜在法律责任问题。③

第三，MASS监管框架与技术进步的匹配。随着自主航行技术进一步发展创新，IMO需考虑确保MASS监管框架与未来技术进步保持一致。当前，MASS规则草案是按照基于目标型文书而制定的。此方法比规定型文书更灵活，同时也不会削弱安全水平。此外，IMO的一种既定做法是在必要时对法规进行定期审查，而MASS规则同样也可采用该方式。与其他许多文书一样，随着时间推移，MASS规则也将补充更多的规定、实施指南和性能标准。此外，IMO与国际标准化组织（ISO）和国际电工委员会（IEC）等国际标准制定机构也保持密切合作，以确保IMO任何法规的实施在必要时都能得到相关标准的进一步支持，这也是国际标准制定机构已经在参与IMO MASS规则制定工作的原因所在。

五、海上自主水面船舶法律监管的中国思考

由上可知，IMO针对MASS的立法已经逐渐从立法需求研究与经验积累的准备期进入实质性推进期，未来三年将是各方围绕MASS规则讨论和博弈的关

---

① 袁雪、于博：《国际海事组织海上自主水面船舶的法律规制进程及中国因应》，《国际法研究》2023年第1期。

② 袁雪、于博：《国际海事组织海上自主水面船舶的法律规制进程及中国因应》，《国际法研究》2023年第1期。

③ IMO. Terminology, Definitions and Levels of Automation for Maritime Autonomous Surface Ships (MASS), MSC 105/INF. 2 (2022), para. 9.

键阶段。[①] 在此背景下，学界除推进理论研究外，还应针对 MASS 法律监管提出前瞻性的综合应对策略。

（一）借鉴无人驾驶飞行器基于风险与运营的治理思路

从 IMO 对 MASS 的分级标准来看，其更多的是强调了 MASS 这一现象，但较少考虑其可能变化的运行环境。为了实现修改现有海事法律监管框架以适应自主船舶并促进它们符合规则的目标，需要制定与该领域相应技术发展一致的规则。虽然立法者的目标始终是以安全作为首要准则，但应该避免过度监管对创新产生可能负面影响。有鉴于此，航空法近些年所发展起来的以运营为中心和基于风险的监管方法理论是一个可借鉴的模式，其说明了如何在不牺牲或妨碍技术发展的情况下达到足够的安全水平。实际上，国际民用航空组织（ICAO）最初采取的是 IMO 相同的治理立场，即试图将所有无人驾驶航空器系统（UAS）与传统管理载人航空的现行法律制度相结合。然而，由于技术发展而出现的不同类型无人机，尤其是较小的无人机品种，促使国际民航组织改变了其对所有无人机的监管策略及其相关的操作环境，最终建立基于风险的分类形式和相应规则。[②] 这种以操作模式为中心、基于风险的无人机监管方法侧重于防范两类主要风险：安全风险和衍生风险。其中与无人机操作相关的安全风险根据潜在受害者进行分类，包括地面人员、其他空域用户和关键基础设施，例如造成人员死亡或地面财产损坏的无人驾驶飞机。同样，在飞行的任何阶段，无人机和另一个空域用户之间都可能发生碰撞。而在航空监管机构职权范围之外还有其他风险，例如隐私侵犯、安全侵犯、环境破坏等风险。[③]

鉴于 MASS 和 UAS 具有的法律共性，海事部门可仿效航空部门采用的以运营为中心和基于风险的监管方法，首先，对 MASS 及其在不同环境中的各种操作进行全面风险评估，根据其操作风险将 MASS 分为不同类型，并应用适当级别的监管。其次，IMO 可以采取相应的监管措施，通过适航性、运营批准、操作员能力等指标要求降低不同类别中 MASS 的运营风险。

（二）利用 IMO 工作成果对本国 MASS 规则发展进行本土化培植

针对以 MASS 为代表的无人海洋系统对国际海事规则体系所形成的全面

---

① 冯书桓：《IMO 海上水面自主船舶立法进展与趋势》，《中国船检》2022 年第 9 期。

② Liu Huiru. *Maritime and Aviation Law: A Relational Retrospect and Prospect on Unmanned Ships and Aircraft*. The Netherlands: Brill, 2022.

③ Liu Huiru. *Maritime and Aviation Law: A Relational Retrospect and Prospect on Unmanned Ships and Aircraft*. The Netherlands: Brill, 2022.

挑战，要坚持统筹推进国内法治和涉外法治双轨并行。国内法治既是国际法治进路的基础，也是国际关系互动在各国国内的体现，[①]中国在MASS法律治理问题上应充分利用好参与IMO立法工作取得的既有成果，提前将其培育、转化为国内立法实践，以加强MASS领域的国内法治建设，进而对MASS的国际规则制定起到助推作用。例如，围绕船舶自主航行试验相关技术和检验要求，中国海事局于2023年5月1日起实施的《船舶自主航行试验技术与检验暂行规则》就是利用IMO工作成果对国内MASS规则发展进行的本土化培植范例。该过程既反映了中国对MASS国际规则构建过程中取得的阶段性成果的认同，也使国内MASS治理与国际最新要求接轨，对于保障MASS产业有序健康发展和推动构建中国国内MASS法律体系具有基础性价值。在IMO完成2025年出台MASS规则目标的驱动下，MASS国际规则内容也将在未来几年有较大变化。在此背景下，中国可在紧跟MASS国际规则制定动向的同时，探索推出中国版本的国内MASS规则体系，加快完成整体制度建设布局。

（三）重视多种国际平台相互配合

MASS国际规则和标准体系的构建是各国赢取规则制定主导权、维护国内产业利益的新战场。一方面，中国需要积极探索MASS发展的“中国方案”和“中国模式”，转变以往中国在国际规则制定中跟随、追赶的角色，实现国际制度性话语权“弯道超车”的黄金时机。[②] 另一方面，中国需要在参与国际规则制定中重视多种国际平台相互配合。目前MASS仍处在技术发展和市场培育阶段，国际规则将对未来行业发展起到重要的塑造作用，除IMO法规外，国际标准、船级社规范等都是承载国家技术路线、监管实践的重要载体。如前所述，ISO、IEC、IALA等国际标准化机构也在积极参与制定MASS立法，并大力推进船舶智能化相关标准制定工作，例如ISO/TC 8制定的ISO/TS 23860：《船舶和海上技术与自动船舶系统相关术语》标准为IMO的MASS法规监管范围界定工作提供了重要支撑。[③] 因此，国内海事关联主体可积极通过不同领域的国际规则制定渠道，并利用具有IMO观察员地位的船海领域非政府组织（NGO）平台提出中国方案，使中国参与国际规则制定主体多元化、策略系统化，从而在MASS目标型规则制定的关键阶段赢得主动。

① 赵骏：《全球治理视野下的国际法治与国内法治》，《中国社会科学》2014年第10期。
② 徐春：《推动智能船舶发展，构建安全水上交通环境》，《中国海事》2023年第1期。
③ 冯书桓：《IMO海上水面自主船舶立法进展与趋势》，《中国船检》2022年第9期。

六、结语

总体来看，MASS仍处在发展阶段，相关技术方案尚未完全成熟，工程实践应用不足，IMO立法过程呈现出循序渐进、螺旋上升的特点，其目标是将处于不同层级自主化水平的船舶纳入IMO的监管框架中。在此背景下，面对MASS在海上安全、适航要求、伦理规范、网络通信等方面带来的风险挑战，海事法律规则仍是我们进行有效回应的制度基础与理论指导依据。但是在无人海洋系统技术及装备快速发展的情境下，仅通过修改现有的规则体系难以做到维持智能船舶推广应用与法律约束之间的平衡。要实现MASS合规有序的商业化运营，还需要对国际海事法律规则予以系统性改革，并在正式法律与非正式法律、法律规范与技术标准、国际海事公约与其他民商事公约之间，最大限度地实现协调与统一，从而有效应对MASS这类新兴事物，为各国治理MASS活动提供国际法依据。

后　记　一*

以“科技创新与法律规制”为主题的第七届“海峡两岸暨港澳地区金融法治论坛”顺利召开了。我代表上海政法学院人工智能法学院，对本届论坛的顺利召开表示热烈的祝贺！共同参与吴世学教授操办的“海峡两岸暨港澳地区金融法治论坛”源于2017年年底的约定，后因包括疫情、审批流程等各种原因未能顺利举行，今天终于如愿以偿，非常高兴！

主办方香港大学法律学院领导傅华伶、李香慧教授高度重视、亲自参与，吴世学教授更是亲力亲为。会议议程丰富，分为9个部分的议题讨论，内容十分充实。参会者的论文、PPT准备充分，大部分的演讲者、评议者都感觉时间不够、来不及分享，听众来不及消化，这都是准备充分的体现。

主办方很重视我们的食宿和健康问题，为与会嘉宾提供了舒适的酒店，并安排一味素食、食神丽宫的美食，感谢Flora和郭宁、王腾茜、田书伦三位博士生的热情工作。

各位的发言给我很深的启发，我通过学习体会对各位的高见做个总结。张占录教授的报告对科技法的理论构建做出了贡献，启发了我们的研究方向；冷静教授的评议，对人工智能、算法规制、数据治理法律规范进行了较为全面的思考；沈丽飞教授的评议给我们学术研究提供了方向；许多奇教授认为个人信用风险亟须诉源治理，并对如何用法律科技手段化解风险提出了意见和建议；简资修教授对科技应用可能产生损害的复杂化、规模化问题，如何运用民事法律手段予以补偿并辅以行政、保险手段进行救济提出了理论和制度思考；沈云樵教授对人工智能技术运用到仲裁领域的定位、原则、挑战进行了分析；赵云教授对线上解决争议的效率提升提出了思考与建议；杨姗教授对如何避免算法黑箱、算法偏见、大规模风险的法律规范提出了自己的思考；王芳老师通过欧盟、美国对ChatGPT的法律风险监管和治理进行了简单的比较；李诗鸿教授对欧盟人工智

* 本文系第七届海峡两岸暨港澳地区金融法治论坛闭幕式上的总结致辞。

能法案的总体框架和主要内容进行了概括，并对中国的人工智能立法提出建议；俞弘志博士对欧美数据隐私持有者的法律地位和权利解读，并对中国规制金融数据跨境流动提出了相关权利保护的思考；陈耿钊教授对他们的发言进行了概括，并对人工智能立法展望提出了期待。

王志诚教授对人工智慧在金融业运用之法律风险及监控进行了分析；曹兴权教授讨论了金融科技与保险法最大诚信原则的结构性变革；林承铎教授认为，金融科技的发展提升了商业银行业务风险管理；马哲博士以巴西为视角，分析了科技创新与金融监管的应对；吴玟儒博士主要介绍了法庭应用 AI 的实践与问题；钱世杰博士讨论了证券犯罪的预测；沈伟教授介绍了欧美数字货币监管立场及其差异；徐珮菱教授聚焦定币的监理及对金融科技的影响；梁静姮主任分析了量子金融应用的“矛”与“盾”；张雅婷讲师给我们介绍了智慧城市政策的演变与问题分析；邱梦赟律师主要从合规角度分析了法律 AI 服务；宗宁博士思考了企业数据的法律保护。

这些讨论和分析都是干货满满，也让我们对下一届海峡两岸暨港澳地区金融法论坛充满期待。

杨 华*

2024 年 2 月 25 日

* 杨华，上海政法学院人工智能法学院院长。

后 记 二

本书是于2024年2月24—25日在香港大学法律学院举办的第七届海峡两岸暨港澳地区金融法论坛的论文集。本书的部分成果得到了课题资助，例如2024年度国家社科基金重大项目“我国周边海洋安全和涉海维权的法律问题研究”（24&ZD136）、2024年度教育部人文社会科学研究青年基金项目“深海战略性矿产资源开发中的环境治理法律机制研究”（24YJC820049）、上海市全面依法治市研究会课题“上海市全面依法治市研究基地——法治化营商环境研究基地”。特此说明。

感谢香港大学法律学院承办了本次论坛。感谢与会者特别是文稿作者们的智力和学术贡献，对科技和法律前沿问题的探索为我们呈现了多面的视角和交叉的分析。与会者对海峡两岸暨港澳地区金融法论坛的持续支持，使得这个论坛已经连续举办了七届。希望这一学术共同体能够一直坚持下去，成为海峡两岸暨港澳地区金融法研究和合作的学术交流平台。

感谢汪娜编辑和杨雯博士的编辑和审稿，使得本书能够在短时间内出版成为可能。感谢沈亦喜的画作和美编朱琳珺老师的封面设计，封面展示了人工智能时代的程式化和科林格里奇困境的许多盲点，以及它们之间互相交织的迷之关系。

最重要的是，我们期待读者的批评和意见。

是为后记。

吴世学　沈　伟

2024年12月21日

“涉外法治论丛”已出版书目

沈伟、陈治东	著	商事仲裁法：国际视野和中国实践（上、下卷）
沈伟	著	金融制裁和反制裁法理研究
沈伟	著	国际经济规则中的安全例外问题：基于国际协定和适用的分析
沈伟、张磊	主编	《仲裁法》修订述评：重点和难点
沈伟	著	中美经贸摩擦和国际经济秩序转型（上、下卷）
沈伟、金可可	主编	金融纠纷解决机制的应然和实然面向：基于法教义学和法经济学的双重路径
沈伟	主编	美国外资安全审查法和外国代理人登记法述评：文本和解读
沈伟	主编	国际商事仲裁法：争点和案例
沈伟、吴世学	主编	金融科技与法律变革：信用、货币和人工智能